大学生创新创业教育长效机制研究

黄　河◎著

中国商务出版社

·北京·

图书在版编目（CIP）数据

大学生创新创业教育长效机制研究 / 黄河著 .

北京 : 中国商务出版社 , 2024. 8. — ISBN 978-7-
5103-5378-9

I. G647.38

中国国家版本馆 CIP 数据核字第 2024M6J307 号

大学生创新创业教育长效机制研究

黄　河　著

出版发行 : 中国商务出版社有限公司

地　　址 : 北京市东城区安定门外大街东后巷 28 号　邮编 : 100710

网　　址 : http://www.cctpress.com

联系电话 : 010—64515150（发行部）　　010—64212247（总编室）

　　　　　010—64515164（事业部）　　010—64248236（印制部）

责任编辑 : 杨　晨

排　　版 : 河南济航文化有限公司

印　　刷 : 宝蕾元仁浩（天津）印刷有限公司

开　　本 : 787 毫米 × 1092 毫米　1/16

印　　张 : 16　　　　　　　　　字　　数 : 265 千字

版　　次 : 2024 年 8 月第 1 版　　　印　　次 : 2024 年 8 月第 1 次印刷

书　　号 : ISBN 978-7-5103-5378-9

定　　价 : 79.00 元

前 言

本书旨在构建大学生创新创业教育的长效机制，促进大学生创新创业能力素养的提升，进而推动教育、科技、产业等领域的改革、创新与发展。首先，书中全面、系统地论述了创新创业教育的概念、价值、发展历程和发展趋势，使读者形成对创新创业教育的基本认知。其次，结合浙江大学、湖南大学等高校关于创新创业教育模式改革探索的实践经验，从五个方面对创新创业教育机制的建设进行了深入研究，包括师资队伍建设、校企合作、资源建设、与专业教育衔接、全面评价机制完善等。最后，探讨创新创业教育与思政教育的融合，旨在保障教育质量和正确的人才培养价值观，为我国社会主义事业的发展培养更多德才兼备的建设者、接班人。本书是理论与实践相结合，内容丰富，具有较强的学术性和实效性，对高校改革创新创业教育机制具有积极的参考意义。

本书还强调了师资队伍建设在创新创业教育中的关键作用，提出了提升教师能力和解决现有困境的对策建议，对我国教师的专业发展具有重要意义。同时，深入探讨了校企合作的实践困境与深化路径，形成了产教研一体化发展的新格局，指出了优化大学生创新创业教育资源配置的重要性，并提出了建设全面评价机制的建议。

最值得关注的是，本书总结了创新创业教育与思政教育的融合策略，提出了统筹管理、课程优化和新媒体技术应用等多种对策，强调了思政教育在提升学生综合素质、增强社会责任感方面的重要作用，从而推动高校落实党中央的号召，将立德树人这一根本任务贯穿于创新创业教育的全过程，促进学生的全面发展。

通过对这些方面的系统研究与分析，本书为大学生创新创业教育的进一步发展提供了有益的参考与指导。未来的创新创业教育需要持续关注教育实践中的变化与挑战，深化理论研究，优化实践路径，以更好地培养符合时代需求的创新型人才。

作 者

2024 年 5 月

目　录

第一章　大学生创新创业教育的理论综述

第一节　创新创业教育的概念与特征

一、创新创业教育的概念

（一）创新创业的概念起源及其演变

"创新"一词源自拉丁语"Innovare"，意思是更新、创造新事物和改变。创新者通过明确的意图和目的进行一系列活动，推动新观念、技术、产品和服务的出现。创新不仅是采纳新颖观念，还包括推广和应用新事物。在埃弗雷特·罗杰斯的观点中，创新的核心是"出新"，并且"新"的内容需要得到个人或单位的接受和采纳，无论其是否在客观上全新。创新既是一个动态而复杂的实践过程，也是实现价值的途径。虽然创造力是成功创新的关键，但环境和制度的支持同样重要。创新不是孤立的活动，而是强调创新者的主动性和实现价值的重要性。它要求改变现实，而不是定义为完美、纯粹的事物，也不是在特定时间进入市场或实现。事实上，许多重要的创新在生命周期中经历了重大变化，这些变化通常改变了它们的经济意义。例如，初次发明之后的改进可能比原始发明本身更具经济价值。

"创业者"一词是在15世纪大航海时代勇于探险、寻求财富的人群中首次出现。与受雇佣人群不同，创业者生活在不确定性中，是社会经济变革的推动者，而非传统的资本家或发明家。他们善于抓住机会，承担风险，通过有效配置现有资源，创造新的生产组合形式。创业者被视为创新和资源整合的精神象征，能够发现机会，建立新组织，并为社会市场创造新价值。无论组织规模或生命周期阶段如何，存在创业者就意味着存在持续的创业精神，为组织注入生机。因此，创业的核心特征包括冒险精神、探索意愿，以及解决现实不确定性并创造社会价值的过程。

（二）创新创业教育的本质及其目的

创新创业是人类面对外部不确定性、改善生活条件的一种实践。在教育领域，它被定义为一种致力于培养学生创新精神、创业意识和创新创业能力的教育类型，进而演化为教育事业改革的动力，实现能力和素质培养的转变，提升人才培养质量。创新创业教育的本质从精神和实质两个方面出发：一方面培养学生基于创新思维的心智，强调冒险精神和探索意志的培养；另一方面注重培养学生发现和利用机会的能力，解决不确定环境中的问题，创造社会经济价值。因此，创新创业教育不仅关乎商业活动和企业家精神，还关乎塑造学生成为怎样的人。创新创业教育旨在将大学生的实践与个体教育目的完美结合，引导和激发他们的创新创业能力，实现作为人的目的。这种教育不仅是实践活动，也是建立在个体创新创业与人生终极目标一致性的基础上的教育取向。

当讨论创新创业教育时，人们关注的是一种新的高等教育理念，还是以促进大学生就业创业能力为目标的教育模式？或是对大学生创业实践活动的政策回应？在实际操作中，我国高校管理者和实践者通常将创新创业教育视为培养创新创业技能和实践经验的教育。这体现在许多高校把学生参与创业实践、创业园区规模、孵化企业数量、创业成功率，以及"互联网＋"等创新创业竞赛结果作为成功与否的评价标准。这种理念将创新创业教育等同于促进创业行为。

（三）创新创业教育的核心要素

1. 知识内化

内化知识是指学生将显性知识融入个体的知识体系中。这一过程需要深刻理解并吸收知识，构筑学习新知识的基石。在评估高校创新创业教育的成效时，知识内化是核心要素。虽然创新创业教育强调显性知识的习得与掌握，但更深层次的目标是实践与体验隐性知识。这种知识类似于深海珍珠，需经历风浪才能获取。因此，创新创业教育的真正意义不仅在于知识的传授，更在于引导学生通过实践磨砺，将知识内化于心，外化于行，最终实现创新创业的价值。

2. 经验生成

经验生成是一个循序渐进的过程，其中知识和经验扮演着重要角色。具体来说，这一过程包括将新知识与已有经验结合，进而形成新的能力。这种能力不仅涵盖了对知识和技能的掌握，还包括方法和技巧的习得。在教育实践中，培养创新和创业能力的生成非常重要。经验生成是实现高校创新创业教育这一目标的关键。经验不仅源于实践，还需要学生在实践中不断反思和深刻剖析，将所获经验内化，成为提升创新创业能力的内在驱动力。

3. 意识养成

意识是抽象的，通常表现为心理和思维层面的集合。在创新创业领域，创新创业意识主要体现在发现新问题、探究新事物、挖掘新途径的心理倾向。培养这种意识重点是激发学生对创新和创业的兴趣和动机，引导他们从内心深处转变认知，从而具备多种意识，如问题意识、创造意识、风险意识等。

二、创新创业教育的特征

（一）"互联网 +"创新创业教育的价值特征

在"互联网 +"时代开展创新创业教育，应该将提升专业能力作为重要基础。高等院校旨在培养学生的综合能力，包括专业、方法和社会能力，这反映了人类的创新性和能动性。专业能力指劳动者在特定职业或岗位所需的核心技能，强调应用性和针对性。"互联网 +"时代已不同于传统媒体时代，学生需要掌握各类新技术，例如，熟练使用智能软硬件、具备大数据处理能力等。这不仅提高了个人能力，还激发了集体智慧，推动了创新思维和专业智慧的发展。

虽然"互联网 +"时代带来了许多新变化，创新创业教育也需要不断革新，但传统的优秀内容依然需要传承。比如，工匠精神仍然是重中之重。这种精神追求卓越品质，体现了专业能力和持续创新，展示了受人尊敬的职业价值和行为表现。在当前"互联网+"时代，智能化制造和创新驱动的转型要求我们激发创新创业的热情，培养学生通过实践追求极致，从而真正体验和发展工匠精神，推动我国创新创业的健康发展。

"互联网+"创新创业教育的目标是促进大学生全面发展，培养社会所需的创新创业者。在"互联网+"的时代浪潮下，创新创业教育的内核正逐渐丰富与深化。其终极目标不仅是提升单一技能，而且是助力大学生全面发展，深掘潜在能力。互联网新技术不仅刷新了教育的传统理念与模式，而且对未来职场人提出了新要求：需跨越边界、融汇多元、开放思维、共享资源。大学生应培养协作精神，修炼诚信品质，砥砺批判思维，在竞争中成长，勇于担当风险，精心规划职业生涯，并不断磨砺专业技能。而"互联网+"的广阔天地，也为学习者铺设了无限的发展道路，让他们借助这一杠杆，实现自我价值的最大化。

（二）"创新创业+"下创新创业教育的特征

1."创新创业+"的概念内涵

"创新创业+"是基于创新创业教育开发的新型人才培养模式。在这一模式中，传统高等教育的优点得以延续，并与创新创业深度融合。其核心是通过培养创新型人才，实现卓越创新创业人才的目标，改革传统教育模式，重视综合能力和素养的同步提升，使学生从内到外得到优化。"+"不仅意味着升级换代，也强调了创新创业教育与其他学科、专业等的紧密结合，这有助于满足经济新常态下的人才需求。

2."创新创业+"的特征要素

（1）加强创新创业教育与专业教育的有机融合——培养理念。创新创业教育与专业教育相得益彰，共同构建教育的美好蓝图。创新如同思想的火花，照亮前行的道路；创业则是生活的航标，指引未来的方向。将创新创业融入教育，不仅转变了教育内容，也将能力培养的重心转向了可持续发展。教育过程从封闭走向开放，拥抱全体学生，使每个人都能在广阔天地中绽放光彩。创新与创业相辅相成，共同铸就学生全面发展的基石。

（2）关注综合素质与"四创"能力的培养——培养目标。"创新创业＋"超越了传统教育，不再聚焦于单一的专业知识和技能传授，它更注重提升学生的综合素养，深化创新创业的价值观，激发他们的创造力与创新能力。这种教育模式孕育着创业精神，助推学生追求卓越，能够更好地适应新时代对全面型人才的迫切需求。在"创新创业＋"的引领下，学生们将勇往直前，成为新时代的领军者。

（3）注重将创新创业教育渗透到人才培养的每一个具体环节——培养过程。"创新创业＋"强调全程育人，倡导从多个方面优化教育进程，包括入学教育、活动组织、理论教学、专业实践、日常养成和就业指导等方面。这样更有利于提升学生的创新创业能力，并且这一提升过程是潜移默化的，效果更为深刻和长远。

（4）强化创新创业研究内容的跨界融合——研究基础。"创新创业＋"积极倡导跨界融合，不拘泥于常规理念，向更开放、更高融合度的方向发展。教育创新需敢于跨界，才能更坚实；同时，不同教育的融合将会碰撞出新的火花，有利于创新创业教育向更完善的方向发展。

（5）注重创新创业哲学思维的有力指导——理论背景。以创新创业的哲学与思维为指引，高职教育应致力于塑造适应现代行业需求的学生。通过培养学生的创新思维和创业精神，引领他们探索未知，勇于实践，从而培养一批既具备专业技能，又拥有前瞻视野的行业新星。

（6）坚持开放生态、结构重塑的模式创建——研究方向。生态开放性是"创新创业＋"教育的鲜明特色，是推动教育革新的核心要素。欲深化此理念，必须打破束缚教育创新的枷锁，以学生为中心，重新构建教育体系。唯有敞开思维之门，方能消除"创新创业"与专业教育之间的壁垒，让二者在交融中焕发新的活力，从而培养出更多具备创新意识和创业能力的优秀人才。

（7）完善人才培养模式与经济新常态的有机结合——时代要求。在经济发展新常态下，社会、经济、文化结构正经历深刻变革，产业转型步伐加快，新业态层出不穷。知识需求的根本性转变对创新创业教育提出了新的挑战。为适应这一时代变革，创新创业教育需进行适应性改革，与时俱进，以满足新业态下对知识、技能和创新的更高要求，培养出符合新时代需求的人才。

第二节　创新创业教育的定位与价值

一、创新创业教育的定位

（一）创新创业教育的逻辑定位

2015 年，国务院办公厅发布了《关于深化高等学校创新创业教育改革的实施意见》，这一政策文件对高校在创新创业教育中的角色和责任提出了明确要求。文件希望高校能够承担起增强学生创新精神、思维和能力的使命，强调教育应包括意识和实践两个方面。前者涵盖创新精神和思维的培养，后者关注创新创业能力的提升。特别指出，创业必须建立在创新思维基础上，通过"两手抓、两手硬"的原则确保教育的逻辑清晰和实效性。

创新创业教育可以从逻辑层面分为两个核心部分：创新创业和教育。强调激发大学生的探索欲望、冒险精神和创新思维，培养他们发现和利用创业机会的能力；"教育"侧重于通过系统化、制度化的教育安排，引导学生发展创业精神，培养与创业相关的技能和意愿。简而言之，创新创业教育的核心是创新创业性和教育性。理解和提升"创新创业性"是实现有效教育的关键因素。高校在理解、实施和评估创新创业教育时，必须明确这一逻辑定位，这不仅是理论和实践的重要问题，也是开展创新创业教育的基础。

（二）创新创业课程的目标定位

1.培养大学生自我实现的向上品质

大学生开展创新创业教育的根本目的是提升他们的综合素质，帮助他们充分发挥个人潜力，实现自我价值，并在未来的人生中全面发展。高校在开设创新创业相关课程时，需要将这一点放在重要位置，引导大学生认识和认知自我价值，培养积极向上的品质。

"向上品质"包含积极健康的思想、科学合理的认知及对社会道德的恪守。大学生若要实现自我价值，迈向全面发展，必须具备这种积极向上的品质。唯有秉持积极向上的品质，才能在学业与生活中不断攀升，在挑战与困境中勇往直前，从而成就非凡的人生。

该目标的具体内涵见表1-1。

表1-1　大学生自我实现的向上品质

品质	具体要求
积极健康的思想	树立踏实生活、主动学习、追求上进的观念，具有创新创业的主动意识
科学合理的认知	正确认识自我、认识专业、认识社会及就业趋势。树立融入社会的坚定信心
自觉自省的品格	自觉遵守社会道德及各项规章制度，直面现实挑战，诚实做人，诚信做事，时时自我反省

该目标充分体现了创新创业课程的"德育"职能，为大学生最大限度地还原自我和实现自我创造了前提条件。

2. 提高大学生自我实现的行业素养

创新创业课程的核心目标是提升大学生的行业素养，这涵盖了知识积累、情感态度、意志品质及行为实践等多个层面。通过此类课程，大学生能够深化对行业的认知，培养对创新创业的热情与执着，并在实践中不断锤炼意志，完善自身行为，从而全面提升行业素养，为未来的职业生涯奠定坚实基础。创新创业课程旨在通过教学提升大学生的行业知识、文化、业务和认知素养，具体内容见表1-2。

表1-2　大学生自我实现的行业素养

素养	具体要求
行业知识素养	掌握基于个人专业背景的行业基础理论知识（行业的性质、特征、地位等）和实践知识（行业发展历史、现状和趋势等）
行业文化素养	严守行业道德，遵从行业规章，传承行业优良传统，拥有跨行业文化视野，勇于创新行业文化等
行业业务素养	自觉参加行业组织的专业学习与技能训练活动，了解行业信息，掌握行业新知识和新技术，具有一定的业务能力
行业认知素养	热爱本行业，树立为本行业奉献终身的理念

3. 增强大学生自我实现的交往能力

个体在社会中穿梭，自然而然地构筑起各式各样的"交往圈"。在这些圈子中，人们或因交往能力的差异，而成为"圈中人"或"圈外人"。这些圈子，如同动态的社交网络，随着人们交往的深入或疏离，不断地被创造、巩固或逐渐消逝。良好的社会关系如同稳固的桥梁，为个人的事业与幸福生活提供坚实的支撑。而维系这些关系的纽带，便是精湛的交往能力。因此，在创新创业课程中，应特设交际文化专题，旨在引领学生深刻领悟交往的深远意义，精准把握交往的原则，并在实践中锤炼、提升自身的交往能力。

大学生的创新创业离不开社会关系，因此，创新创业课程重视培养学生的社会交往能力，包括人与人、人与社会、人与行业的交往能力。具体内涵及要求见表1-3。

表1-3　大学生自我实现的交往能力

类型	内容	具体要求
个人之间的交往能力	自己与他人沟通交流能力、心理疏导能力、理解包容能力等	自觉尊重他人，理解并能包容他人，以诚相待，和睦共处
个人与行业交往能力	自觉深入了解行业、与行业领导平等交谈的能力、了解或融入行业实践的能力等	个体（人）主动接触行业（企事业等），克服对单位及领导的畏惧和陌生感，排除工作中的挫败情绪
个人与社会交往能力	社会日常生活能力、正确认识社会的能力、合理对待和评价社会的能力等	个人积极融入社会生活，把握社会现实，直面社会问题，了解社会发展趋势，与社会和谐共赢

二、创新创业教育的价值

（一）推进创新创业教育是完善现有高等教育内容的重大举措

传统的大学本科教育侧重于专业教育，通过课程体系和实践教学传授专业知识、技能和精神。然而，这种单一的知识传授方式难以满足学生的创新和创业需求。随着"大众创业、万众创新"新浪潮的掀起，高校需要整合创新创业教育内容，以补充和完善现有教育体系，促进学生的全面发展和创新精神的培养。

（二）推进创新创业教育是改变现有人才培养模式的有效探索

传统的大学本科教育以学科专业为核心，强调学术标准和专业知识的传授，但在培养学生创新意识和实践能力方面存在不足。随着中国发展需求向个性化、创新型、实践型和国际视野人才转变，现有的培养模式难以满足需求。持续推进创新创业教育，将其融入大学教育体系，有助于解决现有模式的问题，实现高校毕业生与社会需求的顺畅对接。

（三）推进创新创业教育是提升普及化高等教育质量的重要途径

我国高等教育逐步从精英化向大众化转变，未来将进入普及化阶段。普及化阶段要求本科人才培养理念和模式与之相适应。推进创新创业教育个性化且实践导向，能有效满足学生发展需求，开拓创新创业视野，增强其面对挑战和把握机遇的能力。

（四）推进创新创业教育是落实产教深度融合战略的基本体现

传统的大学本科教育侧重于内部知识传递，缺乏与社会的交流与合作，导致学生社会技能、情感和精神的全面发展不足，与社会需求脱节。因此高校必须深入研究并基于实际设计出行之有效的产教深度融合策略。这能为创新创业教育向高质量、高品质进发打下基础，进而有效对接产业资源，促进学生与社会互动，培养社会技能和开阔视野，实现产业技术的升级和创新。

第三节　大学生创新创业教育的发展历程与主要成果

一、我国大学生创新创业教育的发展历程

（一）政策酝酿期（1998—2002）：政策缺乏系统性、规范性和针对性

在这一阶段，清华大学率先开展了创新创业教育活动，1998年举办了首届"创

业计划大赛"。受到启发,教育部于同年发布了《面向 21 世纪教育振兴行动计划》,强调了创业教育的重要性,并鼓励高校与企业合作推动技术转移和成果转化。这些政策反映出国家对创新创业教育开始重视,但当时对创新创业教育的系统理解尚不充分,加之监督和保障机制不完善,导致相关政策实现的效果有限。

(二)政策聚焦期(2002—2007):政策的聚焦性日渐增强

为了弥补之前政策的不足,国家开始在个别高校进行试点工作,如清华大学、武汉大学、中国人民大学等。这一阶段,政策内容变得更加具体和可操作,重点围绕"创办企业""职业发展""就业指导"等方面展开。这些措施显示了政府有针对性地推动创新创业教育,并集中力量提高政策实施效果。虽然这一阶段政策的实操性和细致度明显提升,特别是在课程建设方面,但整体上仍偏重创业层面,创新教育的投入相对不足,两者的融合尚未理达到想状态,进而导致教育布局略显失衡。

(三)内涵丰富期(2008—2011):创新教育与创业教育开始融合

2010 年,教育部颁布第一个推进创新创业教育的全局性文件,即《教育部关于大力推进高等学校创新创业教育和大学生自主创业工作的意见》,首次使用了"创新创业教育"这一概念,标志着创新教育与创业教育的深度融合。该政策在教学理念、课程体系、师资队伍、实践活动、质量检测、创业基地建设及扶持政策等方面提出了详尽要求。这些举措不仅推动了政策的切实执行,还在《高校学生科技创业实习基地认定办法(试行)》等政策文件中进一步规范了创新创业教育的实施。同时,人力资源和社会保障部发布的《关于实施大学生创业引领计划的通知》加强了对大学生创业的支持,企业的角色也变得越发重要。教育部也通过发布《关于成立 2010—2015 年教育部高等学校创业教育指导委员会的通知》,进一步细化了高校创业教育的具体职责。整体来看,这些政策为创新创业教育的制度化和规范化奠定了基础,并彰显了国家对新时代创新创业人才培养的坚定决心。

(四)质量提升期(2012—2014):创新创业教育质量建设成为重点

2012 年起,教育部发布了《关于全面提高高等教育质量的若干意见》,明确将创新创业教育融入人才培养的每一个环节，推动相关课程的研发，并纳入学分管理体系。2014 年，国务院办公厅在《关于做好 2014 年全国普通高等学校毕业生就业创业工作通知》中进一步强调了创新创业教育的重要性，将创业课程列为学分管理不可或缺的部分。此外，国务院办公厅于 2014 年提出建立高校教学质量外部考评机制，推动实践教学的增强，并发布《人力资源和社会保障部等九部门关于实施大学生创业引领计划的通知》，通过建立青年创业辅导制度提升教育质量。

（五）体系构建期（2015 年至今）：多元主体协同育人体系初步构建

2015 年 5 月，国务院办公厅颁布了《关于深化高等学校创新创业教育改革的实施意见》，提出到 2020 年构建一个集教学、自学、实践与指导于一体的创新创业教育体系。这一意见强调学校与企业的紧密合作，并拓展至国际层面，形成多方参与的协同教育模式。2017 年，国务院办公厅再次发布相关文件，细化了实施路径，倡导"协同推进、集聚培养"的理念，致力于建设具有中国特色、达到世界先进水平的创新创业教育新模式。这一阶段，教育课程体系得到了系统的构建，能够根据不同创业层次和需求提供针对性和层次性的教育内容。政府、高校和企业三方的有效协调成为构建多元主体协同育人体系的重要前提，也是推动我国创新创业教育迈向更高层次的关键。

二、我国大学生创新创业教育的主要成果

（一）研究成果

1. 创新创业教育研究的基本情况

我国对创新创业教育的重视不断加深，相关研究也逐步深入，主要划分为三个阶段。第一阶段（2001—2008）：这个阶段已有一些学者开始关注创新创业教育，但总体上研究数量有限，关注度较低。直到 2001 年天津举办的研讨会及相关论文发表后，研究才逐渐增多。第二阶段（2009—2014）：在这一阶段，国家政策的推动和学术界的觉醒使得研究逐渐升温。创新创业教育分会成立，高峰论坛召开，这些举措推动了理论问题的深入探讨。第三阶段（2015 年至今）：研究

进入高涨期，发文量显著增加。各地区、部门和高校积极贯彻政策，推进"双创"改革，提高了创新创业教育的实践和研究水平。

进行创新创业教育研究的学者较为分散，缺乏长期稳定性。在众多发文者中，一些学者直接参与创新创业教育工作，他们在相关领域具有理论和实践双重优势，研究成果表现出较强的实效性和创新性。此外，一些青年学者为研究注入了新鲜力量。主要研究阵地包括东北师范大学、浙江大学和华东师范大学。江浙沿海地区高校在该领域表现活跃，发文量较高，这与地区经济活力强、创新创业氛围浓厚密切相关。

2. 创新创业教育研究的热点主题

（1）高职院校创新创业教育研究。高职院校的创新创业教育被视为开辟新天地的重点。研究者从多个维度探索其优化路径，如"融入递进式""体验式"及"分级递进式"等教育体系。他们通过案例分析，探讨了创新创业的实践路径，并关注高职院校的创新创业文化、生态环境、管理机制，以及成效评估体系的构建。这些研究展现了对教育实践的热情和期待。

（2）根植于专业的创新创业教育研究。学者们长期关注创新创业教育与专业教育的关系，尤其是如何在专业教育中融入创新创业教育，以应对普遍存在的"两张皮"现象。专业教育被视为创新创业能力培养的基础，创新创业教育被认为是推动高校专业教育改革的重要手段。"嵌入型"创新创业教育的深度融合成为共识。然而，目前的研究多集中于理论层面，对于实际执行中的细节问题，例如，理念如何深度融入、课程如何巧妙嵌入，以及实践环节如何精准对接，尚显不足。这些问题既是挑战，也是未来研究的方向。

（3）创新创业教育课程体系研究。一些学者批判性地审视了我国高校创新创业教育的现状，指出了课程定位不明确、目标设定模糊、教育内容同质化和碎片化、课程架构单调等问题。研究揭示的这些问题，为未来改进方向提供了启示，亟待教育界深入探讨和改进。

（4）创新创业实践育人体系研究。实践性是创新创业教育的核心。为通过创新创业实践培养人才，学者们提出了多种途径：课程内容的实践化、教学方法的实践化（如虚拟情景模拟、案例教学、真实项目教学等）以及构建多元化的实践平台（如各类竞赛、实践基地、社会实践活动、相关社团、校外董事会、创业园和孵化园等）。这些途径不仅体现了创新创业教育的实践本质，也为培养具有创新精神和实践能力的人才提供了有力支撑。

3. 创新创业教育研究的潜在热点

（1）思想政治教育与创新创业教育的关系研究。"双创"教育是教育体系的重要组成部分，也是思政教育的重要组成。思政教育为"双创"教育提供了精神导向，二者相互依存，共同推动教育生态的和谐发展。研究如何优化思想政治教育与创新创业教育的配置，促进其深度融合和共生发展，成为重要议题。

（2）"互联网+"创新创业教育研究。在"互联网+"的时代背景下，"双创"教育面临新的机遇和挑战。研究聚焦于创新创业信息平台的构建和教育新模式的探索。创客教育应运而生，成为教育改革的前沿阵地。以"互联网+"创新创业大赛为实践平台，激发了青年学子的创新思维和创业激情，为教育改革注入了新的活力。

（3）创新创业教育生态系统研究。当前研究主要围绕两个方向展开：一是分析国外知名高校（如麻省理工学院、加利福尼亚大学、伦敦大学学院、帝国理工学院）在创新创业教育生态系统构建方面的经验和模式，为我国提供参考。二是聚焦国内高校在创新创业教育生态系统构建方面的探索，这些研究还较为薄弱，需进一步探讨和优化。完善创新创业教育生态系统对于提升国家创新能力和培养未来创业领袖具有重要意义。尽管我国在创新创业教育领域已经取得了显著进展，但仍面临诸多挑战。现行的评估方式主要基于"创业率"和"比赛获奖"等指标，需要探讨更综合、长远的评价理念、指标和方法，以更准确地衡量教育效果。

（二）实践成果

1. 研究生创新创业教育模式的构建

（1）突出"双创"型人才培养

湖南大学积极推动创新创业教育，通过发布《湖南大学深化高等学校创新创业教育改革的实施方案》和《湖南大学关于开展研究生教育综合改革的指导性意见》，将创新创业理念深度融入人才培养体系。创新创业课程建设已成为评价教育质量的重要指标，旨在激发学生的创新思维与创业潜能。学校鼓励研究生积极参与创新创业实践，通过实质性的支持措施，如优先提供奖助学金，来增强学生的创新动力和实践能力。这一系列举措不仅丰富了教育内容，也为学生在创新创业领域的发展奠定了坚实基础。

（2）重视课程规划和设计。在深入调研了国内外高校研究生创新创业课程的建设情况后，学校决定为全体研究生开设专门的创新课程和创业课程，旨在全面培养学生的创新思维与创业能力。更为关键的是，研究生在这些创新创业课程中的学习情况将被纳入学分体系，从而确保"全员化"与"全程化"的创新创业教育得以实施。此外，培养方案着重强调了创新创业教育与专业教育的有机融合。各学科被要求加强对行业前沿的介绍，并强化实践课程的建设，以充分发掘专业课程中所蕴含的创新创业教育潜力。另外，学校还积极鼓励研究生跨学科、跨学院选修课程，以期通过这种方式，积极培育具有交叉学科背景的创新型人才，从而为社会输送更多具备全面素养的人才。

（3）构建微课程教学平台。2014年，学校锐意创新，成立了"虚拟创业学院"。该学院不仅通过系统的课程学习、实践活动、创业路演及项目孵化等多种途径，全面推动创业基础教育的发展，而且着眼于未来，精心规划和建设了研究生创业创新课程。借助先进的在线教育平台技术，学院打破了传统教学模式，创新了平台运作模式，构建了独特的微课程教学平台，并汇聚成一座丰富的创新创业教育资源库。这一平台巧妙地融合了教学过程、在线学习、实时讨论及各类学习资源，通过网络技术生动展示课程内容，使教学环节设计得更加明确与周密。在此环境下，学生被鼓励自主参与学习活动，学习者之间的互动交流也因此而更加频繁，从而在潜移默化中提升了学习效果，为创新创业教育的蓬勃发展注入了新的活力。

（4）开展数据监测和评价。传统课程评价多以最终考试成绩为标尺，往往忽视了学习过程的价值。而基于学习数据的评价方法，则能够洞察学习过程中的每一个细节，从而全面地评估学习效果。这种评价方法提升了对学习任务的拆解、在线测试的反馈、小结回顾的深度，乃至视频观看的专注度，关注学生在学习过程中的意愿、实际行动及所达到的效果。对于研究生而言，这样的评价不仅能帮助他们调整学习习惯，也能促使其优化学习方法和目标。借助校内强大的国家超级计算长沙中心，能够建设云学习平台和资源中心，实现创新创业课程的数据监测与评估，以科技之力，精准把握学习脉搏，助力学生在创新创业的道路上勇往直前。

2.研究生创新创业教育模式的教学实践

（1）打造高质量"双创"课程。学校精心组建高水平学术团队，特别为研究生开设了"创新基础"和"创业基础"两门课程。这些课程在微课程大赛中屡获殊荣，不仅重视科研与实践能力的系统培养，还强调科研道德和技术创新方法的深入讲解。研究生创新创业课程始终以学生为本，紧密围绕学生需求反馈进行持续优化与完善，力求在提升学术水平的同时，塑造学生的道德素养与创新精神。课程的主要内容见表1-4。

表1-4　湖南大学研究生创新创业课程教学内容

课程名称	必修课程内容	选修课程内容
创新课程	创新创业精神及学习方法、学术道德、创新能力培养、创新思维及方法、科研方法	信息技术及发展、大数据理论及运用、SCI 论文撰写方法与规范、SSCI 论文撰写方法与规范、"互联网＋"创新思维、知识产权及专利申请、网络共享创新课程等
创业课程	创业精神与人生发展、创业者与创业团队、创业机会与创业风险、创业资源与创业计划、开办新企业、社会创业	SWOT 分析、营销市场规模分析、构建服务体系、个人领导力、商业计划书制作、公司创建、市场定位

（2）加强线上协作与辅导。在线平台为创新创业课程的发展注入了新的活力，极大地促进了研究生的学习、沟通与交流，有效减少了学习的孤独感。学生可以在这个充满活力的学习社区中自由地分享各种资源，热烈地讨论学术问题，共同探索形成创新的解决方案。值得一提的是，这一平台还为学生提供了跨学科合作的机会，让思维的火花在交流中更加璀璨。此外，该平台打破了时间与空间的限

制，支持学生进行碎片化、个性化的学习，使学习变得更灵活与高效。为了更好地辅导学生，还组建了由在读研究生与富有创新经验的教师共同组成的辅导团队。他们不仅及时解答学生的疑惑，还积极参与兴趣小组的讨论，共同为创新创业课程的发展贡献力量。

（3）注重线下拓展与实践。学校举办了"研究生科研素养提升计划"讲座，邀请知名学者和业界精英探讨科研创新能力。工商管理学院是重点合作对象之一，共同推出了"创新与创业训练营"。此外，定期举办创业论坛也是一项重要策略。为了提升论坛效能，学校邀请国际科学家和行业领袖探讨前沿课题，并通过虚拟平台进行直播。学校还编写创新创业教材和读本，设立科研创新项目，鼓励研究生参与学科竞赛和创业大赛。

（4）推进"双创"型师资队伍建设。创新创业课程的主讲者既有校内专业教师，也有校外邀请来的专家，两类教师各具优势。校内专业教师具有更强的理论水平，而校外专家则有丰富的实践经验。两者的组合可为学生提供理论与实践的有力支撑。学校每年定期开设"创业教育项目师资培训班"，通过多种方式深化教师对创业教育的理解，鼓励教师与企业合作开展教学活动。学校设立了"创新创业优秀指导教师奖"，对在创新创业教育方面表现突出的教师进行奖励，奖金最高可达 10 万元。学校还建立了虚拟创业导师团队和校外导师库，吸引优秀校友和成功创业者来校分享经验。

3. 研究生创新创业教育的教学效果与完善举措

（1）研究生创新创业教育模式的教学效果。研究生对创新创业教育表现出高度热情和积极性，以 2017 级为例，他们在课程学习中展现了高参与度和积极性。例如，他们的学习笔记达到 4630 条，在视频下发表了 24063 条评论。大多数学生认为课程内容与实际情况贴近，能满足提升创新创业能力的需求。调查显示，有 73.6% 的学生认为课程内容达到优质水平，66.8% 的学生愿意推荐给其他同学。数据分析表明，许多学生反复学习创业微视频，显示出强烈的学习意愿，67% 的学生选择继续修读此类课程。调查还显示，55.2% 的学生有自主创业意愿，并认识到"创新"和"创业"对个人和社会发展的重要意义。通过创新创业教育，研究生在遇到现实问题时能够以新颖思维应对。许多学生不仅积极研究和实践，还撰写论文发表在优秀刊物上，涌现出一批典型代表和优秀成果。

（2）完善研究生创新创业教育模式的设想。学校鼓励导师积极参与研究生创新创业教育，希望他们在思维和能力层面继续给予指导和帮助。尽管研究生导师在传授专业知识方面表现出色，但在实践层面的指导仍有提升空间。导师的丰富阅历是一笔宝贵财富，如果能有效传递给学生，将为他们的创新创业提供有力支持。加强"创新创业 +"课程体系构建，意味着将创新创业理念与学科专业知识无缝衔接，从而推动研究生教育机制的革新。此课程模式不仅拓宽了学科与创新创业的交融领域，而且通过课程内容的整合，形成独具特色的"创新创业 +"教育体系。这一融合不是简单的叠加，而是在保持各自独立性的基础上，实现深度整合与提升，使创新创业精神渗透到每一节课堂，激发学生的创新思维与创业潜能。这种教育模式既赋予专业课程新的生命力，又为创新创业注入源源不断的学术滋养。

第四节　大学生创新创业教育的基本特征与发展趋势

一、我国大学生创新创业教育的基本特征

政府在推动创新创业教育方面发挥了主导作用，这体现了中国高等教育的特点。2002 年起，教育部在包括清华大学和中国人民大学在内的九所高校开展了创业教育试点，标志着创新创业教育的起步。随后，教育部扩展了这一领域，通过设立百个创新与创业教育实验区，推动了高校的全面发展。到 2010 年，教育部建立了创新创业教育的整体框架，形成了多层次、立体化的教育课程体系，并建立了联动机制，促进了创新创业教育的综合发展。在 2010 年之前，创新教育和创业教育

是两个独立系统，分别由教务部门和学生处管理。为了提高教育效果，必须将两者有机结合。通过将创新创业教育融入专业教育，不仅提升了创业的起点，也推动了质量导向的发展，结合实际需求推动科技和项目教学。这种融合有助于新产业的培育和社会经济的发展，改变了传统的人才培养模式。实践平台在落实创新创业教育政策中非常重要。创新创业大赛作为政府推动教育的重要手段，具有独特的全员动员能力。政府的关注吸引了高校领导的参与，成为大学实力的评估指标。各级政府和企业的参与为大学生提供了风险投资，形成了"校政企学"共同参与的模式，高校在其中担任主体角色。

目前，创新创业教育仍在建构中，缺乏可复制的模式。关键问题包括处理专业教育与创新创业教育的关系、提升教师参与热情、解决教学创新不足等。行动研究是完善教育的方法，包括加强就业服务、深化创业大赛、推广必修课程，最终实现与专业教育的融合。教师的全面参与至关重要，没有他们的支持，创新创业教育难以实现。

二、我国大学生创新创业教育的发展趋势

（一）创新创业教育政策变迁的未来趋向

（1）应推动创新创业教育主体的多元化发展，并通过利益相关机制稳定各方联系，增强协同互动。政府、高校和社会是主要主体，需要科学划分职责，并探索有效的合作方式。政府应强化领导作用，优化管理，提供战略引导和制度支持，建立民主表达机制，让高校和社会充分表达需求，促进自主发展。政府还需创造良好的创新创业文化氛围，扩大政策供给，引导高校与企业合作，优化人才培养机制。通过强化合作共识与实践机制，打破各方合作壁垒，可推动创新创业教育的整合与共享。

（2）应从价值层面审视创新创业教育，平衡社会价值与本体价值。创新创业教育强调创新与创业，兼具培养人才和服务市场的双重价值。政策应同时关注社会需求和教育内部价值，从制度层面明确其内涵，提高教育质量和人才培养模式，

纠正实践误区，确保创新创业教育在人才培养过程中的平衡发展和可持续性。

（3）应根据实际情况推行政策，既强调强制性，也重视诱致性，构建"点面结合、重点突破"的优化路径。当前政策以强制性为主，需增加自下而上的诱致性政策，依据高校实际需求，制定分类分层的发展、质量认证、协同育人和成果孵化政策，完善政策联动机制，增强科学性和长效性，推动创新创业教育的高质量发展。

（4）应从评价层面提升评价体系的深度。评价机制需创新，超越量化评价模式，将动态考核作为重点，并扩大考核范围，充分呈现与创新创业教育相关的各类要素发展情况。

（二）创新创业教育质量提升的着力方向

中国高校的创新创业教育已进入"教育驱动"与"创业驱动"相融合的"双轨驱动"阶段。面对全球趋势和国内现状，高校需灵活应对，深度融合教育、科技与人才，成为高质量发展的核心动力。过去十年，高校不仅是知识传递的基地，还成为科研创新的前沿阵地。60%的国家重点实验室和30%的国家工程研究中心由高校牵头，彰显了教育与创新的紧密联系。

在这一背景下，创新创业教育的地位日益突出。高校不再将其视为孤立的课程，而是与学科教育和科研活动紧密结合。例如，浙江大学的创新创业学院构建了从意识培养到项目孵化的全链条教育体系，推动了专创、科创与产创的融合。

内容和方法也需与时俱进。全球创业、数字创业等领域的拓展为教育注入了新活力。清华大学设立全球创新学院，培养具有全球视野的创新领袖；北京大学则侧重于高科技创业，将科研成果转化为实际产品。

体验式教学逐渐成为主流，强调实践体验和反思。技术的赋能，如北京理工大学的模拟教学场景和知识大模型，提升了学生的创新创业素养。高校的创新创业教育不仅关注学生个体发展，也是对国家未来发展战略的积极响应。

第二章　我国大学生创新创业教育的实践探索

第一节　浙江大学"双螺旋"创新创业教育模式

一、创新创业教育深度融合专业教育的"双螺旋"模式的理论诠释

（一）专业链条分析

在探索人才培养模式时，我们需要深入理解其内涵与外延。教育目标应超越课堂知识，注重学生的职业生涯和个人成长。目标制定如灯塔，指导教育方向；实施培养计划将目标转化为实际路径；评价和改进反映教育成效，引导调整以提升质量。评价是提升教育的起点。课程设置的科学性和系统性至关重要。通识与专业、理论与实践的协调互补，帮助学生构建知识体系并深化理解。实践教学使学生通过实际操作加强知识应用。教育效果的评定需关注连续性，确保课程和知识点有效连接，保障学生顺利学习。递进性要求根据学生的心理发展和知识体系逐步推进，避免急于求成。互补性和适量性是全面教育的核心理念。教育应融合理论与实践、课内与课外、专业与通识，精选教学内容，避免信息过载。通过这些策略，我们可以打造一个全面高效的教育体系，不仅让学生掌握知识，还培养了他们的综合能力和创新精神，为未来职业生涯奠定成功基础。

（二）创新创业教育的培养要求

首先，创新创业教育从意识培养入手，逐步引导学生懂得创新、敢于创新和

实现创新。这一过程需要相应的教学理念和模式指导，不等同于直接的创新创业活动。

其次，创新创业教育的实施要求包括以下几点：一是不能割裂人才培养链条。单一环节的教育难以实现整体效果，必须确保各环节紧密衔接。二是遵循教育规律。各环节需采取适应的教学方式，遵循教育规律，以确保教育效果的最大化。三是综合体系支撑。培养创新创业人才需要一个综合体系，各环节相互补充、相互支撑，形成合力。四是依托并融合专业教育。创新创业教育应依托和融合专业教育，而非另起炉灶，确保专业知识和创新创业能力同步提升。

最后，大学教师在创新创业教育中扮演着关键角色。教师不仅需要从事岗位创业和科技研究创新，还应与学生共同创作。美国斯坦福大学的创新创业教育模式鼓励师生共同参与项目，通过科研活动提升教育水平，构建教学、科研、服务三维共存、共建模式，确保教学、科研、服务紧密联动。这种模式不仅提升了师生的创新创业能力，还促进了学校整体教育水平的提高。

通过这些策略，创新创业教育不仅能够培养出具备创新能力和创业精神的人才，也能为社会提供源源不断的创新动力，推动科技成果的转化和经济发展。

（三）基于全过程融合的"双螺旋"模式

依据广谱式创新创业教育理论，创新创业教育应普及至全体学生，并与专业教育紧密结合，贯穿教育全过程。为此，提出了"师生共创"的"双螺旋"模式，旨在将创新创业教育与专业教育深度融合。该模式类似于 DNA 双螺旋结构，两者在多个关键节点交织融合，包括培养目标、课程设置、课程开发、教学方法、课外活动和学业评价。在"双螺旋"模式中，创新创业教育与专业教育相互交织，互为支撑，如同"双螺旋"中的两条链条在各个关键节点上紧密相连，共同推进。这种模式确保了创新创业教育与专业教育的深度融合，使每一个环节都能够体现出两者的互动和促进作用，如图 2-1 所示。

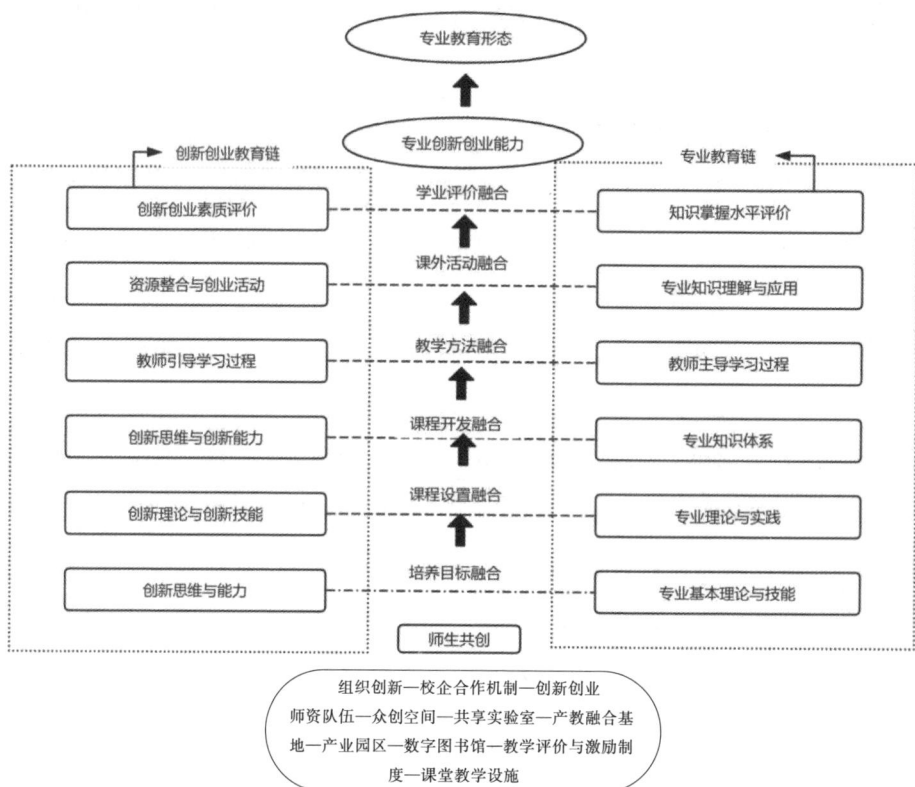

图 2-1 创新创业教育深度融合专业教育的"双螺旋"模式

二、"双螺旋"模式的实践：浙江大学案例

浙江大学作为国内创新创业教育的先行者，经过 20 余年的积累和发展，已建立起了完整的"全链条式"创新创业教育体系。通过深入调研与访谈，其创新创业教育与专业教育的融合实践逐渐显现出独特成效。

（一）以培养创新型专业人才为基础确立专业培养目标

浙江大学致力于培养既拥有深厚专业理论素养，又具备企业家精神的复合型创新人才。该校立足全球视野，紧密结合中国产业需求，设立了培养"德智体美劳全面发展、具有全球竞争力的高素质创新人才和领导者"的目标。这一目标的不仅体现了浙江大学对教育的高瞻远瞩，还反映了其对时代发展的精准把握和对未来社会人才需求的深刻洞察。具体目标包括：一是强调学生的全面发展，注重知识、能力、素质和人格的全面培养；二是培养具有国际竞争力的全球化战略科技人才；三是重视基础研究和原始创新的创新人才；四是培养具有战略眼光和领导潜质的领军者。

（二）以提升创新创业能力为导向构建专业课程体系

为实现既定的培养目标，浙江大学在通识教育、基础教育、专业教育和拓展教育四个核心环节中，融入了创新创业教育的先进理念，构建了一个全过程、全覆盖的课程体系，以系统地提升学生的创新创业能力。在通识教育阶段，浙江大学通过"走进挑战杯""专业与人生"等专题讲座和必修的创新创业课程，启发学生的创新意识，为他们的创新之路奠定坚实基础。在专业教育领域，浙江大学将创新创业元素与专业课程融合，推出"X+创新""X+创业"等课程，激发学生的创新思维。此外，学校还设有创新与创业管理强化班（ITP辅修班）和全球创业管理硕士项目（GEP）等，通过项目评估、公司创办等实操性创业教育，帮助学生在实践中深入理解和掌握创新创业理论，为未来创业奠定基础。

（三）以学科专业一体化为载体进行专业课程开发

浙江大学秉持"基于研究的教学"理念，将科研精髓融入课堂教育。通过引入产业的多元模块，例如，在电子信息工程硕士的必修课程中，"人工智能算法与系统"结合了华为的MindSpore框架，实现了科教与产业的深度融合。这种教育模式不仅提升了学生的科研素养，还锻炼了他们的实践能力，使学术研究得以真正落地，体现了教育的创新精神与学术的严谨性。

（四）以学生为主体创新专业教学方法

浙江大学在日常教学中注重师生互动和生生互动，基于建构主义学习理论，知识学习被视为学生主观经验的构建过程，并且需要物理、社会和教学环境的引导。教育不应局限于单一物理空间，而应探索多维度空间，如"理论+案例""仿真+平台""指导+实践"等方式，以拓展学生的视野，使他们能够主动获取更多知识和技能。通过高水平实验室和模拟教学软件，如《经营之道》和《ERP沙盘模拟》，学生得以逐步了解企业经营。

（五）以激发创新意识和提高知识应用能力为基础重塑课外活动

课外实践为学生提供了提炼问题、反求知识和转化认知模式的支持。浙江大学鼓励学生早期参与教师的研究项目，在教师的指导下生成学术成果或参加学科竞赛，从而实现教学与实践的结合。通过师生共创的模式，加快实验室技术的产业化进程，有效弥合了大学与产业界之间的鸿沟。例如，在第七届中国国际"互联网+"大学生创新创业大赛中，浙江大学团队荣获金奖的骨骼肌肉系统修复产品正是源于范顺武教授实验室的成果。成功案例展示了师生共创在推动科技成果转化中的巨大潜力，为青年创业者铺设了科技创新的成长道路。

（六）以创新创业综合素质培养为目标改革学业评价体系

浙江大学将学业评价视为提升学生创新与创业能力的重要环节，构建了一套全程多元联动的考核体系。该体系涵盖了阶段性理论学习考核、探究性实验评估、课程综合考试及创新项目评测，实现了评价内容的全面转型。它不仅关注知识应用与技能水平，还重视学生的创新能力、团队合作及科研参与度，尤其是解决实际问题的综合能力。此评价体系旨在全方位培养学生，使他们不仅掌握生产、研发与管理技能，还具备创新意识、创业才干及领导潜能，从而在学术与实践的结合中，孕育出具有深厚学识与卓越能力的未来领袖。

第二节　湖南大学"四轴四螺旋"研究生
创新创业教育模式

湖南大学在研究生创新创业教育领域创新性地提出了"四轴四螺旋"模式。该模式以课程牵引、团队推动、竞赛训练和平台提升为四个主要轴心，通过联动发力，全面提升研究生的创新意识、创业文化、实践能力和综合素养。这一模式促进了专业课程与创新创业教育的深度融合，有效地培养了研究生的创新创业能力，为研究生教育注入了新的活力和内涵，如表2-1所示。

表2-1　"四轴四螺旋"研究生创新创业教育模式

"四轴"	行动	目标	"四螺旋"
课程牵引轴	构建需求牵引的实践培养机制	专业知识、双创知识	创新意识
	建立"控制科学+X"课程体系		
	打造新工科双创培养模式		
团队推动轴	打造院士领衔的顶级导师队伍	领军专家、双创人才	创业文化
	聘请大师级创新创业领军人物		
	加盟国家领导人接见的创业校友		
竞赛训练轴	组建"双创三赛"赛训团队	项目能力、竞赛能力	实践能力
	打造"校省国家"三级体系		
	深化"传帮带"竞赛培训模式		
平台提升轴	依托国家级工程实验室	科研成果、双创成果	综合素养
	搭建国家级创业实践平台		
	融入省部级大学科技城		

一、课程牵引轴，培养"双创"意识

湖南大学在"新工科"背景下，通过更新培养计划和增加创新创业课程的比重，积极培养研究生的创新创业能力。学校设立了"控制科学与工程+X"课程方案，引导学生将多学科知识融合，提升他们的跨学科研究能力。依托国家级重点学科和机器人视觉感知与控制技术国家工程研究中心的深厚底蕴，湖南大学精心构建了实践培养机制，旨在跨学科培养创新创业人才。此机制充分利用学科交叉融合的优势，为学生搭建从理论到实践、从课堂到创新的桥梁，推动他们在探索与实践中不断成长，成为兼具专业知识与创新创业精神的复合型人才。

二、团队推动轴：营造"双创"文化

湖南大学控制学科在构建专业师资团队方面采取了独特而有效的措施。该学科不仅汇聚了领军科学家和知名校友的磅礴力量，还依托创新创业中心和团队建设，大力加强"双创"教师团队的培养，并不断完善团队管理机制。特别邀请中国工程院院士及其他顶尖科学家领衔的专业导师团队，共襄国际学术前沿的盛举；一些业界领军人物也积极担任指导老师，悉心指导研究生的创新创业实践。此外，知名创业校友也积极参与，传承"传帮带"精神，共同促进学科的辉煌发展。

三、竞赛训练轴：提高"双创"能力

湖南大学控制学科将创新创业竞赛作为重要的培养途径，并紧密结合互联网时代的特点。例如，"互联网＋"大学生创新创业竞赛。此外，学校还举办了"挑战杯"全国大学生课外学术科技作品竞赛和"创青春"全国大学生创业大赛，为培养研究生的"双创"能力提供了强有力的支持。通过这些竞赛，学科鼓励并支持研究生参与科研创新项目，引导他们将竞赛成果转化为实际的科研成果。

四、平台提升轴：落实"双创"实践

湖南大学控制学科凭借领军科学家、知名校友、创新创业中心及团队建设的合力，成功塑造了专业的创新创业师资团队。该团队邀请顶尖科学家与行业领军人物担任导师，共享国际学术前沿，传授宝贵的创业经验。以创新知识为引领，以培养创业意识为核心，湖南大学在校园内营造了浓厚的创新创业文化氛围，激励每一位学生勇攀科技高峰，探索创业之路。

第三节　华中科技大学创新创业教育模式实践经验

华中科技大学在"双创"教育领域已有多年探索，取得了显著成效。他们通过将人才培养与科技创新结合，强化课程体系建设并提供资金支持，确保"双创"教育的全面发展。此外，学校还重视从创新团队到创业公司的全方位拓展，使学生能够在更真实的环境中获得实践经验。

一、坚持人才培养的"一体"核心

（一）举办创新创业讲座，培育创新精神

"双创"教育必须围绕创新精神的培养进行规划，因为只有在思想上实现真

正的转变，技术创新和知识创新才能获得持久的动力，进而推动社会进步。华中科技大学通过举办讲座、论坛等活动，广泛宣传科学精神，并将实践操作作为重点讨论内容。这些活动旨在培养学生的创新精神和创业技能，为他们提供精神动力和实践指导，营造积极探索、勇于开拓、自主钻研的学习氛围。

（二）开设创业辅修班，提升创业技能

"双创"教育不仅要在知识和方法传授上做到精细，还需重视实践活动的引入，因为实践才能真正强化学生的创业能力。为此，华中科技大学采取了以下措施：首先，将创新与创业管理作为辅修专业，结合课堂学习与课外项目，将理论知识应用于实践中。其次，建立健全的双导师制，由校内外教师和企业家共同指导，开展专题讲座和实战演练。最后，推进教学改革，以学生为主体，采用互动式、启发式的教学模式，激发创业意识，并评估学生的创新意识、技能和成果。

（三）建设创业平台，强化创业实践

华中科技大学专项开设了创业基地，为初创企业提供免费场地和支持，包括政策、设备、导师和资金等。学校还建立了众创空间平台，如启明学院众创空间和材智众创空间，提供专业化的创业课程和孵化服务，支持学生及毕业校友的创新创业活动，成立了创业孵化器和实践基地，整合多方资源，提供综合性服务和物理环境，加速产品的孵化和落地。同时，学校也建设了多种创新创业平台，如启航创业训练营和天使投资基金，促进不同创业要素的互动与协同，打造更具持续性的创新创业生态链条。

二、强化课程、专业建设与资金扶持的"两翼"保障

华中科技大学构建了"一体两翼三支点"的"双创"教育新模式，合理配置基地建设、课程体系设计和项目资金扶持等要素，以确保其有效协同。在这个模式中，"两翼"指的是课程体系和资金扶持，旨在为"双创"实践的全面开展提供有力支持和保障，如图 2-2 所示。

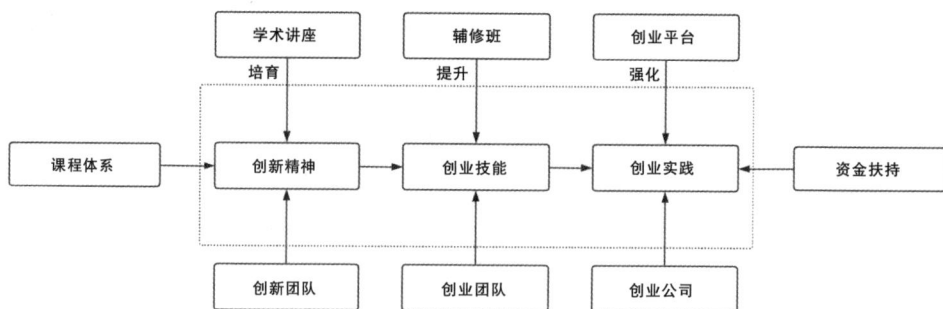

图 2-2 "两翼"保障——可成体系和资金扶持结构

（一）完善课程体系建设工作基础

"创新创业"课程的设计应以学生需求为核心，注重模块化和递进式内容。华中科技大学采取了以下措施来完善创新创业教育体系：第一，拓展资源联合视野。不仅利用校内资源，还引入相关行业和区域的资源。学校的创新创业课程十分丰富，包括创业学、创业讲座和创业竞赛，特别注重理论与实践相结合。第二，规范管理实践教学活动。依托各类平台，学校规范化管理实践教学活动，强化科研项目和竞赛实训，确保实践环节的有效实施。第三，整合资源推进技术融入教育。整合学校、社会及国际资源，推动现代技术融入教育，建设线上课程和实践平台，提供更加广泛的学习机会。第四，支持交叉培养课程。鼓励各学院开设交叉培养的创新创业课程，并对参与课程建设的教师给予奖励，以促进课程质量的提升。第五，实施双导师制。整合校内外师资，设立启航创业训练营，通过模拟创业全过程，培养学生的创业能力。

（二）强化资金扶持工作基础

资金短缺是许多高校创新创业教育效果不佳的重要原因。华中科技大学建立了一个全面的创新创业资金保障体系，包括政府扶持、社会捐赠、企业支持和学校资助，涵盖了初创、研发、发展、成熟和孵化等阶段，以确保项目的顺利推进。该体系包括 1.5 亿元的创新创业基金和 30 亿元的风险投资基金，支持学生的各类创业项目。此外，该校还设立专利申请专项资助基金，该基金主要来自创新成果的转化收入，为相关创业者和团队提供资助。

华中科技大学还实施了"登峰计划"，该计划重点支持人工智能、医药健康、新能源等领域，旨在培养新兴技术的创新创业人才。

三、抓牢创新团队、创业团队、创业公司的"三点"支撑

（一）建立创新团队，加快项目研发

高等教育以科学研究为支柱，推动创新创业。华中科技大学秉承创新创业传统，利用优势学科和特色专业，促进科技创新和创业教育。学校创新人才培养机制，注重跨学科与个性化，致力于培育拔尖创新创业人才。通过师徒制创业团队，开展前沿研究，导师带领学生进行科技创新，推动知识、技术和产品的革新。学校定期举办开放活动，学生可根据兴趣自主报名，依托国家级"双创"平台进行项目研发，将实践中的科研技能转化为实际的创新成果。

（二）成立创业团队，增强创业体验

华中科技大学精心打造了高规格的"双创"人才培养特区和大学生创业社区，涵盖创业培训、实践探索、深度体验、思想交流及综合服务五大功能区，形成全方位、多层次的生态环境。其培养模式创新,结合"项目精筛、课程精导、跟踪扶持"之精髓，成效显著，孕育了联创团队、冰岩作坊、ACM/ICPC 集训队、Dian 团队等一系列杰出的创新创业团体，展示了学校在"双创"教育领域的深厚底蕴与卓越成就。此外，还举办了启航创业训练营和创新创业体验营，选拔优秀学生组建团队，提供全方位的创业教育和实践支持，帮助他们将理论知识转化为实际行动。

（三）创办创业公司，促进产学研用融合

华中科技大学致力于构建一个开放包容、资源共享、跨界融合、协同演进的创新创业生态系统，推动创新创业教育从点到线、从线到面的跨越式发展（见图2-3）。学校精心打造了"基础研究—应用研究—产业化"三级递进的创新链条，以及"团队组建—项目研发—成果孵化—产品生产"四环紧扣的创业链条。此外，学校建立了"初创项目—研发项目—发展项目—成熟项目—孵化项目"五级递进的资金扶持链，为创新创业项目提供全生命周期的金融支持。在科技成果转化环

节，学校设立了科技成果转化专项小组与服务中心，甄选成熟项目引入大学科技园，构建了"众创空间 + 创业苗圃 + 孵化器 + 加速器 + 产业化"的创新孵化链条，形成一个集教育培养、实践操作、思想交流、学术研讨、综合服务于一体的综合孵化平台，推动创新创业生态的持续繁荣。学校还致力于优化学科布局与产业结构，紧密对接地方产业发展需求，推动国家级创新平台向地方纵深延伸，与地方政府共同建设科研院所和工业研究院，推动高新技术产业的迭代升级。这不仅促进了科技研究与地方经济的深度融合，也为区域经济的纵深发展提供了强有力支撑，开启了校地合作、产教融合的新篇章。

图 2-3　创新创业生态系统

第四节　北京财贸职业学院"1434"创新创业教育体系

一、"1434"高职创新创业教育体系的构建

北京财贸职业学院在财经类人才培养的探索中，经历了十多年的发展，逐步建立了独具特色的"1434"创新创业教育体系。这一体系的构建经历了三个阶段，每一阶段都体现了学院对创新教育的深刻理解和持续追求。

初创期（2005—2008）：在这一阶段，学院以前瞻性的视角，在课程体系中首次引入了"小公司创办"必修课程。这一举措不仅标志着"创新"理念正式融入财贸教育的核心，还通过沙盘演练、软件模拟和创新实训等多样化的教学形式，提升了高职学生的创新核心素养，为后续的创新创业教育奠定了坚实基础。

改革期（2009—2014）：在这一阶段，学院抓住示范校建设的机遇，积极进行教学创新，推出了"上班式课程"模式，丰富了教学形式。2012年，学院进一步实施了"研学结合"的课程改革策略，增设了公共选修与网络选修的"双创"课程。这些课程与专业教育、素养教育、创业大赛和实践活动深度融合，构建了一个多维度、立体化的创新创业教育体系，展示了学院在创新教育领域的深刻洞察和积极实践。

实践期（2015—2018）：面对新时代和新经济对人才的新要求，学院提出了"人人是胜者"的先进理念，旨在激发每一位学生的潜能和创造力。为此，学院全面升级了"双创"教育环境，完善了相关制度，精心构建了"1434"创新创业教育体系。该体系包括一个核心理念（人人是胜者）、四个深度融合（专业教育、素养教育、创业大赛、实践活动）、三个坚实支撑（三方协同、三级导师、三组场所），以及四个有力保障（机制、制度、经费、文化），如图2-4所示。

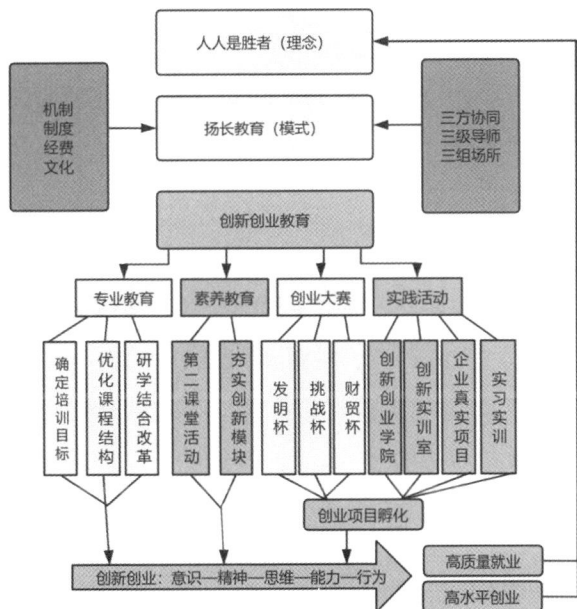

图 2-4　"1434"创新创业教育体系

二、"1434" 高职创新创业教育体系的实践

（一）"一理念"：人人是胜者

教育的核心是引导和启发。北京财贸职业学院作为商科教育的前沿阵地，深知毕业生只有具备灵活性与创新能力，方能在商界脱颖而出。学院秉持"人人是胜者"的教育理念，强调每位学生都有其独特的优点和潜力，致力于探索扬长教育模式，深入挖掘学生的兴趣、优势与潜能。此举旨在培养具有鲜明个性和卓越才能的商科精英，为社会发展注入持续的创新活力。

（二）"四融合"：专业教育、素养教育、创业大赛、实践活动

北京财贸职业学院通过"双创"教育理念，融合创新思维与技术技能，致力于培养新型人才。学院构建了通识与专业教育相结合的课程体系，从大一的"职业生涯与发展规划"到大二的"双创"选修课，再到大三的"就业指导"课程，环环相扣，为学生的创新创业打下坚实基础。同时，将10门创新创业课程融入专业课程，实现深度融合，支持学生的创新思维和技能提升。

学院重视实践活动对创新素养的培养。2003年起，设立了创意集市、"双创"宣传周、"创业沙龙"等活动，组织参观校友企业和创业展览，为学生提供展示和锻炼的机会。这些活动不仅增强了学生的创新能力，也提高了他们对创新的认识和兴趣。

2005年起，学院依托"发明杯"和"挑战杯——彩虹人生"大赛，设立了"财贸杯""双创"大赛，涵盖创业、创意等四大类别，形成了"校赛—市赛—国赛"的三级选拔模式，为学生提供展示和挑战的平台。此外，学院成立了创新创业教育学院，通过"双创"项目和实训室提升学生的实践能力，优秀团队还可入驻孵化中心，获得专业指导，为创业奠定基础。

（三）"三支撑"：三方协同、三级导师、三组场所

在"政校企"协同的广阔舞台上，北京财贸职业学院充分利用北京商贸职业教育集团的资源，与六十余家行业领军企业合作，共同推进校外"双创"实践基

地建设。这一举措有效地在理论与实践之间架起了桥梁。学院探索"双主体"培养机制，与上海永辉云创商业管理有限公司深度合作，共同创立了"北财·永辉创新创业学院"。在这一框架下，学生可以化身"小店合伙人"，实践无成本、零风险的创业模式，为创新创业教育开辟了新天地。

学院还构建了三级"双创"导师体系，二级学院设有"双创"启蒙导师，由专业教师担任，负责学生创业项目的选育并建设创新创业项目库；创业实战导师坐落于就业创业指导中心，由校友和外部创业专家共同担任，助力学生项目的实际落地。学院还打造了以创新实训室、创业孵化园和创新创业园为核心的实践基地，为学生们提供了将梦想变为现实的环境。

（四）"四保障"：机制、制度、经费、文化

北京财贸职业学院推进"双创"教育的基础在于高效的工作联动机制。学院实施"一把手工程"，设立校院两级就业创业领导小组，由校领导负责顶层设计，二级学院执行教育方案，形成了宏观与微观的有机体系。同时，学院创立了创新创业学院，建立了多部门协作机制，为"双创"教育提供了支持。

在制度保障方面，学院发布了《创新创业工作实施意见》和《学生竞赛项目管理办法》，明确了"双创"教育的方向。修订后的《学籍管理实施细则》允许学生创业期间休学，并推行课程和学分互认制度，提供了自主创业的空间。

充足的经费支持也是关键因素。学院每年拨付定额经费，并额外投入百万元专项经费，确保大学生创业有持续的资金支持。

学院还营造了浓厚的"双创"文化氛围。校友会邀请优秀创业团队，用典型案例丰富课程教学。"我的就业故事"征文活动和创业宣传周等活动，激发了学生的创新和创业热情。创业实训基地将"双创"理念深植学生心中，进而激发潜能。

三、"1434"高职创新创业教育体系的实效

（一）学生受益面广，企业认可度高

北京财贸职业学院的"双创"教育实现了全覆盖，覆盖率达到100%，体现了

学院在创新创业教育方面的深厚积累和卓越成效。学院连续9年就业率保持在99%以上，充分展示了教育质量与就业市场的紧密衔接。近年来，学院毕业生中涌现出115位企业创办者，不仅实现了个人价值的飞跃，还带动了320人的就业，为社会发展注入了活力。此外，毕业生年度创造了约700个就业岗位，这一数据有力证明了学院"双创"教育的显著成果，展示了在培养创新型、创业型人才方面的成效。

（二）学生创新能力明显提升

北京财贸职业学院的学生在全国数学建模竞赛中屡获佳绩，荣获一等奖3项、二等奖5项，市级奖项更是高达23项，展现了学院在数学建模领域的深厚底蕴和学生的卓越才能。在"双创"大赛中，学院学生表现突出，近三年间斩获国家级特等奖、一等奖35项，市级特等奖、一等奖99项，成绩斐然。

（三）教研、科研成果丰硕

至今，学院"双创"课题立项已超过300项，相关学术论文发表数量达到105篇，展示了学院在创新创业教育领域的深厚研究实力和丰硕学术成果。[①]

第五节　南京财经大学创新创业教育实践经验

一、我国创业孵化器发展历程

1987—2000年，我国创业孵化器的发展进入了萌芽阶段。改革开放的浪潮与经济转型的步伐推动了"创业孵化器"这一概念从海外引入，但初期仍处于探索阶段，主要表现为政府的政策性推动。这一时期，服务水平尚处于起步阶段，创新创业意识也较为模糊，宛如初春的新芽，亟待滋养和成长。

步入21世纪，我国经济与科技迅速发展，创业孵化器进入了快速发展阶段

[①] 王成荣,赵晓燕,郭晨.高职创新创业教育体系的构建与实践——以北京财贸职业学院为例 [J].中国职业技术教育,2018(15):87-91.

（2001—2004）。科技部等相关部门发布了《关于进一步提高科技企业孵化器运行质量的若干意见》，如同春风化雨，促进了孵化器在数量和规模上的双重增长，提升了服务的科技含量，为创新创业的苗壮成长提供了肥沃的土壤。

2005—2013年，我国创业孵化器的发展开始加速。这个阶段，创业孵化器如雨后春笋般涌现，截至2012年，其数量已达到1239个，总收入接近5000亿元，净投资132亿元，专利数量突破7000项，新提供就业岗位118万个，显著推动了就业增长。

2014年至今，我国创业孵化器的发展开启了新的篇章。新一轮的"大学生创业引领计划"和"互联网＋技术"的推广，激发了前所未有的创新创业热情。政策的支持和社会资本的注入，如同双翼，推动了高校创业孵化器的不断壮大。

二、我国高校创业孵化器管理模式——以南京财经大学创新创业园为例

（一）南京财经大学大学生创新创业园的建立与发展

南京财经大学大学生创新创业园于2015年10月成立，由江苏省教育厅与南京财经大学联合共建，旨在培育杰出创业人才并服务地方经济发展。自创园之初，就吸引了30家企业入驻，其中28家已完成注册手续。值得一提的是，其中19家企业由本校学生自主创办，21家选择在校内注册，彰显了校园内浓厚的创新创业氛围。

在经营状况方面，园区内有12家企业的月营业额突破万元大关，而6家企业的营业额低于此门槛。盈利企业共有9家，11家企业收支平衡，8家企业略有盈余，仅2家企业面临亏损。整体来看，创业园展现出良好的发展态势和潜力。

（二）南京财经大学创业孵化器管理模式

1. 决策系统

南京财经大学大学生创新创业园作为培养未来企业家和创新者的核心平台，其组织架构和规章制度经过精心设计，以确保高效、有序运作。领导小组由经验

丰富的校领导担任，涵盖了多个部门的精英，旨在为创业学生提供全面的指导与支持。管理办公室、专家委员会，以及基金管理办公室等机构紧密协作，共同解决学生在创业过程中遇到的各种问题，同时积极协调与地方政府部门的关系，为入园者创造一个无障碍的创业环境。

在规章制度建设方面，南京财经大学大学生创新创业园推行了《南京财经大学创业园管理办法》等一系列规章制度，为入园者提供了明确的行为指南。这些规章制度在园区运行过程中不断得到完善和优化，不仅保障了各项工作的有序进行，还体现了对创新创业活动持续、深入的支持。

2. 实施系统

南京财经大学大学生创新创业园的入园筛选机制严谨，每年五月和十一月为集中审批时段，也接受不定期申请。创业者需提交详尽材料，如创业企业申报书和商业计划书。校专家指导委员会评估申报企业的市场适应性、可行性、技术前沿性及创业者能力，随后经创业园管理委员会严格审批，最终签署入园协议的企业才能入驻。

在日常管理中，创业园对企业进驻和运营严格把关。批准入驻后，企业需与园区签订合同，并按时提交季度经营报告。未及时提交报告或进展不明显的计划将被暂停，企业需在一个月内补交报告以恢复计划，否则将被中止。

创业园还设有考核机制，兼具激励与约束功能。表现良好的企业可获得资金和学分支持，而违反管理制度或运营不善的企业则会面临罚款、警告、劝退或法律责任。

3. 支持系统

南京财经大学大学生创新创业园在创业导师管理方面表现出色。学校设立了大学生创业导师团专家委员会，由资深校领导担任组长，负责创业园的建设与发展。委员会根据导向性、实践性和专业性原则，从自荐和推荐的导师中精选了5名校内导师、3名政府导师和8名企业界的导师，为每个项目提供全方位指导，确保理论与实践相结合。

在创业基金管理方面，创业园通过教育部门、校友、社会捐赠和投资公司筹措资金，为日常管理、项目评审、奖励和培训活动提供保障。这些资金主要用于支持大学生创业实践，为创业者注入动力。

创业园还注重基础设施建设与管理，对物资设备进行严格管理，确保其安全有效使用，防止浪费和私自使用，为创业者提供稳定的环境。

为了营造创业氛围，创业园开展了丰富的实训、培训和参赛活动，构建开放实训平台，引进全球模拟公司项目，通过校园网展示学生创业计划成果。定期举办创业成果展、学术交流会和创新文化周等活动，为创业者提供展示和交流平台，并邀请创业名人分享经验，激发学生的创业热情。

三、创新创业园的完善路径

（一）改善环境条件

尽管我国的创业环境在不断优化，但与欧美国家相比，仍存在明显差距。虽然有形的基础设施获得了广泛认可，但金融支持、政府扶持项目、教育及培训资源、研发成果转化，以及整体商务氛围等方面仍显不足。因此，大学生就业创业中心需要深化对创新创业教育理念的研究，探索新颖的教学方法，并完善相关机制。通过这些举措，为培养具备创新精神与创业能力的优秀人才提供更加有力的支持与周到的服务。

（二）建设导师队伍

创业导师队伍应当分层次，以满足不同的教育需求。为了实现这一目标，导师队伍的建设需采取多种措施，例如，在招聘时本着拓展视野，遵循多样化和广泛覆盖的原则，除了专业教师，还应重点招聘来自政府部门和企业界的导师。队伍应包括名师、企业家和政府官员，并定期举办专题培训和创业沙龙，以提升整体指导质量和效果。

（三）加大保障力度

学校应确保创业孵化器的全职和兼职人员得到充分支持。需要建立专职和兼职教师队伍及行政系统，专注于指导学生项目。重视专业导师的培养和聘任，关注其职称评定和后勤支持。鼓励教师参与实验实训课程的创新活动，引导各专业开展创新创业类课程建设，并将实验课程摆在重要位置，以推动整体教育质量的提升。

（四）优化活动载体

创新创业园不仅应作为创业项目的孵化器，还应成为一个融合文化与温情的社区。学校部门、各学院及学生社团应依托"挑战杯"、训练计划等实践活动，为创业者提供既能磨炼技能又能感受团队协作温暖的平台。暑期社会实践与"互联网+"创新创业大赛等活动，能够让创业者在探索中实现自我价值，感受创业的艰辛与喜悦，从而在这片热土上绽放出别样的光彩。同时，应建立创新创业实践基地和社交网络平台，促进学生在创业园内形成良性循环，分享资源，加强交流与合作。

（五）完善服务机制

为了进一步完善创业园的服务体系，需双管齐下，既强化管理机制，又深化关怀举措。首先，应明确创业学生行为规范和合理的退出流程，以维护园内秩序。其次，提供政策解读与法律支持服务，为创业者保驾护航。通过这些措施，创业园不仅能成为孕育创新项目的摇篮，还能为创业者们提供坚实的后盾，使他们在追求梦想的道路上无后顾之忧。最后，要树立典型榜样，开展巡讲活动，扩大影响力，并提升创业孵化器管理人员的素质和规范，以确保园区的高效运作。

第三章 大学生创新创业教育师资队伍建设

第一节 大学生创新创业教育中教师的角色地位与能力需求

一、大学生创新创业教育中教师的角色定位

（一）角色定位与作用

1. 创新创业意识的引导者

目前,大学生的创新创业意识相对薄弱。很多学生在进入大学前被灌输了"上大学即能找到好工作"的观念,导致他们将学业视为求职的跳板,而非创业的机会。此外,创业道路的艰难常常让有想法的学生望而却步。高职院校的教师应主动引导学生树立创新创业意识。教师不仅要传授理论知识,还需将理论与实践相结合,提升学生的实际创业能力,帮助他们应对创业过程中遇到的挑战。通过设立创业园或创新基地,教师可以更加有效地指导学生,解决创业过程中的实际问题,并帮助他们以积极心态迎接未来的挑战。

2. 创新创业梦想的激励者

随着中国进入大众创业、万众创新时代,许多大学生因就业压力而转向创业。在创业过程中,学生常面临各种困难,问题的及时解决直接影响他们是否能够坚持下去。教师需要为学生提供专业知识和技能支持,增强他们的自信心。对于那

些虽然有创新创业想法但缺乏动力的学生，教师应通过学术讲座、论坛、校友分享等活动不断激励他们。学校还可以邀请国内外创业专家参与交流，以保持学生的创业热情和动力。

3. 创新创业人才的挖掘者

创业指导教师应对创新创业者所需的特质有清晰的认识，但学生可能没有意识到自身的创业优势。教师应充当伯乐，挖掘和培养有潜力的学生，提供指导和支持，帮助他们实现自我和社会价值。

4. 创新创业行动的参谋者

项目选择的顾问：创业项目选择不当是导致失败的主要原因之一。大学生由于接触社会和市场的机会有限，容易盲目跟风。指导教师应担任"军师"角色，指导学生进行充分的市场调研和论证，选择具有市场前景、独特且领先的项目。

团队组建的顾问：个人能力有限，团队合作能弥补不足。学生在组建团队时，往往只考虑个人关系，这不够科学。团队成员应在知识、技能和经验上互补，以发挥协同效应。指导教师应帮助学生选择不同类型的人才，合理分工，充分发挥团队的整体功能。

商业计划书撰写的顾问：商业计划书是创业者描述业务、宣传和融资的重要文件。大学生常常在撰写时出现不完整、逻辑混乱等问题。指导教师应发挥"教练"作用，训练学生的思维和文案写作，帮助他们明确项目产生原因、运作方式、运营手段、团队组成及阶段性目标。

5. 创新创业全程的服务者

大学生创业需遵守校规并符合学校规定。高校有责任提供相关服务，包括根据市场需求、政策和科技资源帮助学生选择项目。在创业过程中，学校应提供硬件支持（如材料和工具）和软性支持（如心理安慰和鼓励）。

6. 创新创业教育课程体系的构建和实施者

尽管我国的创新创业教育在不断进步，但课程建设和实践平台仍存在许多短板。许多高校仅开设了部分相关课程和活动，许多专业尚未系统设置创新创业课程，现有课程缺乏系统性和实操性，理论与实践脱节。原因之一是师资力量严重不足，缺乏足够的研究和实施精力。教师应积极参与课程体系的构建和实施，推动课程内容与实际需求对接，增强课程的实用性和有效性。

7. 教师是创新创业教育教学活动的组织管理者

高校的创新创业教育通常是由有经验的教师组织和管理。教师利用自身的知识和能力控制课堂，管理活动，以提高教育质量和效益。教师在组织教学活动时应明确目标，精心策划，并有效管理，以确保教育活动的顺利进行。

8. 教师是大学生创新创业实践活动的指导者

学校应精心构建实践平台，汇聚教师智慧，引领学生探索。通过科技角逐、创业大赛、课题研究和自主创业等丰富多彩的活动，教师能有效激发学生的创造性思维，唤醒他们的创新潜能和创业热情。在教师的指导下，学生不仅能获得宝贵的实践机会，还能在实践中提升个人能力，积累人生经验，教师的指导和支持在这一过程中发挥着重要的作用。

9. 教师是创新创业教育理论的主要研究者

作为创新创业教育的直接参与者，教师能够清晰了解教育实践中的问题，因此可以更加有针对性地研究教育理论，并对未来的发展进行深入思考。教育主管部门应采取措施，激发教师的科研积极性，推动建立符合我国实际的高校创新创业教育体系，促进其健康发展。

（二）角色困境与调适

1. 角色困境

（1）教师权威角色的挑战。在信息化时代，信息交流模式的颠覆和组织结构的扁平化、网络化、柔性化，使传统的师生关系面临重大挑战。互联网的普及让知识变得更加公开，大学生可以方便地获取信息和发表言论，教育进入了"互为师生"的时代。在这一背景下，教师传统的权威角色受到挑战，创新教育要求教师放低姿态，用学生喜欢的方式沟通，激发学生的创造力和主动探索精神。然而，许多大学仍然沿用传统的"灌输式"教学模式，教师地位过高，忽视了学生的独立思考。这种传统模式导致课堂互动不足，学生兴趣和创造力减退，教师和学生之间的有效对话减少，影响了教学效果和创新进程。

（2）教师角色多元化发展的负担。知识经济时代，大学不仅承担教学和科研任务，还需要在社会服务和文化引领方面发挥重要作用。这使得教师的角色从单纯的"授课者"扩展到更多领域，如社会建设和舆论引领。然而，传统观念仍然认为教师应专注于课堂教学和科研，这种观念限制了教师在公共领域的作用。教师在实践中缺乏锻炼机会，导致实践能力和创新能力不足。实施创新创业教育要求教师不仅具备专业知识，还需具备敏锐的社会洞察力和引领发展的能力，这对教师的角色转型和扩展提出了更高要求。

（3）教师学术角色的市场化考评焦虑。在追求创新的当今时代，大学需要为社会和科技发展提供智力支持，教师应积极参与科技攻关和创新研究。然而，随着高等教育的市场化，大学面临资源紧张、竞争压力大和绩效考核严等难题，教师常常陷入功利追求或安于现状的困境。这种市场化的考评压力导致合作减少，团队难以形成，创新精神受到抑制。

（4）教师政治角色的无力感。在知识经济和创新驱动的新时代，高校教师应积极参与经济和政治生活，锤炼领导才能，并为学生和学校的发展创造更多的创新空间。他们也应为社会改革贡献力量，争取更多的创新资源和政策支持。然而，教师常常处于被动的考核体系中，政治意识未得到充分激发和发展，导致其在创新创业教育中的政治角色表现不足，影响了教育效果和教师的综合作用。

2. 角色转换

（1）教育理念更新：成为创新教育理念的积极倡导者和践行者。尽管各高校已积极开展创新创业教育并取得了一些成效，但对于"创新""创业"及其教育意义仍存在一定的误解。例如，对创新创业教育的本质、目的及教育模式尚未形成统一的认识。在这一背景下，高校教师需要转变观念，主动承担推动教育转型的责任。他们应致力于培养创新型人才，推动知识和文化的创新，建立开放共享的教育环境，以应对社会需求和学生发展的挑战。

（2）教学方法转变：成为知识启发者和共同探究者。信息技术和移动互联网的兴起使知识获取更加便捷,新媒体的普及增强了信息交流的广泛性和互动性。面对知识的不断扩展和多样化的价值观冲突,个人的知识认知局限性日益显著。未来的教育应建立学习共同体,教师和学生应在平等互动中共同探索新知识。高校教师需要有终身学习的理念,勇于接受知识的有限性,引导学生培养创新精神,并将信息技术融入教学实践中,构建适应创新创业教育的探究式学习结构。

（3）活动场域突围：成为社会服务的密切关注者和主动推进者。知识生产模式已经发生变化,跨学科研究和基于社会实用需求的知识生产逐渐成为主流。这一转变促使大学从单一的学术导向转向注重社会导向,在推动创新创业教育时尤为明显。高校教师需要超越传统的学术研究,积极参与社会实践,成为社会服务的推动者和领导者。通过跨界合作和资源整合,教师应解决人才培养与社会需求之间的匹配问题,促进知识创造与社会资源的协调发展,从而提升社会生产力。

（4）治理角色重塑：成为大学治理的积极参与者和有效推动者。创新创业教育要求高度的行动能力,这不仅涉及个人,还需要社会协调和沟通,以实现最佳效果。随着大学角色从学术机构向社会服务机构转变,教师需要具备出色的专业素质,善于处理各利益相关者的关系,争取社会发展机遇和政策支持,营造良好的教育环境。此外,随着大学治理模式向共同治理转变,教师应积极参与治理实践,反映教师需求,推动教育进步,保障教育环境的优化。

3. 角色调适

（1）社会调适。为了营造支持"双创"教育的良好环境,政府、企业和公众的共同参与很重要。目前,一些基层政府在政策落实上不够积极,企业因成本和风险问题反应冷淡,公众的包容性也有所欠缺。为推动"双创"教育深入开展,地方政府应积极出台税收和金融激励政策,鼓励企业在实训基地建设和导师聘用方面投入更多资源。提升教师的生活待遇,为其职业发展创造有利条件也是满足"双创"教育需求的重要环节。这些措施的落实不仅能激发企业和教育者的热情,还能为培养创新创业精神提供坚实的基础,从而推动"双创"在基层蓬勃发展,为"大众创业,万众创新"的宏伟蓝图添砖加瓦。

（2）学校调适。首先,需革新考核制度,建立以"五位一体"为目标的考核体系，其中"五位"包括学校、同事、用人单位、学生和自我。学校应建立动态评价体系和奖惩机制，对表现优异者在职称晋升和考核中给予倾斜，对表现不佳者提供专项帮扶。其次，构建支持系统，包括创新创业机构、学科竞赛和培训，提供物质、制度及精神上的全方位支持。最后，要关注教师的基本生活质量，通过建立生活保障体系提供全面支持。

（3）自我调适。第一，高校教师需转变角色，以更好地适应"双创"教育的要求。这一转变离不开持续的学习，教师应充分利用各种渠道进行学习，不仅在意识上进行革新，还需在知识和技能层面实现提升。第二，教师应从情感上认可"双创"教育，增强对教学科研和学生的情感投入，提高职业荣誉感。通过不断学习，提升专业知识和角色技能，教师可以减少角色错配，避免潜在冲突，从而更好地适应"双创"教育的需求。

二、大学生创新创业教育中教师的能力需求

（一）基本评聘条件

1. 丰富的创业经历

高职院校在实践教学方面的不足和指导教师创业经历的匮乏，成为创新教育的瓶颈。因此，引入具有丰富创业经历的行业指导教师也是十分必要的。虽然理论知识为创新创业教育奠定基础，但实践经验更重要。拥有深厚创业经验的行业指导教师，不仅为个人增添了专业背景，也为高职学生提供了宝贵的实践指导。他们的加入，如同春风化雨，为高职创新教育注入了新的活力，使学生能够在真实的创业故事中获得感悟、学习与成长。

2. 一定的教育能力

教师作为育人者，具备教育能力是基本要求。因此，高职院校在选择创新创业指导教师时，需要重点考察其教育能力。虽然丰富的创业经历非常宝贵，但其教育效果取决于教师是否能将这些经历有效传授给学生。教育能力较强的教师能够将创业经历转化为教学实践，例如，设计和讲授课程、开设专题讲座等，从而

提升教学效果。

3.扎实的行业实力

创新创业教育应重视实践，课堂教学不应限于教室，还应结合行业企业的实际操作。高职院校应引入具备扎实行业实力的指导教师，利用他们的企业资源，加速学生创新创业项目的孵化，解决场地、资金和管理等实际问题。这种行业指导能够促进学生的实际操作能力，提升创业项目的成功率。

（二）教师素质要求

高校创新创业教师是专门从事创新创业教育的专业人员。他们需具备扎实的专业知识、实践操作能力，以及将科研成果转化为创新创业指导的能力。基于"德—知—能"框架，并借鉴经济合作与发展组织的分析框架，可以构建高校创新创业教师素质的三维结构。

德（道德素养）：教师须具备高尚的职业道德和良好的师德，以身作则，树立榜样，引导学生形成正确的价值观和创新创业理念。

知（专业知识）：教师须拥有扎实的专业知识，包括创新创业的理论与实践知识，能够为学生提供系统的指导和建议。

能（实践能力）：教师须具备良好的实践操作能力，能够将理论知识有效转化为实践技能，并引导学生进行创新创业实践，提升其实际操作能力。

如图3-1所示，高校创新创业教师的素质要求涵盖了自我发展、社会参与和工作胜任力三个维度。自我发展，包括独立人格、人文底蕴和终身学习能力。这是教师的基础素质，决定了其个人素养和发展潜力；社会参与，涵盖社会担当、市场知识和市场参与。这一维度强调教师在社会中的积极作用和市场的参与度，指导教师如何在更广泛的社会环境中发挥作用；工作胜任力，包括关爱学生、创造性知识和教育智慧。这一维度体现了教师在日常工作中的实践能力和综合素质，是其教育效果的直接表现。

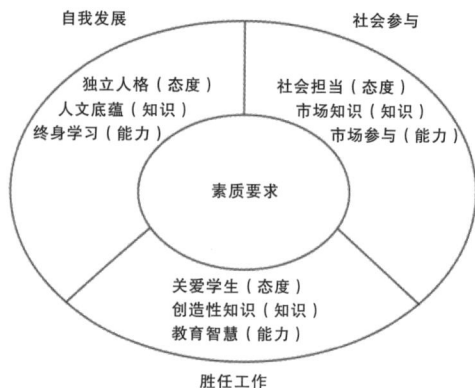

图3-1 高校创新创业教师素质要求涵盖内容

（三）教师能力要求

创新创业教师需具备以下能力：一是创新创业精神和意识。教师应具备强烈的创新创业精神和意识，全身心投入教学探索中，以激发学生的创造力和创业热情。二是扎实的创新创业理论知识。教师应具备深厚的创新创业理论基础，并能跨学科整合这些知识，将其有效应用于教学实践中，提升课程的实用性和前瞻性。三是指导创新创业实训的能力。教师需要具备综合的管理、实践和社交技能，以有效指导学生进行创新创业实训。这包括项目管理、实践操作的指导，以及建立和维护有效的社交网络。四是终身学习的动力。教师应具备持续学习的动力，不断更新学科认知，了解行业趋势和社会发展，保持与时俱进的教学能力和专业水平。

第二节 加强创新创业教育教师能力的实践经验

一、加强教师创新创业指导能力的策略构建

（一）赛教融合，提升教师的课程创新能力

课程内容的创新可以依托全国职业院校技能大赛、大学生科技创新比赛等重

大赛事。这些比赛项目与行业标准及先进技术的紧密结合，使课程内容能够与时俱进，更加贴近实际需求。为了推动课程创新，设立"校企双导师 + 项目 + 课程"的赛教融合班是一项重要创新。这一模式通过"双导师工作站"将理论与实践紧密连接，将竞赛内容与项目化课程有效整合。在课程资源方面，将竞赛成果转化为生动的教学资源，不仅丰富了教学内容，也为学生提供了真实的产业技术创新案例。通过构建赛教融合云课资源平台，教学案例、微课和短视频等资源得以共享，进一步推动了教育与产业的深度融合。

（二）专创融合，提升教师的创业指导能力

以"三融入"理念促进高职师生在创新创业方面能力的提升。在这一理念下，课程建设应以专创融合为目标，将实践项目、竞赛平台等融入课程中。第二课堂的创业实践项目也不容忽视，应将创业成果纳入学分评价体系中。实施"创业工作室"模式，组建由"校行企创业导师、学长和学弟"组成的实践共同体，推动跨阶段的创业能力培养，从而提升教师的创业指导能力与学生的创新能力。

二、加强教师创新创业指导能力的初步探索

（一）创新思维，从战略高度谋划创新创业教育师资队伍建设

深化高校创新创业教育改革是现代高等教育的历史使命。近年来，中国高等教育在大规模传授基础知识和技能方面表现优异，这符合经济增长阶段对模仿和改进的需求。然而，随着 2014 年中国研发投入首次超过欧盟 28 国，中国单纯复制欧美技术的时代已经结束。因此，高校在创新创业教育领域的改革不仅能应对"大学生就业难"问题，还能促进高等教育与科技、经济及社会发展的紧密结合，培养符合国家创新发展战略的人才。

教师的发展是深化高校改革和创新创业教育的重要因素。国际经验表明，教师是推动创新创业教育的核心资源。我国高等教育在不断革新的过程中，教师的改革和发展成为提升人才培养质量的前提。现代信息技术，如 MOOC，正在颠覆传统教学形式，信息化成为推动教育现代化的重要任务。教师的发展不仅是推动

大学生从"看客"向"创客"转变的关键，也面临着挑战和机遇。

（二）先行试点，江苏省加强教师创新创业教育教学能力建设的实践

1.集聚创新创业高端师资

首先，江苏省加大了引进高端人才的力度。通过实施特聘教授计划，每年投入8000多万元财政专项经费，2010年以来已选聘214位特聘教授，各高校也积极引进海外人才。同时，改革职称评定制度，推出"产业教授"计划，聘请了266名国内外企业创新领域的高层次人才担任兼职或全职，极大地激发了教师的创新创业活力。此外，江苏省还制定了引进人才的学科专业规划，重点支持纳米科学、物理化学光催化、功能有机材料、生命科学、模式识别、分子生物学、供应链管理等重点领域，以满足区域产业结构升级的需要。

2.打造创新创业一流队伍

首先，通过"卓越人才培养计划"提升教师能力。全省23所高校的123个专业已入选教育部"卓越计划"，在法律、新闻等领域实施了高校与实务部门的人才互聘计划，取得了很好的效果。其次，采用灵活的引进和培养模式，包括"大师+团队""引进+引智""学科+人才"等多样化模式，并推广海外高校影子培训、企业挂职等培养方式，形成了多元化的师资队伍。最后，充分释放政策红利，打通高校"创新链"与"产业链"，建立了成果共享利益链。南京市颁布了全国首个科技人才创业地方性法规，《南京市紫金科技人才创业特别社区条例》，为高校制定了创业教师收益分配细则。目前，示范校的创业教育及实践教师已达2967人，其中80%以上具有中级及以上职称，全省60%的高校已建立了以专职为主、专兼结合的创业教育师资队伍。

3.搭建教师创新创业平台

江苏省建立并认定了33家省级以上大学科技园，包括11家国家级大学科技园，处于全国领先地位。全省高校与企业携手，共建3700个产学研联合体，汇聚了超过万名高校教师，致力于科技成果的转化与联合研发。近年来，江苏省高校共立项10.2万个科研项目，累计获得360亿元的科研经费支持，成功实现了3.9

万项科技成果的转化，并申请了 2.9 万件发明专利，其中 1.1 万件已获授权。这些成就不仅彰显了江苏省在产学研合作方面的深厚实力，也为科技创新与产业发展注入了强大的动力。

4. 探索创新创业教师队伍建设的机制

江苏省在高校创新创业教育方面取得了多项成就。首先，打造典型示范。苏州大学的纳米科学技术学院在全国范围内享有盛誉。南京工业大学创办了以学业成果作品化为特色的"大学生创客梦工场"，探索了高水平大学创新创业师资队伍建设的经验。其次，实施了师资壮大计划，将培养"双师型"教师作为重要目标。最后，鼓励教师加强创业教育理论研究。江苏高校教师的研究方向已从对抽象概念的探索逐步转向具体经验的精心设计，取得了丰硕的研究成果，这些成果不仅深化了学术理解，也为创业教育提供了坚实的理论支持。目前，已有 30 多所示范高校成立了创业教育研究室，这标志着创业教育在江苏高校中正逐步占据重要地位。

（三）面向未来，重构江苏高校教师创新创业教育能力体系

1. 盘活高校教师存量

为了提升高校教师的创新创业教育能力，必须完善评聘与绩效考核的标准，特别是要突出创新创业教育的独特评价体系。强化对教师创新创业能力的培训是提升教育质量的关键环节。建立教师挂职制度，鼓励教师赴企业或乡镇挂职，不仅拓宽了他们的实践视野，还促进了他们深入社会创新创业实践和理论研究。通过这种方式，教师的创新创业意识和能力将在理论与实践的交融中得到进一步培养。

2. 优化高校教师增量

遵循以专任为主、专兼结合的原则，跨学院、跨专业地调配创新创业教育与指导的师资力量是不容忽视的。此举旨在融合多元化的知识与经验，为学生提供更全面和深入的指导。通过让不同学院和专业的教师共同参与，教育内容得到丰富，也为学生开拓了视野。此外，鼓励高校聘请各行业的优秀人才授课，建立江苏创新创业导师人才库，进行高质量的教师培训，以支持师资队伍建设和提升整体教育水平。

3. 加强激励机制建设

完善高校科技成果处置与收益分配机制是激发学术创新与市场活力的重要措施。通过设立创新创业奖励基金和专项奖励,可以表彰在创新创业教育中表现突出的青年导师。此外,增设创新创业教学名师及团队荣誉,以激励教师积极引领并指导学生参与创新创业实践。这些激励措施,推动了教师在创新创业教育领域的积极性和创造力,进一步提升了教育质量和实践效果。

第三节　创新创业师资队伍建设面临的困境与原因

一、不同类型教师队伍面临的问题

(一)青年教师实践能力短缺

1. 师资引进偏重学历,导致"三门"教师增多

在高校师资队伍建设中,提升教师的学历和理论水平是重要因素,而社会实践和专业能力则被忽视了。招聘时往往优先考虑博士学位,尤其是名校毕业生。这导致了年轻高学历教师的增加,但这些教师多为应届博士,实践经验不足。由于扩招加重了教学任务,这些教师常常在简单试讲后就上岗,承担多门课程。这样的安排不符合对青年教师的培养规律,导致他们在理论研究和实际操作方面能力不足,从而面临就业困难。

2. 青年教师"足"不出"象牙塔",教学与现实严重脱离

青年教师需要通过社会实践活动和企业轮训来获得锻炼,以保持教学的实际性。然而,当前许多青年教师忽视实践经验的重要性,使教学内容脱离现实。袁隆平说过,种稻需下田,理论再精通也无用;李四光也曾言,地质科学源于野外,真正的问题和理论在实践中产生。机械、地质、建筑等专业的教师必须亲身实践,

才能成为合格的"高级教练"。否则,学生的就业前景堪忧。青年教师应意识到:知识需通过实践来检验,培养学生的实践创新能力,首先自身需具备实践能力。

3. 青年教师面临繁重的课堂教学任务,校外实践难以保证

一些高校在安排教师的教学任务时缺乏科学规划,特别是青年教师常常深受其害。他们长期处于超负荷工作状态,无法参加社会实践,只能局限于讲授书本内容,课堂变得枯燥乏味,缺乏实际案例。教学质量因此难以提升。

4. 青年教师面对科研指标压力,教学精力投入不足

许多普通本科高校在考核评价中盲目引入研究型大学的做法,设立了详细的科研硬指标,如要求在 SCI、EI、CSSCI 等上面发表论文,参与省部级以上研究课题,取得专利等,并将这些指标与职称、薪酬挂钩。这种片面且功利的考核评价体系导致青年教师将更多精力投入科研中而忽视教学,影响了应用型人才的培养质量。

(二)兼职教师教学效益不高

1. 政策忽视相关利益群体力量的相互制衡

政府在绘制教育发展蓝图和注入资金方面扮演着关键角色,负责调控兼职教师队伍的建设。而社会、行业和企业是兼职教师资源的主要来源。高校在这一过程中不仅提供工作机会,还应成为兼职教师成长的坚实后盾。然而,政策的缺位导致政府、行业、企业和高校之间的合作出现裂痕,这对兼职教师队伍的发展形成了阻碍。2007 年起,政府在政策层面对兼职教师管理进行了优化,财政支持成为重要内容。尽管政策规范了聘任流程,但政府的指导也限制了高校的自主性,并且忽视了行业和企业的合作。高校依赖政府的指标和拨款,难以满足实际需求,也少关注行业和企业的责任。历史上,政策过于偏重政府角色,未能有效引导行业和企业参与兼职教师的建设,导致资源利用不足。

2. 政策对兼职教师职责的规范缺失

当前,兼职教师的职责常常被局限于合同规定的授课和报酬,而对教学能力、师德素养、工作规范和教师权利等方面的关注不足。这种情况直接影响了兼职教师的教学效果和教育质量,主要是由于政策在规范兼职教师责任方面存在缺失。

目前,《职业学校兼职教师管理办法》是唯一针对兼职教师的政策文件,强调了兼职教师的基本条件和聘任程序,但缺乏对社会地位和教育权利、义务的明确规定,也未建立教师资格等级与审定制度。相比之下,教师队伍建设的宏观政策如《中华人民共和国教师法》等较为完善,但兼职教师尚未获得足够的政策支持。由于兼职教师往往隶属于所在单位或人才交流中心,而非兼职的院校,院校对兼职教师的约束力较弱。现行政策的不足使得无法依据专职教师的标准来评价兼职教师的教学效果,也无法要求兼职教师履行专职教师的义务,从而给兼职教师队伍的管理和提升带来挑战。

3.政策文本的现实引导功能低效

（1）兼职教师的聘任缺乏明确的参考依据。目前的政策文件多从宏观层面提出要求,如实践经验、教学能力、职业道德等,但一些抽象标准如"丰富实践经验""教学能力""良好""较高"难以量化,无法为学校的聘任工作提供有效指导。学校通常侧重于应聘者的工作经验和面试评价,而不依据专任教师的聘任标准来衡量兼职教师是否符合要求。这种做法可能导致兼职教师队伍的素质参差不齐,影响成人教育和职业教育的发展。

（2）现有政策对兼职教师的聘用和行政管理考核给予了较多关注,但对教学培训和学校教研参与的规定较少。尽管政策要求完善兼职教师的聘用程序,但实际上缺乏具体明确且具有操作性的指导内容。高校很少设立针对兼职教师的专项管理制度,管理往往流于形式,这就导致兼职教师难以有效参与教学培训和教研活动。管理体制的不完善,使得部分兼职教师对职业责任的理解产生偏差,缺乏应有的归属感,教学积极性受挫,最终影响教学质量。这种情况对兼职教师队伍的整体发展和教学质量的提升构成了重大障碍。

二、知识与能力脱节的普遍性问题

（一）教育理念上的知识传授与能力培养相割裂

在传统"就业导向"与"分数至上"的教育理念深刻影响下,地方高校在推进创新创业教育的过程中，不免陷入"重短期，轻长期"及"重知识，轻能力"的误区。这一倾向侵蚀了教育生态系统的健康运行，使得创新创业教育不能充分展现其应有的活力与潜力。

（二）课程教学上的知识传授与能力培养相失衡

许多地方高校在专业教育、学科教学和应试思维的影响下，创新创业课程结构不合理，教学模式单一。首先，理论课程占比过大，实践课程不足，内容缺乏实用性和创新性，未能有效培养学生的实践能力和创业能力。其次，教师以个人讲授为主，缺乏多样性的教学方法和创新创业服务平台，不能激发学生的创业兴趣和实践动力。最后，创新创业课程与专业课程融合不够，没有实现专业知识与创新创业能力的有效衔接，导致学生缺乏综合应用能力。

（三）缺乏知识传授和能力培养相协调的实践平台

地方高校在创新创业教育的征途上，面临诸多挑战，其核心是经费短缺与硬件设施滞后。受制于场地设施陈旧、科研实力薄弱，许多高校难以有效支持创业孵化中心和创新大赛等重要平台，导致学生缺乏实践机遇，无法将所学的理论知识应用于实际创新行动中，创业潜能与岗位适应能力受限。此外，资金扶持与政策激励的不足，进一步削弱了学生投身于创业的热忱。面对创业的不确定性，许多学生倾向于选择更稳妥的传统职业道路，而对风险较高的创业项目兴趣寥寥。实践平台贫瘠与政策扶持匮乏相互交织，共同导致了创新创业教育生态的发展受阻。

（四）运行机制上的知识传授与能力培养不匹配

许多地方高校面临经费投入不足、设施落后等问题，创业孵化中心和创新实践基地建设滞后，无法为学生提供多样化的实践机会。创新创业相关项目由于资金和政策不到位，未能有效激发学生的创业热情和实践能力。传统观念的影响使许多学生更倾向于稳定的公务员或国企就业，而非创业风险较大的项目。尽管地方高校积极推动校企合作和实习基地建设，但多数合作形式缺乏长期运行的机制，没有为学生提供持久有效的创业平台和实践机会，从而制约了大学生创新创业能力的全面培养。

三、教育发展需要与实际发展状况之间的多重矛盾

（一）教育教学专职化需求与兼职比例过高之间的矛盾

当前，创新创业教育领域面临的一大挑战是专职教师比例偏低，师资队伍构成多样，其中不乏校内学生工作人员的身影。而校外兼职教师资源配置则呈现出显著差异。部分高校仅仅依靠经管学院、辅导员及学工部门人员的兼职教学，这些教师在繁重的本职工作的夹缝中，难以充分履行教学职责，投入的时间与精力有限，进而影响教学效果和实质成效。

（二）教育教学实践性需求与教师缺乏创业实践之间的矛盾

高校创新创业教育要求教师不仅精通理论知识，还需了解实际创业过程。然而，目前大多数教师来自校内部门，缺乏企业管理经验。虽然校外企业家作为创业导师参与教学，但他们的参与主要是讲座和活动，未能深入课堂，影响了教学效果。

（三）教学知识储备专业化需求与教师学科背景多样化之间的矛盾

创新创业学科博大精深，横跨经济学、管理学、心理学、法学等多学科领域，要求教师不仅具备扎实的基础知识，还需具备引导学生深入探究、启迪思考的能力。目前，许多高校的创新创业教师虽然经过 KAB（Know About Business）和 SYB（Start Your Business）等认证培训，但其专业背景与学科要求相差较大，导致教学内容浮于表面，缺乏深度解析，影响教学效果。

（四）培训研修深度化需求与"浅尝辄止"式培训之间的矛盾

高校创新创业教师的培训研修目前集中在短期项目上，如 KAB 和 SYB，通常为期 4~5 天，内容较为浅显，缺乏深层次理论。参与培训的教师多是针对某一方面内容进行学习，缺乏后续培训或梯度计划，导致教师知识更新不足，影响教

学质量的提升。

（五）队伍发展稳定性需求与缺位的激励考核制度之间的矛盾

各高校对创新创业教师队伍的考核制度存在严重问题。缺乏针对性的工作考核、晋升和薪资激励制度使得教师缺乏动力，尤其是兼职教师。对课程质量和教师资质的监管不足，导致教学质量下降，教师难以有效提升教学水平。

四、教师队伍改革的现实问题——以管理专业为例

（一）教师对创新创业教育的理解不够深刻，学生被动接受知识

在高职院校中，创新创业教育存在诸多问题。教师对于创新创业教育的理解仅停留在表面，未能深入领会其精髓，导致学生在课堂上被动接受知识，没有完全吸收和应用。特别是管理专业的学生，缺乏定制化教学，未能充分挖掘其创新潜力，反而引发厌倦情绪，阻碍了学生参与创业项目的积极性。

（二）创新创业教育师资队伍缺乏实践经验

现阶段高职院校的教师虽然精通创业理论，但缺乏实际操作经验。这种理论与实践之间的差距容易使学生在创新创业过程中遇到挑战。因此，学校应积极培养具备实践经验的"双师型"教师，以提升学生的创新思维和创业能力。

（三）高职院校教学经费有限，校园创业机会不足

当前，大多数高职院校在创新创业教育中存在如下问题：教学方法落后、未能有效培养学生的实践能力和创新意识等。经费紧张，缺乏创新创业实践设备，使得学生理论与实践脱节，缺乏真实创业经验。特别是管理专业学生缺乏企业实践机会，难以评估和提升自身创业能力，影响就业竞争力和社会适应性。

通过以上分析，建议高职院校加强教师队伍建设，注重引进和培养具备实践经验的"双师型"教师，同时加大教学经费投入，改善教学条件，为学生提供更多的实践机会，提升创新创业教育的整体水平。

第四节 加强大学生创新创业教育师资队伍建设的对策建议

一、融合与重构：高校创业教育师资队伍建设机制创新

（一）师资队伍建设的体系重构

1. 师资培训体系需要重构

针对我国创业教育师资的困境，需要从以下四方面重构培训体系：一是建立培训目标体系。明确创业知识与能力的培训目标，关注国家政策、创业研究、课程建设和实践教学。二是重构实施体系。通过政府扶持、高校主导、社会机构参与的方式，以校本培训为主，增强培训的计划性和开放性，邀请专家和机构参与。三是完善组织体系。高校应设立领导小组，协调培训工作，制定支持政策，提供资金保障。四是搭建资源平台。将创业课程纳入精品课程建设，打造多媒体课件库，利用数字技术实现资源共享，吸纳国外优质资源。

2. 教师评价体系的重构

科学合理的教师评价体系对高校创业教育师资队伍建设是特别重要的。我国目前的评价体系仍在初步探索阶段，存在评价主体单一、指标偏重结果、方法失衡等问题，亟须重构。当前的评价体系过于重视学校单一维度的评判，而忽视了学生评价与教师自我评价的重要性，且缺乏第三方机构的客观介入。因此，亟须重构评价体系，强化教师的自我反思与学生的主体性评价，以期增强评价的客观性与针对性，并且引入第三方评价机制，提升评价的社会认可度与公正性。此外，现有体系过于偏重结果导向，实则失之偏颇。应注重教育效率的提升，而非仅仅聚焦于创业成果的产出。针对创业教育师资的多元形态，应制定差异化的分类评

价体系，融合定性与定量评价方法，以确保评价的全面性和公平性。

（二）师资队伍建设的协同融合机制

1. 创业课程与专业课程融合，培养"双能型"教师

一是，在课程体系中实现过程融合，即将专业课程纳入创业课程系统，促进学科之间的渗透。二是，进行要素融合，将创业知识和技能融入专业课程，挖掘专业课程中的创业教育内容，开发跨学科创业项目，授予新型学位。通过课程发展的推动，提升教师的综合能力，使专业教师不仅掌握专业知识，还具备创业技能，成为"双能型"教师，以满足创新创业型人才培养的需求。

2. 创业课程教学与创业实践融合，培养"双师型"教师

高校创业教育师资队伍陷入困境的一个重要原因是理论与实践脱节。因此，要提升师资的胜任力，必须从理论与实践融合的方向入手。具体措施包括：一是将融合理念纳入教师队伍建设，并从制度上予以保障；二是落实校企合作，为教师提供在企业锻炼的机会；三是课程上实现理论与实践的融合，并且高度关注实践内容；四是鼓励教师兼职创业，通过实践提升教学能力。

3. 内源性师资与外引性师资融合，培养"双创型"教师

在充分发掘并利用校内师资潜能的基础上，融合社会力量，推动内源性与外引性师资的深度交融，构建专兼并蓄的创业教育师资体系。鉴于校外导师时间的不确定性，高校亟须创新管理机制，实施长聘制与特聘制，精心选聘兼具创业成就与深厚理论素养的企业家，以滋养并培育"双创型"教师队伍，为创业教育注入新的活力与智慧源泉。

（三）师资队伍建设的选拔机制

优化师资选拔机制，设立严格的招聘标准，吸引专业人才或优秀毕业生。通过招聘广告、宣讲、职业指导等方式，提供具有竞争力的薪酬和发展机会，激励他们投身教育。与企业合作，开展校企项目，结合实际工作经验和职业培训，共同培养专业师资，使其了解行业动态，提高教学质量。制订分级培训计划，涵盖工艺、设备操作、环保知识、教学方法和课程设计。设立科研和教学改革项目，提供经费和资源，鼓励教师参与科研和改革，提高专业水平和教学能力，培养高素质人才。

（四）师资队伍建设的交流机制

高校应建立教师与企业家双向交流机制，创建高质量的创业指导教师资源库，完善聘请知名科学家、企业家、创业者和投资人的机制。鼓励教师参与国际国内会议，了解最新创新创业教育趋势，促进知识和技能更新，以适应创新创业需求，从而获得更可观的学术和实践效果。建设多样化的师资队伍，开展跨学科和跨文化交流合作，为学生提供多元视角和思考方式，实现教育的融合发展。

二、改革与拓展：高校创新创业教育师资队伍建设模式创新

（一）改变单一化教师队伍建设模式

1. 大力深化产教融合，增强创新创业教育教师力量

高校应建立教师与企业家的双向交流机制，创建高质量的创业指导教师资源库，完善聘请知名科学家、企业家和投资人的工作机制。鼓励教师参加国际国内会议，了解最新创新创业教育趋势，更新知识和技能，提升教育体系的适应性。师资队伍应多样化，不同背景和文化的教师能为学生提供多样视角。高校应促进跨学科和跨文化交流，实现融合发展。应聘请校外兼职教师，提供商业创业指导，特别是具有项目孵化、公司注册、税务减免等丰富经验的投资机构、孵化器和科技园工作人员，通过大型报告会、一对一深度指导，以及实地参观教学等多种形式，为校内创新团队提供全方位的支持，助力成果孵化。还应邀请具有市场实战经验的创业公司创始人，通过小范围精细化教学及座谈交流，向学生传授创业实践的基本流程与发展路径，在实战中培育更多具有潜力的创业者。

2. 明确多元能力要求，探索创新创业教师分类管理

对于知识普及型教师，高校应提供全面而深入的教学技能与基本功培训，注重创新创业相关理论的培训，提升教师专业素养。高校还需提供多样化的培训讲

座、实践机会及企业参观等活动，帮助教师将教学内容有效应用于学生实践中，促进理论与实践的深度融合。对于创新引领型教师，高校应鼓励其吸纳学生参与课题组和实验室的创新活动，为教师在指导学生参与创新竞赛时提供技术指导与资源支持，激发学生的创新潜能。针对商业服务型教师，高校需考察其项目孵化经验及行业影响力，充分利用其资源优势，为学生创新创业项目提供商业支持与指导，助力学生将创新想法转化为商业成果。对于创业实践型教师，高校应考察其创业历程与实战经验，并且提供必要的教学技能培训，使其以实践者的独特视角有效地指导学生的创新创业活动。

3. 建立多元培训体系，提高创新创业教育教师能力

在职前培养阶段，高校应通过定期培训，不断更新教师的创业理念，丰富实践经验，提升其创业意识与基础理论知识，为教学工作奠定坚实基础。在职后培训阶段，充分利用政府、企业、校友等多方资源，定期邀请行业内经验丰富的专业人士进行深度培训，实现校企紧密联动，确保教师理论与教学技能与时俱进，适应创新创业领域的最新形势与发展需求。重视培养教师的实践能力，高校与企业合作，为工科教师提供挂职锻炼和产学研合作平台，从而提高教师在实际工作中的创新能力。

4. 健全多元考核体系，完善创新创业教师激励制度

短期评价方面，高校可通过年度考核机制，综合考量教师的课时量、讲座数量、指导学生项目及竞赛成果等指标，全面评估其教学投入与初步成效。学生评价作为直接反映教学效果的重要指标，也应纳入评价体系。长期评价应将周期延长至五年或更长，重点评估学生创业率及创业公司留存率等关键指标，全面衡量教师的长期教育贡献与影响。高校应制定综合评价制度，结合绩效激励与荣誉奖励。在科研、教学改革、工作量认定及课程建设等多个维度给予创新创业教师全面支持，构建有利于其发展的综合保障体系。将教师的教学绩效作为评优和职称考核的重要依据，激励教师在创新创业教育中不断追求卓越。对于表现优异的教师，高校应设立专项奖励与表彰机制，这会进一步激发教师队伍的整体活力与创造力。

（二）构建创新创业师资精益发展模式

1.明晰目标层，提升创新创业师资培养水平

根据国家职业教育改革与新时代教师队伍建设的意见，高职院校应明确创新创业师资的培养目标，致力于打造一支师德高尚、技艺精湛，且能实现校企深度融合的"双师多能型"教师队伍。为此，需紧密结合实际需求，科学制定总规划、子规划及教师个人发展规划，通过系统性、前瞻性的规划布局，全面提升师资培养水平，为职业教育的高质量发展奠定坚实基础。

2.细分类型层，优化创新创业师资培养结构

在创新教育的宏伟蓝图中，一级启发型创新思维导师是很关键的角色。他们秉持批判继承、主导主体、民主愉悦与实践本位的核心理念，不仅拥有卓越的创新能力与深厚的教研功底，而且致力于营造一个充满活力的学习氛围，巧妙引导学生深入思考，激发学生的内在潜力与创造性思维。在此基础上，出现了二级工匠型创新实践导师。他们不仅承袭了一级导师的优秀特质，还在教学、科研与实践能力上达到了新的高度。立足于专业知识的深厚土壤，他们紧密关注行业需求，引导学生弘扬工匠精神，勇攀知识与技术创新高峰，促进创新创业教育与专业教育的深度融合。三级教练型创业实践导师是创业教育领域的璀璨明珠。他们集教练与教师的身份于一身，在复杂多变、高风险并存的创业环境中，以敏锐的洞察力挖掘学生的无限潜能，精准评估并有效规避风险，为学生创业项目保驾护航，助其顺利驶向市场，最终实现创业带动就业的目标，为社会的创新发展贡献力量。

3.厘清路径层，提高创新创业师资能力素质

（1）同伴教育。选拔并培养具有深远影响力的师资，搭建校企互动平台，举办创新创业沙龙活动，鼓励企业与教师积极参与，共同推动创新。

（2）精准培训。针对教师培训参与度低和课程内容不足，分阶段策划校级、省级和国家级培训项目，优化培训布局，提升教师的教学能力。构建多层次培训体系，提升教学质量。

（3）项目驱动。整合创新创业资源，根据行业需求组织教师参与项目，提

升实践技能；利用创新创业竞赛平台，教师与学生合作开发项目，促进教学与实践的融合。

（4）科研引领。建立"校级创新创业教育研究中心—院级研究工作室—系部教研组"三级联动体系，通过科学试错法优化人才培养路径，促进教研成果转化，提升教师科研能力。

（5）按需保障。根据教师需求，提供丰富资源，优化组织结构，确保资金充足，并完善制度保障，激发教师的内在动力和潜能，培养独立思维和终身学习的理念。

（三）丰富创新创业师资队伍组成结构

1.建设"专兼"结合的教师队伍

（1）政府提供政策和资金支持。政府应整合财政与社会资金，加大对师资队伍建设的投入力度，统筹协调科技、财政、人力资源等部门，倾斜资源以支持高校创新创业教育。鼓励设立专项基金，如教师资助项目和青年教师基金，吸引社会组织、企业和个人参与，确保资金专款专用，提升使用效益。完善政策措施，促进教师专业化发展，例如，建立校企共同体，促进教师与产业技术人才双向交流。创新体制机制，构建新的制度环境，解决现实困境，做好资源协调工作，为师资建设提供有力的帮助。

（2）引导教师树立正确的教育理念。在高校推进创新创业教育中，教师需要深刻领悟其深远意义。这种教育不再局限于培养个别的杰出人才，而是致力于提升广大学子的创新思维与创业能力，使之成为具有普及性的通识教育。这要求教育者转变传统的教学思路，将创新创业的理念和实践巧妙地贯穿于人才培养的全过程。此外，教育者应详尽掌握学生的专业知识架构，以便将创新创业教育与学生的专业学科精准融合，通过深度融合，使学生将课堂所学的理论知识在未来职业生涯中转化为实践能力。这不仅丰富了专业教育的内涵，也为学生铺设了一条理论与实践相结合的发展道路。

（3）加强教师培训。教师应通过系统培训和实践提高能力。应用型高校可采取以下措施：一是创新创业教育教师提供学习的机会，支持其掌握先进的教育理念和方法；二是实施分类培训，例如，推行青年教师培养计划，帮助教师规划职业生涯并实现专业成长；三是利用信息化技术建立网络培训系统，提供丰富的在线课程资源，鼓励教师通过移动设备进行学习；四是推动教师与企业深度合作，通过挂职锻炼和项目合作，提升教师的实践教学能力。

（4）完善考核激励机制。科学合理的评价体系和激励制度对于提高教师的积极性和创新创业教育质量非常重要。应用型高校可采取以下措施：一是科学规划教师职业生涯，确保他们专注其中，尤其在培训方面要精心规划，支撑教师的教学能力和实践技能提升；二是将教师的绩效工资、职称评定等与创新创业教育成果直接挂钩，激励教师优化教学行为；三是建立奖惩机制，通过对教学成果和教学改革的奖励促进创新创业教育的发展，同时对不利于创新创业教育的行为进行严格惩罚；制定鼓励和支持教师挂职锻炼和停薪留职政策。

（5）构建来源广泛的兼职教师队伍。校企合作在推动国家经济发展中是一个主要因素。应用型高校应充分利用校企合作平台，建立成熟的模式，共同打造创新创业教育师资团队。兼职教师在此过程中发挥关键作用，参与人才培养方案的制定，课程和专业建设的论证，以及企业案例和创业实践的教学。应用型高校应邀请行业专家和成功企业家作为兼职教师，传授创业实践和市场经验，通过结对制度让学生与企业家密切互动，激发学生的热情。创业获得佳绩的校友也能以兼职教师身份回校分享自身经验，为学生提供指导和市场动态，进而促进创新创业教育的深入开展。

2. 深化"双师型"教师队伍建设

（1）通过多种途径对"双师型"教师进行培训。一是以"赛"促"情"。通过组织教师参与相关竞赛，激发其竞争动力和求知欲，促使教师发现并弥补自身不足。青年教师通过参与这些活动不仅可以学习创新创业教学的新方法，还能将其应用于日常教学和科研实践，迅速成长为核心教师和学科带头人。例如，通过"说课、说专业"比赛选拔课程和专业负责人，不仅锻炼了参赛者，也全面审视和提升了整体教学水平和专业发展。二是教学改革与课程改革双管齐下，旨在全面提升"双师型"教师的素质。学校应邀请学术界的专家前来传授经验、指导教学，从而推动教育理念的转型与升华。三是通过产学研紧密结合来培养"双师型"教师。学校应与企业合作，深入探索项目合作、课程研发及技术研发等多元活动，不仅促进知识的实际应用，也为教师提供了实践与创新的舞台；四是学校应鼓励教师参与科研与教改项目，特别是那些与专业紧密相关的技术应用研究，如与企业联手开发的技术课题等。

（2）加强与其他院校、企业人员的深层次互动。为了培育卓越的"双师型"教师队伍，应用型本科院校应积极对标行业标杆，选派教师前往拥有"双师型"师资经验丰富的学府进行研修与提升。这些院校在"双师型"教师培养方面积累了丰富的经验和成功案例，通过学习与交流，教师可以吸取先进的教育理念，拓宽教育视野。此外，院校还应策划派遣教师到国外实践性教学出色的学府和企业，如美国、德国、新加坡等教育发达国家，以接触国际前沿的"双师型"培养策略，推动本校教学理念的创新与教学方式的转型。选派教师深入企业一线，亲身参与研发、生产和销售等核心环节，也将极大地丰富教师的实战经验，提高教师素质。一些院校规定新进计算机专业教师不授课，而是直接参与企业生产和机房管理，这有助于长期提高教师的实践能力和创新教学能力。

（3）形成以强带弱、以老带新的良性发展格局。应用型本科院校应推动经验丰富的教师与青年教师之间的交流与合作，以确保教学质量。一些院校通过实施互帮互助和师徒结对的策略，为新进教师提供系统的岗前培训，传授教学经验，助力青年教师快速成长。同时，通过课业竞赛等平台，年轻教师有机会展示教学风采，而资深教师的精准点评不仅为青年教师指明了提升方向，还激发了他们的学习热情。这种"传帮带"的方式，有助于提升青年教师的教学能力，并为构建高素质的"双师型"教师队伍奠定坚实基础。

（4）构建多元化的"双师型"教师引入机制。引入学术领军人物后，应深化校企合作，聘请实践经验丰富、创业技能精湛的技术人员走进课堂，以其独特的见解和实践经验提升学生的实践能力。诚邀高校名师和企业精英作为兼职讲师，不仅可以参与日常授课和指导实习，还可以举办各类专业知识讲座，与教师交流切磋，进一步提升教师队伍的实践能力和教学水平。

（5）强化管理，完善制度与激励机制。①从聘用机制入手进行优化。一是把好引入关，新教师需具备相应的学历和技能资格证书；二是为急需的高技能"双师型"教师开通绿色通道，提供服务和待遇，解决编制、子女入学、住房等问题；三是革新用人制度，打破"铁饭碗"，将固定编制转为流动编制，鼓励教学成绩突出的教师进入固定编制，同时淘汰教学效果差的教师，增强竞争感和危机感，提升院校的育人水平。②应用型本科院校应在分配和考核机制上创新，确保"双师型"教师获得足够的资金用于科研和实践活动，并通过企事业合作研究项目和课题，提高教师待遇和学校收入。改革平均主义，打破"大锅饭"，如薪酬分配要以一线教师为优先。构建科学的全程评价体系，细化考评指标，全面、客观地评价教师的实际表现。

（四）建设创新创业教师队伍的新体系

1.建立顶层设计，完善学校育人体系

高校应进行创新创业教育师资队伍"四位一体、实践育人"的顶层设计，旨在围绕学生创新能力的培养开展全方位的教育工作。通过这一设计，教师将在创新人才培养过程中，将研究、创业示范和社会服务紧密结合，从而逐步形成一套理论与实践深度融合的新型教育体系，以提升教学效果和学生的实际能力，如图3-2所示。

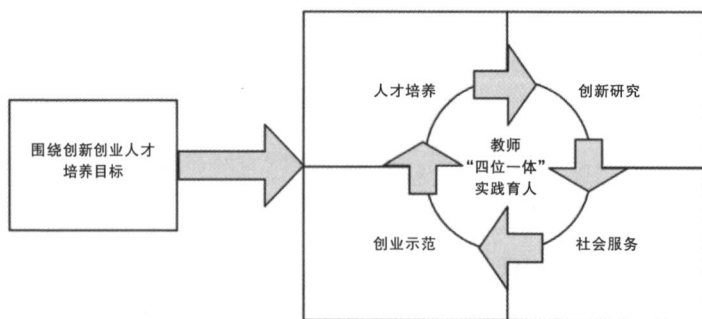

图3-2　顶层设计新型教育体系

2.形成"三合一体"培养体系，建设稳定的骨干队伍

"三合一体"培养体系在教育领域中独树一帜，强调分工与合作的深度融合。

在这一体系中，通识课教师负责夯实学生的知识基础，专业课教师负责深化学生的专业认知，而企业家则传授宝贵的创业经验与技能。这种"三合一体"的教学模式，通过实践教学指导创业，使学生能够更全面地发展。"一体"体现了教师培养的系统性，涵盖了从公开选拔到全面考核，从完善培训到教学与实践紧密结合的全过程。每一步都体现了教育的严谨与高效，旨在建设一支稳定且高素质的骨干教师队伍，如图3-3所示。

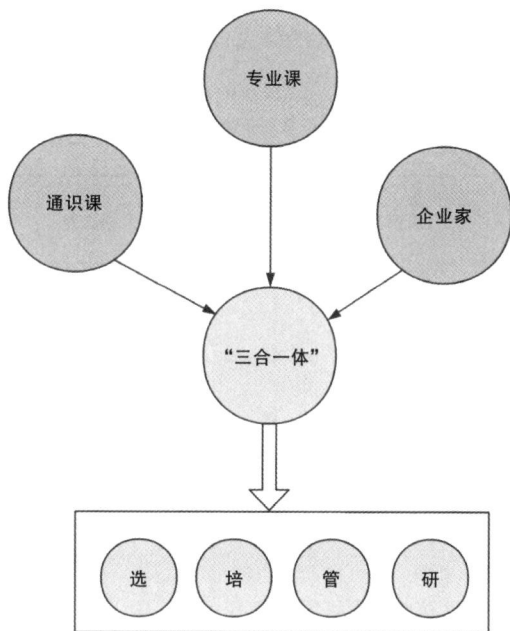

图3-3 "三合一体"教师培养体系

在"三合一体"框架下，教育的目标不仅仅是知识的传授，还有实现与专业培养的深度融合。通过将创新创业教育内容巧妙地融入公共基础课、专业基础课及专业课程中，我们可以推动创业教育与专业教育的共同发展，让两者在教育的舞台上相互影响。同时，强化专业教师与通识教师之间的协同培养，使创新创业理念春风化雨般渗透每一节课程，从而在学生心中播下创新的种子，使创新创业成为每位教师肩负的光荣使命与责任。我们应充分利用企业与校友的丰富资源，邀请成功创业的校友和企业家担任兼职讲师，共同建立一个星光熠熠的创业导师库。这不仅强化了校内外教学的有机融合，还为培养一支高素质、有道德、能力卓越的"双师型"教师队伍奠定了基础。这些教师将成为引领学生走向创新创业道路的重要力量。

3. 以课程为核心，发展教师专业能力

调查显示，目前高校已经构建了一个相对完善的创新创业课程体系。该体系包括通识必修、专业必修、专业选修及公共选修等多样化课程类型，覆盖了从普及教育、兴趣培养、专业深化到实践操作及在线学习等多个层面，如图3-4所示。

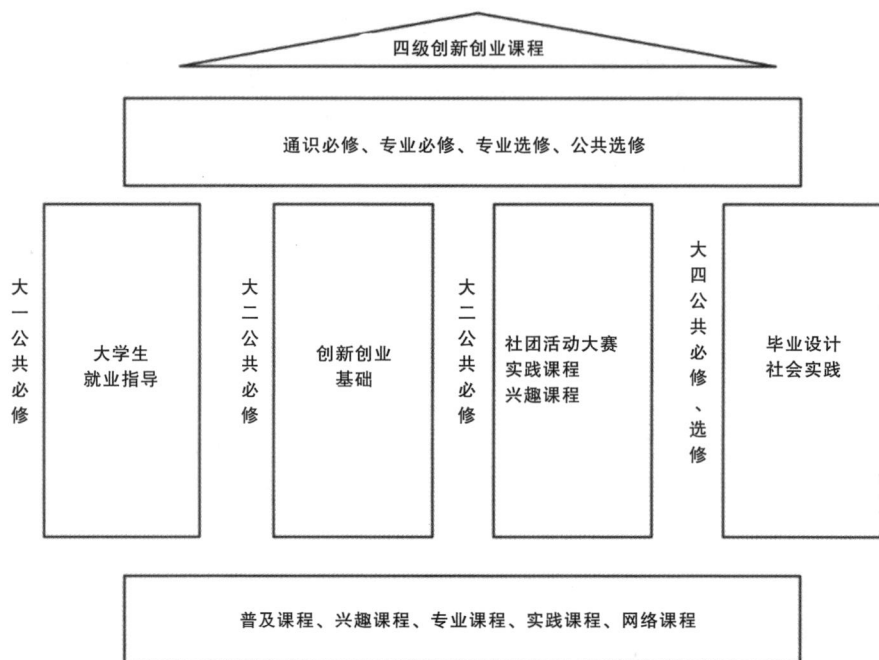

图 3-4　高校创新创业课程体系

通过系统的专业学习、灵活多样的培训、深度的校企合作和广泛的社会实践，创新创业教师的教学设计、实施、评价及组织管理能力得到提升，其科研能力也显著增强。创新创业教师的专业化过程应循序渐进，着重于知识结构的完善和合理化，使其能够有效运用专业知识和技术指导学生，并在实践中进行反思。此过程应注重课程研发和科学研究，以促进教师的全面发展。

4.加强"产学研"转化，引领示范

高校通过灵活的挂职锻炼与实践带队机制，可以有效促进创业教师的专业发展。针对教师的不同情况，高校应开展定制化培训、实践与研究活动，以支持其在创业教育领域的深入发展。高校还可以利用教师的专业优势，与企业建立长期的技术服务关系。这种合作不仅提升了教师在实践服务中的能力，还将积累的经验和知识反馈到学校教育中，形成良性循环。

5.完善体制机制，创新评价体系

高校应使所有教师都积极参与创新创业教育，通过定期评优激励他们的贡献。除了评选名师和青年导师，还应将创新创业教育成果纳入教学成果评选和专业技术职务评聘的标准中。支持教师领导学生开展创新创业活动，加强激励措施，建立长效管理机制。在构建评价体系时，应综合教师、学院（同行及专家）及学生的反馈，以确保全面评价教师的表现，并为未来的发展提供明确方向。

三、核心内容：创新创业教育师资队伍的"双创"能力

（一）根据"双创"教师职业生涯发展特点，加强教师"双创"能力训练

研究表明，高校教师的"双创"教育能力发展呈现倒 U 型结构，即青年教师在脱离新手期后能力明显提升。目前，我国"双创"教师呈现年轻化趋势，这一群体具有巨大的发展潜力。为快速培养这批青年"双创"教师，缓解"双创"师资短缺问题，需开展职前和职后系统化的专业培训。职前培训应着重提升非创业领域出身教师的"双创"基础知识，职后培训则应培养"双创"教学方法，并通过实战演练提升教师的"双创"能力。这样的培训模式不仅能够注入创新创业精神，还能激发青年学生的活力与创造力。

（二）加强对师生共创项目的关注，拓展师生创新合作机制

师生合作创新有助于打破传统课堂模式的限制，激发师生的积极性，并发挥双方的优势，产生新的创意和动力。在推动"双创"教育过程中，高校应重视师生之间的合作创新，为各类项目提供必要的支持和条件。通过建立完善的"双创"

信息平台，实现师生需求的精准对接，促进深度合作中的相互学习与成长，从而推动师生合作创新向更高层次发展。

（三）完善"双创"教师提升与激励制度，提高"双创"教师教学质量

当前，高校"双创"教师职级评定尚不明确，许多教师面临发展晋升的疑虑，这影响了教学积极性和质量。为解决这一问题，应建立有效的激励机制，包括"双创"能力考核和先进个体奖励。将教学绩效纳入评优与职称考核体系，不仅可以肯定教师的工作成果，还能激发优秀教师的潜能与创造力。通过表彰卓越成果，提升教师的自我价值和职业认同感，从而推动"双创"教师教育能力的持续发展。

（四）营造良好的创新创业氛围与榜样，增强高校教师的"双创"意识

浓厚的创新创业氛围和杰出的"双创"榜样对提升教师的职业认同感和激发其积极性是必不可少的。因此，高校应进一步加强对"双创"教育的宣传力度，增加相关投入，以营造优质的"双创"环境。同时，树立"双创"榜样，为师生提供展示平台，推动"双创"教育在校园中的普及和深化。

四、重要条件：创新创业教育教师培养理念的转变

（一）全国范围内建立和推广管理规范的"创业导师制"

当前，高校普遍采用传统的班级组织教学模式，课程设置单调，学生兴趣不高，教师参与度不足，教学效果不佳。因此，推广导师制并引入个性化教育方法是非常重要的。创业导师制能够有效地将课堂教学与创业指导相结合，激发了学生的探索兴趣和创新精神，提升了教师的专业素质和发展，满足了创新创业教育的需求。例如，福建省已探索并实施了导师服务制度，明确了导师的职责、资质和激励措施，为其他高校的师资队伍建设提供了宝贵的经验。

（二）搭建创新创业交流与实践平台，着力提升教师实战能力

虽然高校教师通常具备高学历和扎实的理论基础，但实践经验往往不足，这限制了其教学效果和专业水平的提升。为弥补这一短板，高校应积极寻求与社会各界的广泛合作。通过建立开放且便利的创新创业交流平台，为教师提供接触社

会的实践机会，这样既可以促进教师个人创业能力的发展，又能满足企业对智力支持的需求，实现学校、企业和教师的三方共赢。借鉴欧美国家的成功经验，鼓励教师参与个人创业或在企业兼职，学习最前沿的知识和管理方法，培养实际的创新创业能力。聘请成功创业者和企业精英担任兼职教授，通过交流与合作，提升教师在教学和教研方面的水平。

（三）以创新创业教育理念为导向，加强教师梯队专业化建设

高校应制订终身培训计划，规范和常态化教育改革，确保教师不断提升专业能力。首先，提升教师的资质门槛，通过教育部或行业认证，确保其具备创新创业教育的能力。其次，举办学术交流活动，如专家讲座、案例分析和教学研讨，以强化教师的专业技能和创业理念。再次，设立财政专项基金和创业实践基地，支持教师的终身学习和实践参与。高校应充分利用自身丰富的教育资源和深厚的智力储备，构建创业实践平台，使教师的科研成果有效转化为实际生产力。最后，教师的专业发展必须与时俱进，紧跟经济社会的发展趋势。通过借鉴国际上的成功经验，更新教育理念和教学模式，推动开放、多元的终身发展路径，以适应时代的快速变化。建立一支师德高尚、专业精深、结构合理的教师队伍，将激发教育事业的热情，培养更多的创新创业人才，为国家的经济建设贡献力量。

五、"双创"升级趋势下高校创新创业师资队伍的具体策略

（一）加强外引内培，组建数量充足、结构合理的高水平创新创业师资队伍

在"双创"升级趋势下，高职院校应通过整合社会资源、资源统筹和多方协作，组建数量充足且结构合理的高水平创新创业师资队伍。根据国家发展规划和在校生的实际需求，院校应在内外部师资建设上实现有机结合，注重专职与兼职教师的互补作用。内部师资的选拔要以理论与实践相结合为导向，强调对创业实践知识和教育理念的掌握。外部师资的选聘需紧密结合行业需求，建立灵活的师资制度和协调机制，邀请经验丰富、教学能力强的专家参与教育，并完善激励机制，以提升服务质量。高职院校还需构建科学合理的创新创业课程体系，打破院系界限，开展通识教学与融合教学，以满足学生不同层次的需求。

（二）加强培训培养，建立形式多样的创新创业师资培训体系

高职院校应构建多样化的培训体系，以满足教师在不同维度上的成长需求，并且重视每位教师的个性化发展路径。职前培养与职后培训应相辅相成，共同构成教师专业成长的完整链条。定期的职前培养可以帮助教师及时更新创业理念，强化创业意识，并有效提升理论与实践相结合的能力；职后培训应深化产教融合，聘请专家进行创业实践培训，更新知识储备，提升教学水平。建立激励措施和评价机制，奖励在创新创业教育中表现卓越的教师，推动师资队伍的良性发展。

（三）加强顶层设计，完善创新创业师资队伍建设的促进机制

在推进创新创业教育时，高职院校必须加强顶层设计，将这一领域的规划深度融入学校的整体发展战略。在这一过程中，理念引领作用不可忽视：通过深入分析创新创业理念，详细解读相关政策并加强宣传，可以营造积极而富有活力的创新创业教育环境，深化教师对这一领域的理解和认知。要明确创新创业师资建设的战略地位，将其纳入学校章程和发展规划，并成立专职机构全面统筹师资队伍的管理与配置，建立科学、高效的协调机制；还需强化教师在创新创业教育中的责任感，将创新创业人才的培养有机融入学校整体的人才培养体系，鼓励教师积极从事创新创业教育理论研究，并亲身指导学生进行创业实践，使其真正成为推动创新创业教育发展的中坚力量。

（四）加强校企协同，提升创新创业师资队伍服务区域经济发展的能力

高职院校应进一步强化校企合作，深化产教融合，以此为基础打造一支与区域经济发展相契合的创新创业师资队伍。这不仅能有效提升创新创业教师在人才培养过程中的教学水平，还能在推动区域科技和文化创新方面发挥重要作用。根据区域市场和产业的具体需求，高职院校需灵活调整"双师型"创新创业师资的培养方向，特别关注区域重点产业的发展趋势和需求。应充分利用当地的产业资源优势，积极引进深谙中小型企业运营特点的企业创业师资。通过建立长期且制度化的校企合作机制，不仅能全面整合创新创业师资力量，还能推动师资培训、产业技术转化，以及创业咨询等多个领域的协同发展，为区域经济的持续繁荣注入强劲动力。

第四章 大学生创新创业教育的校企合作

第一节 开展大学生创新创业教育校企合作的
可行性与必要性

一、开展大学生创新创业教育校企合作的可行性

（一）政策环境可行

2015 年我国提出《中国制造 2025》战略以来，推动中国制造业由大国迈向强国已成为国家的发展目标。企业的高质量发展对于提升我国制造业整体水平十分重要，并且对高校人才培养提出了更高要求。在这一背景下，企业对应用型创新人才的需求日益增加。校企合作教育能够增强人才培养的实用性，为应用型创新人才的培养奠定坚实基础。高校应立足于培养应用型创新人才的目标，充分发挥校企合作的优势，优化和完善创业教育，提高企业在高校创新教育中的参与度和教育质量。

（二）理论逻辑可行

"三螺旋"理论认为，政府、高校和企业是推动社会发展的三个相互独立却又互相影响的主体。高校的创新创业教育需要政策支持和校企合作。为了保证人才培养的质量，必须实现高校、政府和企业之间的良性互动。高校的根本目标是

培养人才，政府的目标是公共利益，而企业则追求利润最大化。尽管三者的目标有所不同，但它们之间存在共通性：高校通过加快科技成果转化推动创新，企业通过校企合作获得创新成果，政府则提供政策支持。"三螺旋"理论强调三方联动机制，倡导形成大学科技园、产业园等混合型组织，以整合资源，共同推动社会协同创新。创新创业教育的发展需要高校培养人才，政府提供政策支持，企业提供实践平台，从而推动社会经济的突破与进步。

二、开展大学生创新创业教育校企合作的必要性

（一）创新创业教育发展与区域产业发展息息相关

1. 创新创业教育推动区域产业发展目标的构建

高职院校需要深入探索自身的发展定位，突破传统教学模式，积极实施"教育链、人才链、产业链、创新链"四链"深度融合的前瞻性教育战略。通过这一战略，不仅能提升创新创业教育的整体质量，还能为区域经济的高质量发展注入新的活力。高职院校应以创新思维为引领，提升学生的创新创业技能，并深刻理解科技作为教育的核心驱动力，密切关注区域产业的实际需求。通过推动校园与产业的深度融合，实现双方的共生共荣，为区域产业的创新升级和经济社会的全面发展提供坚实的智力支撑。

2. 区域产业发展引领创新创业教育的高质量发展

在科技革命和区域经济快速发展的时代背景下，高职院校肩负着培养符合区域产业需求的创新创业人才的重任，以助推产业升级。作为践行教育战略的重要环节，高职院校不仅要为学生提供坚实的理论与实践支持，还要培养教师的创新创业意识，从而在校园内营造浓厚的创新创业氛围。高职院校作为区域科技创新与产业升级的智库，其开放的实验室与先进的科研平台，为区域产业的创新研发提供了有力支撑。区域产业的蓬勃发展也为高职院校指明了人才培养的方向，提供了丰富的实践舞台。

3.创新创业教育与区域协调发展战略的紧密结合

在全球变局与新科技革命的交汇点上，高职院校必须强化创新创业教育，不仅是为了培养学生的创新意识和创业能力，更是为了提升学校的整体科研实力。通过搭建坚实的区域创新科研基础，高职院校能够为产业的科技转型提供有力支持，并且巩固区域产业的发展根基。从宏观的视角出发，高职院校需紧密围绕区域协调发展战略，通过加强创新创业教育，不仅服务于学生，也服务于区域经济，为开辟新产业领域、塑造发展新动能贡献人才和技术力量。这一系列的努力将推动社会经济迈向更高质量的发展阶段，展现高职院校在新时代的重要使命与担当。

（二）校企合作对于创新创业教育发展的重要价值

1.拓展"双创"课程体系

培养"双创"型人才需要理论与实践相结合的课程体系。随着共建"一带一路"倡议的推进，社会对"双创"型人才的要求日益提高。高校应调整人才培养方案，完善课程体系，培养在意识、精神、知识、技能和实践经验方面都达到更高层次的优秀人才。虽然许多高校在实践课程体系上存在短板，但企业在生产实践方面却拥有丰富的经验和创新需求。通过校企合作，高校可以拓展"双创"课程体系，例如，在"药用车间设计"和"动植物细胞培养室"等领域引入实际应用，从而提升课程的实用性和前瞻性。

2.提升"双创"师资力量

高校应积极引进企业中的科技骨干作为校外导师，与校内教师共同负责学生的理论与实践教学。通过这种深度合作，企业专家可以指导学生开展科研项目，解决技术难题，并协助完成毕业论文。这不仅能帮助学生建立坚实的理论基础，还能积累宝贵的实践经验，拓宽知识视野，提高对市场需求的敏锐洞察力。这种创新的教学模式有效弥补了高校师资结构单一、工科背景不足的短板，为学生的全面发展注入了新的活力。

3.强化"双创"基地建设

在"十二五"期间，国内高校在实验室建设方面加大了投入。例如，西南科技大学与多家知名企业合作,共同打造功能性和专业性兼具的实验室与实践基地。通过深度融合企业资源,这些创新创业平台不仅弥补了校内生产实践资源的不足,还为学生提供了一个与市场接轨、与行业前沿同步的实操环境。这种校企合作模式大大提升了实践教学的质量和效果,为学生的创新创业能力发展提供了强有力的支持。

第二节　校企合作模式下大学生创新创业教育的成功案例

一、创新创业教育实践基地建设案例

(一)承接企业项目

承接企业项目为学生提供了创新创业机会。例如,浙江工贸职业技术学院依托国家级协同创新中心和研究院所,承接企业课题,开展"四真"实践教学(既真实项目、操作、平台、环境)。福建理工大学(原福建工程学院)通过面向乡村振兴和建筑业转型的合作项目,承担了450项土建类项目,获得研究经费9100多万元,并实现了28项专利转化。这些项目不仅增强了学生的实践能力,还提升了他们的创新能力。

(二)获取企业经费

企业的资助为实践基地提供了必要的资金支持,有助于创新创业项目的实施。这种支持不仅为学生提供了宝贵的实践机会,还锤炼了他们解决实际问题的能力,并激发了创新思维。例如,西北工业大学与多家投资机构合作,获得了超过6亿元的风投资金。上海大学科技园引进了近20亿元的社会注册资金,并推出了50亿元的"环上大"科创贷。河南理工大学与焦作通财创业投资和盛通地产合作，共同投入了 1258 万元用于扶持资金和投资。

（三）结识企业导师

企业导师不仅传授专业知识与技能，还帮助学生建立职业人脉和拓展资源。他们丰富的行业经验和广泛的社交网络能帮助学生洞察行业机制，发掘潜在的创业机会。例如，大连海事大学通过与业界紧密合作，所打造的创业导师团队为学生提供了全方位的辅导服务，并致力于推动种子项目技术的转化，加速创新成果的实际应用。而扬州工业职业技术学院则通过企业导师入驻学校直播间，以实战形式引导学生深入直播电商领域。这种寓教于乐的教学方式不仅提升了学生的专业技能，还为他们未来的职业发展奠定了坚实基础。

二、"校企联合，科教融合"创新创业人才培养模式的实践探索

（一）基于"企业班"的创业意识培养，提升学生的创业技能

传统的培养体制过于理论化，不能有效培养学生的创业意识和素质，主要问题包括：一是创业主体意识薄弱，面对困难易于放弃；二是缺乏足够的创业风险意识；三是专业知识更新不及时；四是资源整合能力有限；五是缺乏创业经验和战略策划意识；六是忽视信息资源的价值。为此，华南农业大学积极携手企业，在多个专业内设立"企业班"，构建"校企联合，科教融合"的创新创业人才培养新机制。学校邀请企业技术与管理精英为学生传授宝贵的创业技能与企业知识。学生不仅在专业知识方面打下坚实基础，还通过企业就业指导与实习活动深化理论，快速适应工作环境。此举不仅节省了企业的岗前培训成本，也帮助学生更快地适应职场。优秀学生还有机会参与"加盟连锁企业"的创建，增强其创业意识和实践能力。"企业班"的设置使学生能够更有效地与企业对接，为未来职业生涯做好准备。

（二）"科教融合"的创业精神培育，提升学生的创业方法

华南农业大学修订本科生培养方案，强调科学研究与实践的结合，鼓励学生选择创新性和创业相关的毕业论文课题。学生依托导师的科研成果与专利技术，

致力于开发具有广阔产业化前景的技术成果。学校大力鼓励教师与企业合作，共同开展课题研究，并积极引导学生深度参与。通过参与大学生挑战杯创业大赛、创业计划书设计大赛等活动，学生不仅锻炼了创新能力，也为未来的创业之路打下基础。

（三）"校企联合"的创新思维培养，提升学生的创业意识

华南农业大学策划"走进成功企业"系列活动，邀请众多成功企业家来到校园，分享他们的创业历程与经验。这些企业家的奋斗故事激发了学生的创业意识和理想。学校引导学生参与基于科研成果的产学研教学实习基地，企业博士后流动站和企业特派员计划等多元化人才培养项目，使学生与企业紧密互动，锻炼专业技能，培养团队协作和解决问题的能力。学校注重教师的成长与发展，通过安排教师前往企业交流学习，拓宽视野，与业界前沿接轨，加快年轻教师的教学能力提升和创新思维发展。学校与企业共建的"企业班"项目，为学生提供实践机会，学生可以获得与创业紧密相关的研究课题，并参与"加盟连锁企业"的运营。例如，农科专业学生与行政管理、财会和市场营销等专业的学生联手开展市场调研课题，提出创办加盟连锁企业的独到见解。这些创意想法不仅得到企业的认真评估，还获得资金支持，为学生的创业梦想插上了翅膀。

三、创新创业教育实践与探索——手作众创空间项目案例分析

（一）高职院校创新创业教育实例分析——手作众创空间项目

1. 项目介绍

在探寻创业空间解决方案的过程中，项目组深入走访了广州众多商业项目，发现市区繁华地段存在大量空置的商业地产。网络购物的兴起使得实体店逐渐凋零，同质化竞争与品牌知名度不足成为空置的主要原因。经过深入洽谈，项目组与"公园前汇"商场达成战略合作，共同打造手作众创空间，作为试点创业基地。利用空置空间，以传统手工艺创新设计为主题，引进民间工艺大师工作室，并结

合大学生的技能和创业需求，推出结合传统与时尚创意的产品。这一举措不仅为商场招商引流，也为商业地产升级开辟了新机遇。

2. 项目研究方案

项目组经过分析确定了以下手作众创空间的研究方案：一是规划商业运作方案和资金预算，支持基地持续发展；二是与"公园前汇"签订场地使用协议，设计装修方案并购置所需物资；三是通过大学生创业大赛招募团队成员，提供陶艺、刺绣、木艺等创业空间；四是配备创业指导教师和手工艺术家，指导创新产品开发，激发创业潜能；五是创造商业氛围，利用网络和媒体推广，吸引消费群体；六是借鉴成功经验，调整运营方案，确保项目收益和持续发展；七是总结项目成果，撰写论文和著作，为同行提供参考。

3. 项目优势

相较于其他创新创业教育模式，如近年来各大高校推广的创意集市，手作众创空间具有独特优势。创意集市通常受限于城市文明创建，摊位仅能设于城市周边或校园内。手作众创空间则利用城市繁华地段的空置商业地产，既不影响市容，又能吸引大量人流和消费者，带来高销售成功率和经济效益，同时增强大学生的成就感和社会认同感。手作众创空间结合传统工艺与时尚，为学生创业提供新渠道，尽管创业过程中会遇到挫折，但通过实践能够不断提升能力和调整策略，使学生坚定信心。这种模式使大学生创业与商业地产形成互补优势，快速响应市场潮流，更新产品，提升竞争力，助力商业地产摆脱空置困境。

4. 项目实际效果

"公园前汇"商业地产项目通过将空置资源转化为手作众创空间，实现了空间与功能的创新性重构。此举措不仅为大学生创业群体提供了集共享空间、专业手作设备及系统性创业指导于一体的综合性服务平台，有效缓解了其面临的创业风险高、项目缺失及场地受限等困境，还深度挖掘了商业地产的潜在价值，促进其从传统模式向创新转型，为招商引资开辟了新路径，展现了商业地产活化利用与社群经济融合发展的新范式。通过与消费者接触，不断调整创新作品方向，从而实现创意作品的市场接受和经济收益。手作众创空间利用商业地理优势，通过数据信息库建构模型精准营销，有效降低成本，提升效率，吸引更广泛的消费者认可。项目还提高了学生的组织能力和协调能力，使他们在低投入环境中提升生产效率和质量，将创意转化为产品或服务，并通过处理复杂的人际关系和问题，锻炼社会交往能力，这是创业项目成功的关键。

（二）手作众创空间项目开展的意义

手作众创空间项目不仅重塑了物理空间，也构建了创新生态系统，其中教师队伍的创新思维是核心。教师通过社会历练和学术积累，结合实地调研，拓宽视野并激发团队创新，推动新商业模式的探索，注入项目活力。项目还注重培养学生的创新思维。教师将社会洞察和理论转化为激发学生潜能的钥匙，引导他们探索未知和尝试新模式。

项目强调知识产权的重要性，通过相关课程提升学生的保护意识，维护创意成果的独特性，为市场竞争构建防线。专业实践教学是亮点，将市场需求与手工艺创作结合，促进学生技能实战演练，提升教学效果，让学生在创作中触摸市场脉搏，理解审美趋势，创作出美观且实用的艺术产品。

产教融合和校企结合的策略为项目可持续发展奠定基础。通过建立产业链和实现批量生产，项目与企业合作，推动创意从萌芽到市场的过程，促进创意经济的繁荣。手作众创空间作为创意孵化器和创业教育实战场，推广原创产品，提供宝贵的创业技能机会，为大学生的自主创业奠定基础。这一模式不仅为教育模式革新提供了范例，也实现了教育资源与市场资源的高效配置，推动了实体经济的创新发展。

通过该项目，学生能以小投入转化创意为经济收益，解决资金短缺问题，跨越理论与实践的鸿沟，激发创业热情和心理建设。创新创业教育提升了学生能力，将创业体验转化为实际项目，并且利用空置商业地产积累市场需求数据，为未来决策提供支持，推动社会教育和经济共同发展。

四、产创耦合—专创融合的"柳职方案"——以柳州职业技术学院为例

（一）改革历程

1998 年 9 月—2006 年 9 月：学校在初创阶段设立了"就业指导"公共必修课程，由招生就业处管理，课程以创业基础知识为核心。此时的创新创业教育尚缺乏系统顶层设计，产业结合和专业融合不足，教学研究较为薄弱，改革多为自发探索。

2006 年 10 月—2010 年 10 月：借助国家示范校建设契机，学校加强顶层设计，推动以研究促进教学的战略转型。通过广西教改项目，构建了"校企深度交融，工学结合"的创新人才培养模式，解决了教育与产业、专业教育的隔阂，初步形成了示范校的基础，但仍需构建教师深度参与企业问题系统整合的机制。

2010 年 11 月至今：学校进入实践与完善阶段，更新人才培养目标以适应区域产业发展和职业教育新态势，培养"素养·管理·创新"型技术技能人才。学校注重创新能力的培养，解决企业实际问题，深化校企合作，建立了稳定的"企业一线问题库"，推进"课赛训研"一体化教学改革，并成立多个创新创业中心。

（二）主要经验

1. 坚持产创耦合，倡导"小问题—大志向"理念，政校行企共建企业一线问题库

（1）系统设计实施产创"三耦合"。针对企业转型升级的迫切需求，学校对人才培养目标进行了适时而深刻的调整，致力于培养创新型技术人才，尤其注重引导学生深入企业一线，解决实际问题，以此作为教育与实践深度融合的关键着力点。为此，学校积极构建政校行企共建平台，如国家协同创新研究中心与广西示范产业学院，旨在促进创新资源的共享与成果的转化，搭建起产学研紧密合作的桥梁。在此基础上，学校与企业携手，在人才培养方案、课程设计、师资互聘、实践基地建设、技能大赛实施、创新实践及技术研发等多个维度，共同展开"七共同"行动，深化校企合作的新篇章，共同探索人才培养的新模式与新路径。

（2）政校行企共建企业一线问题库。广西汽车集团、广西善元食品有限公司、

柳州螺蛳粉协会等是重要合作对象，合作过程中需要对接汽车和螺蛳粉产业的技术升级难点。为此，学校创立了基于"小问题—大志向"理念的"五模块三层级"企业一线问题库，实现产学耦合。

首先，整合资源，重点关注广西汽车、机械和螺蛳粉特色产业，通过问卷调查等方式收集和研究存在的问题。其次，根据问题特点进行分析，主要归纳为产品升级、设备革新、工艺优化、服务改进和管理优化等模块，这些模块也分为不同难度层级。最后，建立企业问题库云平台，实现问题的标准化转化和动态管理，不同用户权限可以共享和解决问题，并形成教学案例，供教学和企业转化使用（见图 4-1）。

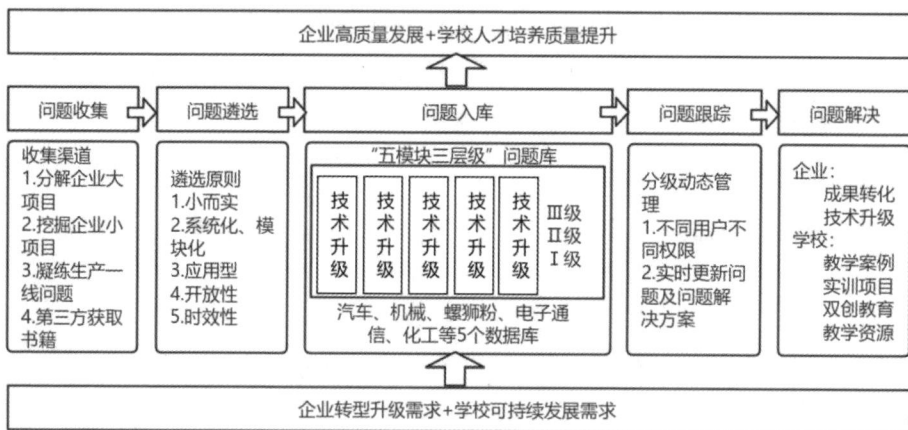

图 4-1　企业一线问题库运行机制

2.坚持专创融合，深化企业真实项目引领的"课赛训研"一体化改革

（1）构建专创融合"二维"课程体系。创新教育的实施需要形式与内容的深度融合，贯穿于第一课堂与第二课堂的各项活动中。整合通识类创新课程，如云物大智基础；与专业导向课程，如"互联网+"创新创业应用与实践，通过真实岗位角色扮演的方式，培养学生解决实际生产问题的能力。第二课堂则依托KAB俱乐部及专业社团，如博奥机械协会、驰美汽车协会，组织以企业一线问题为导向的"匠心杯""双创"大赛，并开展多样化的科技创新实践活动，使学生将理论知识与实践操作深度融合，在实践中锤炼创新能力（见图4-2）。

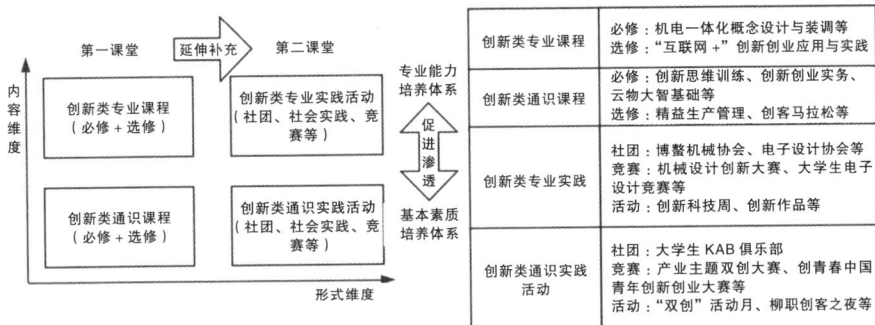

图 4-2　专创融合 "二维" 课程体系

（2）推进 "课赛训研" 一体化教学改革（见图 4-3）。学校在课程体系中开设了 408 门专创融合课程，包括通识类创新课程，如 "创新创业实务" 和专业导向课程，如 "机电一体化概念设计与装调"。这些课程将企业实际问题转化为教学案例，结合 "课程思政" "课程双创" 及 "新技术引领" 计划。

在竞赛层面，学校设立了 "匠心杯" "双创" 月活动，与企业合作推出特色赛事，如汽车和螺蛳粉赛道，企业专家担任评委并提供奖金。优秀项目有机会入驻企业孵化园获得支持。

实训方面，学校建设了 11 个产学研创工坊和 4 个众创空间，引入真实项目，推行无标准答案的教学改革，并通过 "Steeli+" 评价模型评估创新能力。学校还设立了 "天工班"，学生参与汽车零部件制造和工业机器人系统集成等真实项目，实施了 210 项大学生创新创造项目，并与企业技术团队合作，推动产学研深度融合。

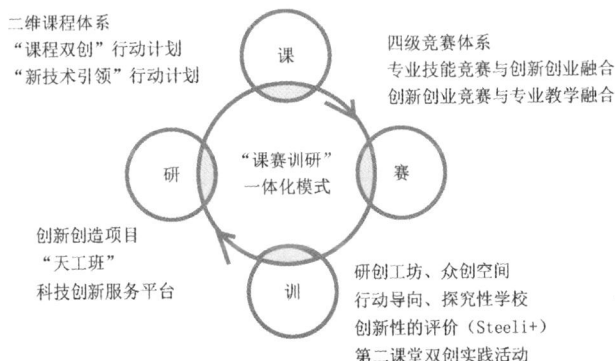

图 4-3　"课赛训研" 一体化模式

（3）建设以实战项目为导向的创新型教师队伍（见图4-4）。教师们积极开展"云物大智"新技术、TRIZ理论及先进制造实训工厂等多元化培训活动，依托横向科研课题的深厚底蕴，成功建立了由蔡鹤皋院士和甘达淅国家技能大师领衔的创新平台。在此基础上，校企携手共建了15个混编技术研发团队和29个优秀人才工作室，有力推动了全校教学创新团队的发展，其中两支团队荣获国家教学创新团队的殊荣。

创建基于企业一线问题库的校企相长协同创新合作机制，打造创新创业教育生态圈学校参与柳州国家产教融合与现代学徒制试点建设，与柳州市柳东新区管理委员会携手，共建协同创新研究院与机器人产业集群培育基地，开创产教融合的新篇章。政府与行业携手设立公共服务机构，为企业创新与成果转化提供坚实支撑，并推出企业师傅激励措施，激发企业内生动力。企业方面，积极建设孵化器和金点子活动，为创新创意提供肥沃的土壤。学校则设立一站式服务中心，实施创新创业活动学分奖励与科技成果转化管理制度，全面助推产教融合的深度发展。

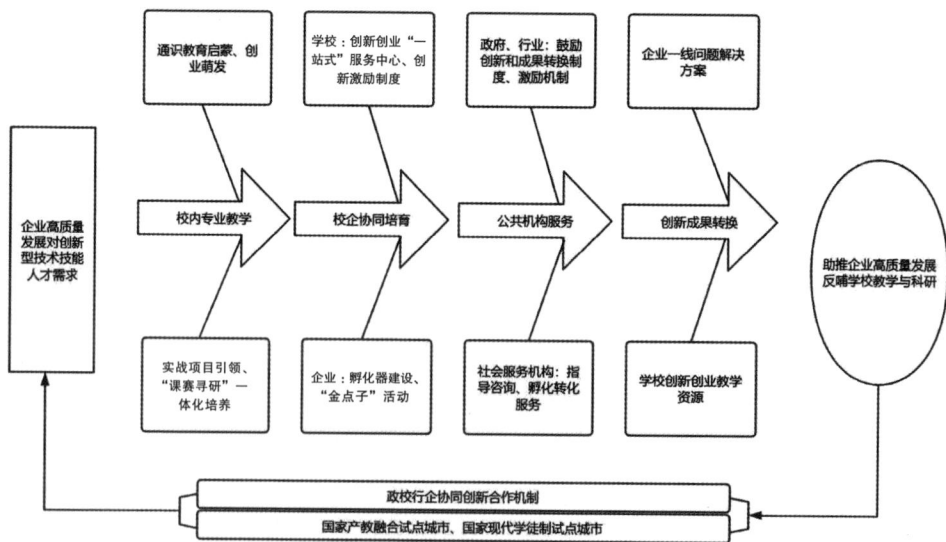

图 4-4　创业教育生态圈

（三）创新之处

1. 企业一线问题导向的创新能力培养理念

以企业实际问题为导向，鼓励学生解决产品改进、设备改造、节能环保等问题。这些项目会使学生将个人成长与国家发展紧密联系，激励他们勇于创新，树立技术报国的理想。

2. 基于"企业一线问题库"的创新路径

通过建立全流程信息化管理系统，细致收集、遴选、入库和跟踪企业问题。这不仅有助于企业升级，也为学校提供了实践案例，推动教育创新改革。问题库积累了宝贵的知识，支持企业发展和学术探索。

3. 多元协同的创新创业教育生态圈

在校内，"双创"教育贯穿学生培养全程，从理念激发到技能磨炼为学生提供了广阔的舞台。校外，政府、企业、科研机构和社会资源汇聚，为"双创"实训和项目转化提供支持。政策扶持、产业对接和资金注入推动产学研融合，实现"创意—孵化—转化"全链条培养模式。

五、科产教融合视角下创新创业教育改革成效——以南京工业大学为例

（一）坚持需求导向，培育"种子"

学校在课程与教师团队建设方面取得的卓越成果，为"双创"教育奠定了坚实基础。学校开设了49门通识类创新创业课程和220门专业领域相关课程，其中包含7门精心制作的线上课程和25门校级精品课程。这些课程不仅深入学术探索，还引领学生踏上创新创业的征途。此外，学校荣获两门国家级"课程思政"示范课程和23门国家级一流本科课程的荣誉，拥有19门省级在线开放课程和39部省级重点教材，构建了完整且立体的线上线下创新创业课程资源体系。在科产教融合的新模式下，学校充分发挥1个国家级和3个省级现代产业学院的优势，开展了153项真实问题实景项目。这些项目采用案例式和探究式教学方法，通过深度启发与开放式讨论，使学生在翻转课堂中获得宝贵的实践经验。同时，

7 个国家级科研平台和 148 家学科型公司等大平台的强力支持，为学生提供了广阔的创新实践舞台。以产业现实问题为导引，学校有效激发学生的创新思维，培育他们成为未来创新创业的领军人物。

（二）坚持实战导向，打造"苗圃"

科产教的深度融合，为学校实习实训平台注入了新的活力。校内"创客梦工场"，作为跨专业、跨学科的实训重地，为学生提供了一个将理论知识转化为实践技能的宝贵空间。校外，学校与企业携手共建了 280 余个实习基地，让学生在真实职场环境中磨炼技能，体验行业前沿。不仅如此，学校还精心打造了"工程基础 + 学科专业"双实训平台，其中包括占地 30000 平方米的工程训练中心和 10000 平方米的学科专业实验中心。这些举措将科研平台巧妙地转化为创新实验平台，进一步整合了 6 个国家级创新教育共同体，从而极大地丰富了实训资源，提升了学生的实践能力。在科产教融合实践教育基地建设方面，学校也不遗余力。依托张家港产业学院和西太湖产业学院，建立了校外创新创业实践基地，深化了校企合作。学校还与产业、企业和政府多方联手，共同建设了 16 个四级现代产业学院，并与江苏省和安徽省合作，共建了 180 余个创新创业实践基地，为 300 余家企业提供专业的咨询和服务。

（三）坚持结果导向，收获"硕果"

学校在科产教融合育人方面取得了显著成果。毕业生就业率高达 99%，其中超过八成的学生进入创新型企业或在国内外知名学术机构深造，彰显了学校在培养创新创业人才方面的卓越能力。众多毕业生荣获国家及省部级荣誉，且上百位学子自主创业，展翅高飞。此外，大创训练计划与学科竞赛成果丰硕，"十三五"期间，学校省级大创训练计划立项达到 1232 项，国家级立项 515 项。学生发表论文 600 余篇，申请专利 250 余项，并在省级以上竞赛中获得千余项奖项。这些辉煌成就不仅体现了学校深厚的教育底蕴，也展示了学校在创新创业教育领域的领先地位。

第三节　大学生创新创业教育校企合作模式的实践困境

一、校企合作模式下创新创业教育的困境

（一）学校重视程度不够

在校企合作模式下的创新创业教育中，存在着一个隐形的困境，即学校对这一教育模式的重视不足。这种不足虽然不易显现，但在实际操作中却不断显露出其影响。由于缺乏深层次的认同和重视，相关教育资源配置明显不足，难以满足日益增长的创新创业教育需求。这种问题不仅体现在硬件设施的短缺上，也体现在软件支持的不足上，如专业化师资力量和针对性的课程设计等。由于重视程度不足，学校在推动校企合作时往往缺乏长远规划和战略眼光，合作层次较浅，难以触及创新创业教育的核心。这种表面化的合作模式难以培养出真正具备创新创业精神和能力的人才。学校在评估教育成果时，更侧重于传统学术指标，而忽视了创新创业教育所带来的隐性价值和长远影响，这进一步削弱了学校和教师对这一教育模式的热情和投入。部分学校对创新创业教育的认知仍停留在传统教育的附属品层面，而非新时代人才培养的重要途径。这种观念的滞后性，不仅阻碍了创新创业教育的发展，还可能让学校在激烈的教育竞争中失去先机。

（二）大学生创新创业教育体系不完善

在校企合作模式下，大学生创新创业教育体系的不完善问题凸显，这不仅影响了教育质量，也制约了创新创业人才的培养。尽管许多高校已认识到创新创业教育的重要性，但在实际操作中，教育体系往往显得支离破碎，缺乏系统性和连贯性。创新创业课程通常被视为选修课或附加活动，未能融入整体教学体系中，导致教育内容零散，难以形成有效的知识体系和技能框架。师资力量的薄弱是体系不完善的

一个表现。虽然许多教师学术造诣深厚，但缺乏实际的创新创业经验，这使他们在教授相关知识时难以提供更切合实际的指导和建议。创新创业教育实践平台的缺失也是体系不完善的重要方面。学生即使在课堂上学习了理论知识，由于缺乏实际操作机会，难以将这些知识转化为实际能力。这种理论与实践的脱节，使得创新创业教育流于形式，很难培养出真正具备创新创业能力的人才。

（三）大学生创新创业教育长效机制不完善

在校企合作模式下，大学生创新创业教育长效机制的不完善是亟待解决的问题。这不仅关乎教育的持续性与深度，也影响了创新创业人才的培养质量和长远发展。首先，长效机制的不完善体现在创新创业教育的持续性和稳定性上。目前，许多高校的创新创业教育以短期项目或活动的形式存在，缺乏长期、稳定的教育计划。这种"一阵风"式的教育方式难以形成持续的学习动力和深入的教育影响。其次，长效机制的缺失还体现在教育资源的持续投入上。由于缺乏长远规划和持续投入，一些高校的创新创业教育资源和设施不能及时更新和升级，无法满足学生不断增长的实践需求。最后，长效机制的不足体现在创新创业文化的培育上。文化是教育的灵魂，但当前许多高校尚未形成浓厚的创新创业文化氛围。由于缺乏这种文化的熏陶，所以学生难以真正领会创新创业的精神内涵，也无法将这种精神内化为自身的行动准则。

二、现代学徒制模式下创新创业教育的挑战

现代学徒制作为一种校企合作的职业教育模式，以工学结合为核心，具备专业与实践相结合的优势。然而，在高职院校的创新创业教育中，这一模式面临一系列挑战，包括企业目标的一致性、企业效益的体现，以及项目知识产权的归属等问题。

（一）创新创业目标与企业目标的一致性

在现代学徒制中，学生以"学徒"身份融入企业，理论上其创新创业目标应与企业的发展战略相一致。否则，企业可能不会支持学生的技术创新，而学生也

难以取得实质性进展。若学生的目标与企业不符，企业会将其视为"不务正业"，对其实训动机产生怀疑。企业也不愿投入资源来孵化与自身业务竞争的项目，从而影响学徒制的有效实施。

（二）创新创业活动的企业效益

高职院校在开展创新创业教育时，通常不考虑投入产出比。然而，企业必须关注效益。因此，许多企业因担心风险而不愿支持学生的创新创业活动。现代学徒制下，学生往往充当"劳力"，而缺乏足够的创新机会和支持。因为项目可能导致经济损失，所以企业需要在合作项目中获得预期的利润，否则投资动机将受到削弱。

（三）创业项目知识产权的归属问题

在创业项目的规划和设计阶段，必须明确知识产权的归属，以确保现代学徒制的顺利实施。这需要解决以下三组关系。

学生与师傅：创业项目通常源于岗位实践，需要明确学生与师傅之间的知识产权分配，防止师傅独占学生的创意。

学生与企业：学生在企业环境中进行创新，需要明确企业在项目中的权利，避免学生脱离企业独立运营，造成企业损失。

学校、企业与学生：需要三方共同商定知识产权的归属，明确各方权责，以减少阻碍和法律纠纷，促进创新创业活动的顺利开展。

（四）企业内在动力的充分调动

学校与企业在多个方面难以达成共识，这可能源于思想观念的不同或利益考量的差异，导致校企合作多集中于成果交换和互为咨询，缺乏深层次的合作。目前，除了《教育部产学合作协同育人项目管理办法》，尚无明确的法律法规规范校企在创新创业教育中的责任，校企合作协议主要依赖诚信。调研显示，与高校合作的多为民营企业，这些企业因政策调整快、人员流动性强、结构不稳定，使得合作协议常无法顺利实施或遇阻，企业创新创业教育的实际效果有限。

三、产教融合的新要求与创新创业教育现状之间的矛盾

（一）教学模式陈旧，缺乏现代信息技术融入

尽管许多高校已经认识到创新创业教育模式革新的重要性，但在实际操作中，课程设置和教学模式仍存在问题。首先，许多高校的教学模式相对陈旧，实践操作如沙盘推演、项目训练等所占比例较低。其次，现代信息技术，如大数据、虚拟现实（VR）、人工智能（AI）等，尚未被充分利用。总体而言，高校的创新创业教育尚未完全融入产教融合体系，没能跟上时代的发展步伐。

（二）师资结构单一，企业参与度不够

高校创新创业人才的培养需要高校、企业和政府等多方的积极参与。然而，当前许多高校的创新创业教育师资队伍结构单一。部分学校依赖于校内外的专业教师、企业家、经理人及研究专家来担任指导教师，而另一些学校则依赖商学院或经济管理专业的教师来开设理论课程，实操训练由校团委和辅导员组织。大多数教师缺乏实际的企业经验和创业实践，这使得教育内容与实际需求脱节。

（三）融合发展理念缺失，创新服务性机制不健全

校企合作应由浅入深，实现深度融合。然而，许多学校和企业之间仍存在产学脱节现象，导致双方无法最大化获益。一方面，学校难以摆脱闭门造车的局限；另一方面，企业的实际需求未能得到有效满足。这种脱节使得学生的创新意识和实践能力普遍不足，难以适应新时代经济发展的需求。高校的创新创业教育不能有效服务区域产业经济的转型升级和可持续发展，与企业沟通不畅，导致教育方向偏离实际需求，学校与企业之间的壁垒依然明显。

（四）模式繁杂多变，规范和标准建设缺位

目前，高校的创新创业教育模式存在较大的多样性和复杂性。例如，有些学校以学院为单位开展创新创业教育，由校领导统一规划和决策；另一些学校则由教务处、团委和学生处共同负责。这种模式的多样性和复杂性使得管理规范难以统一，缺乏教育行政部门的统一标准和规范。结果是，管理者和教师对创新创业

教育的认知存在差异，从而影响了教育质量和效果。

第四节　深化大学生创新创业教育校企合作的逻辑进路与保障机制

一、深化大学生创新创业教育校企合作的逻辑进路

（一）建构基于产教融合的创新创业教育共同体

1. 高校创新创业教育共同体的价值取向

（1）育人主体："单一"转向"多元"。创新创业教育需要应对目标和面向对象的多样性，并且具有学科边界模糊的特点。为了有效实施创新创业教育，必须开放育人路径，推进多元化的育人主体。通过系统理论分析，创新创业教育被视为一个高度协调和综合的开放生态系统。地方高校应整合教学和科研资源，通过政策、资金和技术的协同推进，打破传统的单一育人理念，转向多元主体的协同育人。这种转变有助于释放创新创业的活力，促进正规与非正规教育的有机结合，培养适应经济社会发展需求的人才。

（2）教育行动："理论"转向"实践"。产教融合要求教育和产业形成弹性调整的新系统，创新创业教育也需要将理论学习与实践探索有机结合。高校应建立以实践为导向的培养体系，强调学生从理论向实践的转变，培养他们的创新创业能力，而不是仅仅灌输理论知识。学生应通过实际操作发现和解决问题，逐步培养钻研精神，在技术研究和工艺改造中不仅能继承传统，还能融入创意。

2. 高校创新创业教育共同体的核心内容

（1）彰显内在诉求：构建基于产业需求导向的教学共同体。具体措施包括：一是将创新创业课程与专业课程融合，使教育更加贴近实际需求；二是建立学校与企业之间的教育路径，分阶段施教，并对毕业生进行创新创业培训；三是构建创新

创业教育生态圈，推动其持续运行。在教育形态上，从"情境"创设转向"实训"指导，寻找市场优质项目；在教育评价上，建立实践导向的全面评价体系，关注创新创业理论与实践的融合，培养学生的创新意识和创业能力。

（2）促进成果转化：构建基于校企合作的"研—训—创"共同体。实施创新创业教育需要多个学科的共同努力和多个主体的参与，以提供学生更全面、更具实践价值的知识和技能。在构建"研—训—创"共同体时，明确企业在教育中的角色和责任，吸收其智慧和资源，提升人才的创新意识和实践能力；拓展校企合作途径，消除障碍，最大化其资源和价值；鼓励企业入驻校园，提供实践机会，实现校企共赢。

（3）强化互动共赢：构建基于政企校联动的发展共同体。地方高校的持续发展需要区域内各方的支持，包括政策支持和资源支持。政府、企业和学校三方的深入合作，可以形成强大的联动效应。政府应进行制度创新，建立支持创新创业的政策和文化氛围，激励学生参与创新创业活动。企业在发展共同体中能够促进技术创新和知识应用，这使得知识和技术成为创新创业教育的重要素材。

3. 高校创新创业教育共同体的保障机制

（1）完善执行机制。设立中央、地方和学校三级产教融合管理组织对于弥补创新创业教育机会的不足，保障教育共同体的高效运转，以及提高教育质量具有重要意义。教育部可成立国家级管理机构，从宏观角度调控产教融合进程，引导行业企业融入教育规范的制定与政策的推行。地方政府负责实施产教融合政策，推动地方高校创新创业教育的发展。地方高校层面的管理组织则专注于具体的执行与操作。这种多层级的管理模式不仅促进了教育与产业的深度融合，还为创新创业教育注入了新的活力，使其在规范化、系统化的管理框架下蓬勃发展，为社会创新发展提供源源不断的动力。

（2）创新评价机制。首先，应从意识培养入手，通过评价选拔突出意识培养的科研活动。其次，建立科研资源与人才互动效果考核机制，确保学生获得适合自身的科研资源，并且为创新项目提供人力资源支持。最后，完善人才培养评价机制，避免功利化，促进理论知识与实践技能的有效迁移。

（3）设计进退机制。进退机制设计的核心是如何在信息不对称和分散的条件下构建激励相容的机制，以实现资源的有效配置。在构建创新创业教育共同体时，明确目标是首要任务。必须深入考虑地方高校的育人宗旨、企业的经济利益追求，以及经济社会的稳定与发展等要素。在设计共同体的进退机制时，应紧跟市场脉搏，激励共同体依据市场需求规划和实施创新创业教育活动。例如，引导开展紧密贴合市场趋势的研究项目，或调整教育方向，使之与产业结构转型步伐相一致。还应积极推动创新技术的生产方式，为创新创业教育构建一个稳健且可持续的发展平台。

（二）建设创新创业"共生型"校企合作人才培养模式

1. 理论逻辑

在构建创新创业"共生型"校企合作人才培养模式时，环境与技术支持是不可或缺的基石。一个优质的创业环境，辅以强有力的技术支持，能够为师生提供理想的土壤，促使他们在实践中不断深耕，激发创新潜力。当创业政策如春风般和煦，教育资源如细雨般滋润时，师生们便能够在共同的创新创业实践中，磨砺理论之剑，砥砺实践之盾，推动项目不断向前发展。值得一提的是，得益于"互联网+"的强大推动力，师生们的创新创业得到了前所未有的便利而广阔的发展空间。网络经济平台的兴起降低了创业门槛，让更多人有机会展示才华。云平台的应用巧妙地实现了碎片化分工的优势，使每一个参与者在专业领域内发挥作用。共享经济模式则分担了风险，使创业之路不再那么艰险。

然而，创新创业的旅程并非一帆风顺，要想持续发展必须注重双方合作的可持续性。在这种"共生型"模式下，高校教师与学生的专业资源优势得到充分发挥。他们长期积累的理论与技能创新能力，以及不容忽视的成本优势，共同提升了企业市场竞争力，为其带来了长期盈利能力。企业在优势互补、校企互利共生的模式下，其发展更加依赖于这一合作平台。这不仅确保了合作的持久性，还在无形中降低了传统校企合作的管理成本。由师生共同创办的独立法人企业，相较传统校企合作企业，展现了更强的创新特色。互联网技术，如云平台的运用，巧妙地集中利用了实习实训学生的碎片化劳动时间，展现了很大的成本优势。企业的盈利与学生的创新和实践能力紧密相连，这一设计有效解决了传统校企合作中目标多元化的问题。

2. 实践策略

（1）政策保障体系建设是实践的关键前提。为了保障师生共创企业的利益并激发其积极性，高校必须建立完善的制度体系。其中，精心设计的许可与奖励政策尤为重要。高校应推动政策创新，鼓励师生积极参与创新创业，孵化与专业紧密相关的独立法人企业。这不仅有助于实践教学与课堂讲授的有机衔接，还能实现实践成果与科研成果的互认。在制度的支持下，师生的创新创业之旅将更加顺畅，高效地产出科研成果，并反哺课堂教学，形成良性循环。

（2）现代技术与场地的资源支持是实施的必要条件

尽管创新创业之路充满挑战，但是师生共创企业在培训和政策扶持下仍然要前进。这时，高校必须提供全面的支持，包括技术、场地和资金等。通过利润分成或租金回馈，为创业者提供实际支持。高校可以整合强大的师资库，为初创企业提供宝贵的智力支持；利用现代教育与实训中心的先进技术，帮助创业者攻克技术难关；建立创业园区，不仅提供物理空间，还要搭建交流合作的平台；风投平台的筹建能有效分担创新创业的经济风险。

（3）过程监督和考评机制完善是实施的重要保障。为了成功实施创新创业共生型校企合作模式，必须建立有效的过程监督和评估机制。否则，师生共创企业可能会在追求短期盈利时失去长期发展的动力。监督和评估机制应包括以下三方面：一是事前检查师生共创企业的指导资质、实习机会数量和实战演练计划；二是事中监督企业是否有效整合学生实习任务并记录指导工作量；三是事后评估校企合作模式对学生实践能力的提升效果，特别是考虑第三方评价的重要性。

（4）科研、教学及实践三者相互协调和促进是实施的根本动力。校企合作如果各自目标相悖，就会导致高昂的协调成本，从而威胁到项目的持续发展。而师生共同参与的创新创业活动可以巧妙地将科研探索、教学育人与实践应用三者融为一体。科研实力的增强，为企业指明了发展路径，带来了技术；教学质量的提升，使在校生的实习培训更高效，从而降低了企业的运营成本。深入的实践活动不仅提升了企业的盈利能力，也是对科研与教学成果的实战检验，以确保企业的长久生存与蓬勃发展。因此，创新创业共生型校企合作应注重科研成果的市场转化，实施实战教学，通过科研奖励共担研发成本和风险，实现科研、教学和实践的有机互动，提升高校实践教学水平。

（三）构建跨部门、层级、校内外协同的创新创业教育工作体系

1. 高校创新创业教育体系整体性治理逻辑

随着社会的进步和信息技术的发展，传统的专业分工和科层制管理模式暴露出诸多不足，例如，治理的复杂性、跨界协作困难，以及公众服务响应能力不足。1997 年，英国学者佩里·希克斯提出的"整体性治理"理论，通过内部部门协作、组织间跨界合作、层级间目标一致，以及公众服务供给四个维度，成功实现了治理目标。这一理论在全球范围内得到了应用，并为国内学者研究跨层级和职能部门协作提供了理论支持。整体性治理理论与高校创新创业教育体系构建高度契合。首先，该理论支持高校建立全面的政策制度体系，整合资源并协调各方主体，从而构建良好的教育生态系统。其次，创新创业教育涉及国家战略和社会发展，体现了整体性治理的公共性理念。最后，高校需与政府和企业等深度合作，而整体性治理理论中的"跨组织"观点为此提供了理论支撑。

2. 高校创新创业教育体系整体性治理路径

（1）构建跨部门横向功能整合机制。

第一，建立高校创新创业教育的功能性政策体系，覆盖整个人才培养过程，重点关注认知训练、实践锻炼、项目孵化和市场实战四个环节。在认知训练方面，设立学籍管理、课程体系和社团管理制度；在实践锻炼方面，规定第二课堂活动和竞赛管理制度；在项目孵化方面，明确孵化管理办法和创业团队支持制度；在市场实战方面，设立科技成果转化和知识产权管理制度。并且建立组织管理、绩效考核、监督、专项基金和师资队伍建设等保障机制。

第二，建立高校创新创业教育政策运行机制，其中信任机制至关重要，旨在增强部门间合作的安全感，减少摩擦和进行沟通交流。推动建立合作伙伴关系和专门机构协调工作，确保长期有效合作，并提供整体性服务。建立协调机制，搭建有效的沟通平台，促进校内外各部门互动。共享机制也是关键因素，用于应对利益分配问题，避免出现利益分歧现象。监督机制则监督各个环节，确保其正常运行。

第三，建立大学生创新创业教育信息共享平台，利用大数据技术优化工作流程，解决信息孤岛问题。一是构建分布式数据库，通过宽带技术连接各类数据库，形成统一的大数据库，解决信息碎片化与整体存储的矛盾。二是依托云计算等技术构建高时效性的服务平台，一方面实现更好的信息共享；另一方面降低协同成本，提高服务智能化和效率。

（2）构建跨部门纵向整合机制。在学校层面，必须设立一个高效的创新创业教育领导小组，由校领导及各部门负责人组成，负责进行创新创业教育的总体规划，并在实施过程中攻坚克难，为全校的创新创业教育提供坚实的组织保障。在二级学院层面，需设立精细化的工作小组，由院领导、资深创新创业导师及辅导员组成。他们将根据本院特色，制定更专业的实施方案，推动创新创业教育与专业教学的深度融合，培养既懂专业又具备创新创业能力的复合型人才。建立平等的协商对话机制也是不可缺少的。通过推动校务公开，加强权威政策的发布与解读，促进师生与学校之间的平等沟通，形成开放且互动的交流平台，不仅加速信息传播，还能形成有效的舆论监督，支持各级单位之间的深入交流。

（3）构建政校企合作的深度跨界整合机制。

第一，建立跨界联动的组织体系。该体系包括两个层次：一是负责领导和决策的创新创业教育委员会，政府和高校共同推动政策落实，解决产学研合作中的问题；二是成立校企合作理事会，由高校和企业领导组成，推进创业园区、创客空间、技术转让等实践平台，共同开展教学和实验室建设。校企还应协同融合组织目标和文化，促进战略对接和共同文化建设。

第二，构建兼容匹配的制度体系。该体系包括三个层面：一是国家层面致力于完善法律规章，为校企合作中的各项事务提供法律支持，明确合作目标、形式、各方权责和法律责任，推动产教融合。在保障措施方面，设立专门的管理机构，优化财税政策，支持企业参与教育创新和教师实践。二是地方层面应将高校创新创业教育纳入本地战略规划，并根据实际情况出台适宜政策。三是学校层面应处理好实践活动与课程教学的关系，推进校企平台共建与管理，促进科研与人才培养对接，完善人事管理制度，并从企业中引入具有创业型特征的管理人才。

第三，建立利益共享机制。构建利益共享机制需全面权衡政府推动创新经济的努力，企业对创新人才与科技成果的需求，以及高校对人才培养的期望，确保各方利益的均衡与最大化，实现共赢。明确各方责任与权利，确保资源投入合理合规；建立资源共享机制，优化资源使用效率；结合市场与政策，推进校企共建实践平台，特别是在设施投资、活动开展、师资队伍、信息共享等方面激励企业参与；制定公平利益分配规则，按各方贡献合理分配收益。

3. 基于"三链共生"模型的校企协同创新创业教育体系构建（见图 4-5）

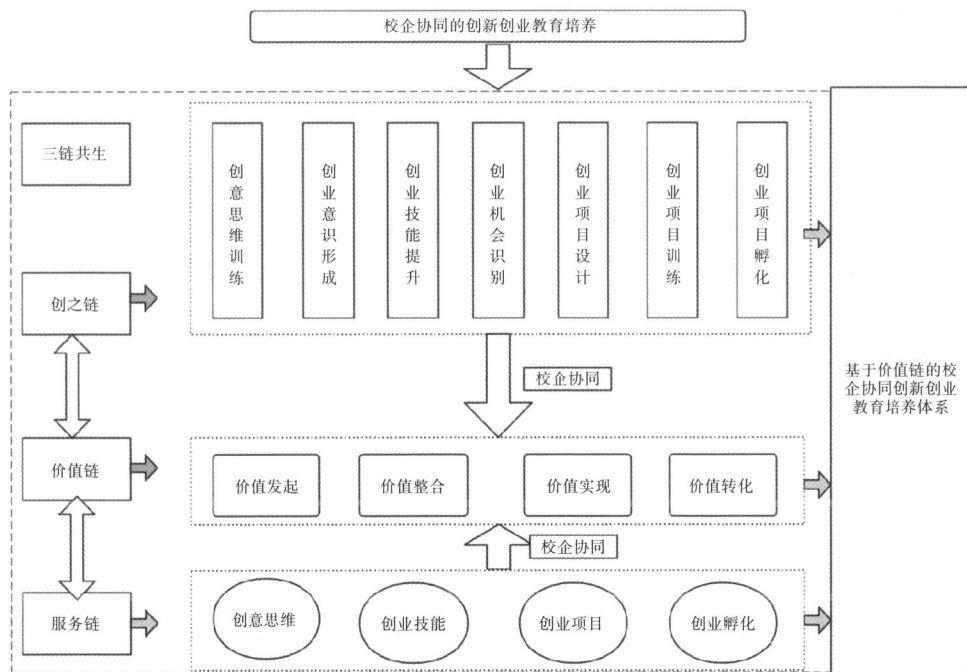

图 4-5　校企协同创新创业教育培养思路和实施路线

（1）构建校企协同创新创业教育教学体系——创之链。校内资源，如实验设备和优秀导师，是高校的宝贵资产；企业提供项目资料、实习机会和任务定制，这些共同作用可以有效提升学生的创新能力和促进项目孵化。这一过程被称为"创之链"，包括四个关键环节：创意启发、创意形成、认知能力构筑和项目落实。目前的教育模式虽然在产学研结合和全程化教育设计上取得了一定成效，为学生提供了丰富的创业课程，但课程间的逻辑关系和衔接仍然不够明确，这影响了教育的连贯性和深度。为提升学生的实践能力并有效检验教育效果，必须加强各环节之间的流畅转换和有机链接，从而构建一个更系统、科学的创业教育体系。

（2）构建校企协同创新创业教育服务体系——服务链。校企协同创新创业教育的成功实施，依赖于构建完善的服务体系，其中包括创意思维、创业技能、创业项目和创业孵化四项核心服务。创意思维服务作为体系的基石，通过行业实践深度交流和创业课程启迪，有效激发学生的创新思维。引入 TRIZ 理论和设计思考等先进方法，可以拓展学生的思维视野。创业技能服务针对互联网和人工智能等领域，提供技术培训和支持。创业项目服务帮助学生将创意升级为项目，通过举办创业大赛和提供专业建议，推动项目的实际应用。创业孵化服务则从商业计划书编写到项目落地提供全方位支持，包括创业工坊和训练场所。这些服务环节共同支持校企协同创新创业教育的全面发展，优化学生能力和项目实施过程，确保资源共享和能力提升。

（3）构建校企协同创新创业教育服务体系——价值链。当前的校企合作中存在"面和心不和"的现象，高校的热情往往与企业的冷淡形成对比。虽然高校从合作中能迅速受益（如提高学生就业率），但企业需要更长的时间才能看到回报。学生管理、安全和薪酬等问题也限制了企业的参与意愿，而学生的自我定位和心理承受力不足增加了企业的顾虑。这种局面阻碍了校企合作的深度和广度，使合作局限于表面的课程设计和人员交流。校企协同创新创业教育模式应突破这些困局，实现校企双方的真正联合。例如，课程设计不仅要关注知识和技能的融入，还要渗透思想和意识，以帮助学生实现价值转化和孵化。该模式强调高校与企业的深度参与和融合，促使双方共同挖掘和发现价值，从而确保模式的可持续性和循环效应。

二、深化大学生创新创业教育校企合作的保障机制

（一）拓宽渠道，加大创新创业教育资源保障

1. 汇聚智力资源：校企合力开发复合型课程体系

（1）复合性课程体系为"双创"教育融入专业教育提供最佳课程载体。当前，高职院校中的"双创"教育与专业教育之间的关联不够紧密，主要原因是课程的脱节和分离，使得融合与渗透不足。虽然"双创"教育旨在培养创新精神和创业能力，但缺乏专业基础和技术技能的支持。这种分离不仅使"双创"教育浮于表面且效果不明显，也未能推动专业建设和技术技能的更新，无法满足现代产业对新技术和创新能力的需求。高职院校"双创"教育应以提升学生综合素质为目标，其中创新创业素质应作为核心。为有效避免教育成为"无源之水、无本之木"，必须将其根植于专业教育中，培养学生运用新技术、新技能进行创新创业。重构专业课程体系，将"双创"课程有机融入专业主干课程，建立起专业与"双创"复合的课程体系，是解决高职院校"双创"教育与专业教育脱节问题的关键。然而，"双创"教育与专业教育的融合复杂且需分步推进，需要行业的深度参与。高职院校应与行业精英合作，共同解决这些挑战。

（2）培养新型技术技能人才迫切需要校企合力开发复合型课程体系。随着新技术革命的加速，社会对传统蓝领工人的需求逐渐减少，而具备工匠精神和创新创业能力的新型技术技能人才越来越重要。他们不仅熟练掌握新技术，还能在实践中改进工艺，推动生产流程的再造，为企业注入新技术、新产品、新模式的活力，成为推动行业发展的主要力量。为了满足社会对新型技术技能人才的需求，高职院校正致力于构建高度集成的复合型课程体系。这一体系旨在为学生打下坚

实的专业基础，并且培养他们的创新创业能力，以促进高质量的就业与创业。不同于综合性大学，高职院校具有鲜明的行业特色且与行业的联系紧密。它们与龙头企业及行业组织保持紧密合作，这种合作不仅体现在共建"校中厂"等实践平台上，还深入订单式教育、现代学徒制等技术技能人才培养模式中。企业不但为学校提供生产实践的舞台，还弥补了学校教师在实践经验和产业发展了解方面的不足。学校与企业的共同努力使得课程体系更加贴合行业发展的实际需求，从源头上提升了新型技术技能人才的培养质量。

（3）校企合力开发复合型课程体系亟须汇聚多方智力资源。在构建高度集成的复合课程体系过程中，集结产教精英，组建高水平的课程开发团队是重要的步骤。以高职院校的主干专业或专业集群为基础，可以共同成立课程体系建设委员会，广纳贤才，聘请资深高校教师、政府政策制定者、行业协会专家，以及企业技术管理人员，共同为课程体系的构建出谋划策。课程体系的开发需精心组织，周密部署。各团队应深入剖析高职学生的成长规律，结合产业发展的实际需求，进行科学合理的分工。在此基础上，制定专业人才培养方案，设计将创新创业教育与专业教育有机融合的课程，确保课程体系既符合教育规律，又贴近行业前沿。积极引入新技术和企业管理元素，使课程内容更加丰富多彩，保持与时俱进。重视教材的编写，开发在线课程，为学生提供更加便捷的学习途径。为确保课程内容的时效性和前瞻性，应定期审查和更新课程内容，以保持课程体系的活力。科学的激励机制是调动各方积极性的关键因素。课程开发人员应根据实际贡献获得相应的报酬和荣誉，以激发他们的工作热情和创新精神。产业精英应优先担任兼职教师，提升社会地位，增强与高职院校的紧密联系。学校和企业应共同分享课程成果，这不仅肯定了双方的合作成果，也进一步巩固和深化了校企合作关系。

2. 整合经营资源：校企共同打造综合性实践平台

（1）综合性实践平台是解决高职院校"双创"教育优质实践基地缺乏问题的理性选择。在高职院校的创新创业教育中，虽然已有创业园、创业街、创客中心等"双创"基地,但其规模和影响力仍显不足。经过筛选,真正能在孵化和实战层面发挥明显作用的项目寥寥无几。此外,这些基地与区域经济增长点的对接不紧密,导致入驻项目之间缺乏必要的关联性,难以形成有效的产业链。为解决这些问题,高职院校应紧密结合新型技术技能人才培养的需求,携手共建生产型实训基地。这些基地应营造浓厚的经营氛围和鲜明的企业文化,将学生的"双创"实践活动巧妙地融入其中。通过构建一个集生产经营、教育教学、创新创业等多功能于一体的综合性实践平台,高职院校将为学生提供更加贴近实战的学习环境。在这样的实践平台上,学生不仅能参与企业的日常运营,感受市场脉动,还能在教师的指导下,将理论知识与实践操作紧密结合,从而在"双创"道路上走得更稳、更远。这种生产型实训基地的建立,也为高职院校培养新型技术技能人才提供了有力支持,为区域经济的持续增长注入了新的活力。

(2)综合性实践平台为培养新型技术技能人才营造一流实践环境。产业与教育虽然是不同领域,但由于共同致力于提升人才培养质量,它们得以紧密相连。高职教育与产业的深度融合是这一时代背景下的产物。这种融合在校企共建生产型实训基地,以及实施"双主体"协同育人等方面尤为突出。然而,在当前实践中,"双创"实践基地的建设及学生"双创"能力的培养相对薄弱。这一问题影响了高职院校在校企合作中的主动地位,也与校企双方共同培养新型技术技能人才的初衷背道而驰。因此,加强"双创"实践基地建设,提升学生的"双创"能力,应成为高职教育与产业深度融合的重要方向。只有这样,才能真正实现产业与教育的有机结合,共同培养出符合时代需求的新型技术技能人才。

(3)校企共同打造综合性实践平台需要整合产教优质资源。在构建综合性实践平台时,需考虑其投入大、功能多和管理难度高的特点。校企双方必须准确把握共建、共管、共享的要点,将人才培养确立为核心功能。平台中的技术开发和合作企业应围绕新型技术人才的需求开展活动,以确保实践教学项目与经济活动紧密结合。

为了提升管理效率，平台应进行精细分区，如企业专营区、产教一体化专区和学生"双创"专区，实施统分结合的双层管理。这种方式既能明确责任，又能促进区域间的有效衔接与协同，提高整体运行效率。

保持责权利一致性是平台持续健康发展的重点。企业应通过服务购买为人才培养支付费用，认可教师的兼职贡献；学校应支付企业人员参与教学的报酬，确保对双方贡献的公正回报。

3. 集聚人才资源：校企联合组建互补型教学团队

高职院校的师资队伍在提升学生创新创业素质方面有着关键作用。然而，目前大部分教师缺乏实际的创新创业经验，传统的理论教学已经难以满足学生的实际需求。为此，学校正在采取一系列措施，提升教师的创新创业教育能力。这些措施包括通过内部培训和外部引进来增强教师的"双创"教育能力，并引入产业界精英作为兼职教师，从而构建一个结构合理、优势互补的教学团队。通过这些举措，学校旨在建立一支高水平的师资力量，适应新技术技能的培养需求，并推动高度集成的复合型课程体系及融合型教学的实施。

4. 凝聚多方力量：校企牵头组建协同育人共同体

深化产教融合是一项涉及多个方面的复杂系统工程，它要求校企之间建立紧密的共同体，并通过科学的激励机制，吸引更多行业协会和企业积极参与。在这个过程中，强大的组织和制度保障尤为重要，这有助于提高资源整合的效率，确保各环节工作的有序推进。对于高职院校来说，构建有效的校内激励机制是深化产教融合的关键点。通过改革绩效工资制度和调整科研评价标准，能够充分认可指导学生进行创新创业实践的教学工作量，同时将课程开发、教材编写及获奖成果视为重要的科研成果。为进一步激发学生的学习动力并挖掘其潜能，高职院校还应设立专门的创新创业奖学金，建立灵活的学分积累与转换制度，并实施针对性的拔尖人才培养计划，以有效孵化学生的创新创业项目。

（二）完善机制，提高创新创业教育条件保障

1. 多主体的协商交流机制

高校、政府和企业三方需要建立常态化的协商与交流机制，以弥合利益分歧并实现协同效应。高校的任务是培养高素质人才，政府致力于促进就业和创新型国家建设，企业则专注于制造高质量产品以满足消费者需求。三方的利益交汇点明确，为合作奠定了基础。然而，利益差异也存在以下情况：政府关注公共利益，高校需对多方负责，企业追求利润最大化。为避免矛盾和解决"搭便车"问题，三方必须在平等信任的基础上进行充分的协商与交流，从而实现有效的协同合作。

2. 全方位的资源共享机制

资源共享的高效性直接影响资源的利用效率。因此，在创新创业教育中，应建立一个全方位的资源共享机制。除了促进资源的顺畅流动，还能获得全社会的支持，从而保证教育绩效。构建资源共享机制需要两个方面：一是建立实体或虚拟的共享平台，集成各种创新创业资源，确保资源的数量和质量；二是健全便捷的共享服务通道，实现资源供需的无缝衔接，避免资源的重复购买和闲置，形成全国范围的共享网络。

3. 系统化的协同育人机制

建立系统化的协同育人机制只有各方共同努力，才能获得更好的育人效果，从而实现互利共赢。在培养流程中，各方都可以参与各阶段的任务，各司其职，解决高校毕业生结构性失业问题。企业可以轻松招聘紧缺型人才，并创建创新人才储备库；政府可以及时获取人力资源，推动产业结构升级；高校可以实现人才培养功能，避免与经济社会发展脱节。系统化的多主体协同育人机制要求政府、高校和企业在多个方面达成共同认知，如坚持相同的理念、认可相同的模式并向共同的目标进发。

4. 多形式的平台保障机制

通过"政企校"合作，打造共享型专业创新实训平台、开放型创新创业实践

平台和应用型创新创业研学平台，为学生的综合素养提升和创新创业能力培养提供支持。

共享型专业创新实训平台：结合职业技能证书，设计创业培训课程，利用校内实训基地和企业共建技术研发平台，为师生提供真实的工作环境，培养市场思维和创新意识。开放型创新创业实践平台：整合资源，依托众创空间和创业园，为学生提供工作、网络、社交和资源共享空间。推出创客文化和服务，鼓励发明创造和技术创新，建立具有专业特色的创业苗圃和教师工作室，支持优秀学生的创业实践。应用型创新创业研学平台：支持区域企业的技术研发、文化传承和创新创业理论研究，重点研究创新创业教育课程、政策和实践，为培养工匠型创新创业人才提供有力支撑。

（三）加强合作，增强创新创业教育社会保障

1. 政府层面：持续优化产教融合发展环境

企业生产遵循市场规律，学校教育遵循教育规律，二者的融合要求相互学习与适应。政府应持续优化产教融合的环境，包括以下两个方面：一是产教融合建设。通过推动产教融合型城市、行业和企业的建设，利用"金融＋财政＋土地＋信用"的激励机制，建立示范学院和专业，以提升产教融合的深度和广度；二是改革推进。加快"放管服"改革，推动职业教育的多元化发展，吸引社会和企业资本的参与，深化产教融合。协调政府、行业、高职院校和企业的利益诉求，建立有效的联动机制，细化政策，解决国家宏观政策落地的问题，激发各方参与的积极性。

2. 学校层面：高职院校要与区域经济社会协同发展

高等职业教育与区域经济社会之间的关系是相辅相成且相互制约的。高职院校通过提供高素质技术人才，为区域经济转型升级注入活力。具体措施有两个：一是深度融合。通过引企入校，提升学生的职业技能和岗位认知，满足企业需求，

增强企业的技术和管理水平。区域经济水平和产业结构将直接影响高职教育的投入和专业设置。经济发展决定教育投入，而产业结构影响专业选择，学生和家长对"热门"专业的关注度更高。二是实质合作。高等职业院校与区域经济的协同不能只停留在表面，而应从具体事务上深入研究和合作。这包括解决企业技术难题，满足高素质人才的需求，成为区域发展的引擎。推进校企合作，紧密对接产业链人才需求，吸收企业文化和技术元素，以实现有效的产教融合。

3.企业层面：深化企业与学校共同培养高素质技术技能人才的融合度

在产教融合中，企业作为人才的需求者和培育者，应发挥主导作用。企业与教育机构的深度合作可以通过两种方式推进。一是企业可以通过办学、参与混合所有制、现代学徒制等方式，深度融入职业教育体系，提升职业教育的质量和针对性。通过与教育机构合作，企业不仅满足了自身的人才需求，还能推动职业教育的发展。二是促进高质量就业。产教深度融合有助于解决高职教育定位不清晰的问题，为我国从"制造"向"创造"的转型提供支持。政府、职业院校和企业须共同努力，推进产教融合，打造符合中国特色的高等职业教育发展模式。

（四）健全生态系统，创新创业教育运行保障

1.政企校多维主体协同推进创新创业目标体系建设

在宏观层面，教育行政部门通过政策引导和考核提升应用型本科高校的创新创业教育质量，使高校在人才培养、课程建设和教学环境上不断突破，构建活力教育生态系统。

在中观层面，校企合作和产教融合是不容忽视的。高校应引入企业真实项目，改革课程体系，深度参与教育过程，为学生提供先进的学习空间和实践机会，以应对新技术和产业的快速变化。

在微观层面，创新创业教育需激发学生的自主性和创造性，而且教师应营造

支持学生发展的环境，让学生在宽松的氛围中充分发挥创造力。

2.构建"产业牵引"的"双创"成果转化支持系统

在推动创新创业的过程中，与地方政府、校友企业及投资机构的紧密合作很重要。这种合作既为创业者提供了广阔的舞台，也为科技成果的孵化与转化注入了强大的动力。然而，目前我国在技术转移服务机构方面仍存在不足，管理专利申请、许可及技术转移等事务的专业性亟待提升。我国必须大力支持高校和科研院所，在创新创业和科技成果转化方面探索新路。具体措施包括：改革职务科技成果的所有权或长期使用权制度，简化科技成果转化的决策流程，并建立高水平的技术转移机构。高校应积极与科技部门、产学研基地，以及校友企业、创投机构携手，共同整合资源，打造一流的实训平台。

3.创新高校与企业合作模式

（1）实践基地建设。高校与企业共建实践基地，为学生提供实习和实践机会，使他们能够在真实的工作环境中提升技能，深化理论与实践，为职业生涯奠定基础。

（2）产学研合作。共同开展科研项目和创新活动，推动高校与企业的深度融合，提高科研成果转化率，并为学生提供学术与实践相结合的成长机会。

（3）课程设计与开发。高校与企业合作开发与数字经济相关的课程，通过实际案例与实战经验，帮助学生适应行业需求，提升专业素养和实战能力。

（4）导师制度。企业导师提供个性化指导和职业规划建议，帮助学生明确方向，优化职业准备过程。

（5）创业支持与孵化基地。为有创业意愿的学生提供培训、资源对接和项目孵化支持，让他们实现创业梦想。

（6）职业展示与就业推广。举办展示和就业活动，增加学生的就业机会，拓宽未来的职业发展道路。

第五章 大学生创新创业教育资源建设

第一节 大学生创新创业教育资源开发存在的问题

一、地方院校创新创业教育资源开发的困境

（一）缺乏精准的实践支撑

地方工科院校在创新创业教育中，虽然注重培养学生的创新意识、批判性思维和实践能力，但在实践支撑方面面临挑战。这些院校的教育模式往往偏重理论，对实践指导的关注不足。尽管创业教育旨在为学生提供理论基础并促进其创新与应用能力的提升，但师资数量不足、实践指导能力有限及社会经验缺乏，致使教育过程中实践环节薄弱，很难有效支撑学生的创新创业实践。

（二）缺乏充足的资金支撑

新工科教育强调培养具有创新能力和扎实技术的高素质人才。地方工科院校在推动新工科建设时，需结合自身实际制定科学目标。然而，科研和技术开发需要大量资金支持，仅依靠政府和学校的资金常常无法满足项目需求。因此，拓展社会资源成为必要之举。通过充分利用校友资源，增加捐赠意愿，可以为创新创业教育提供稳定的资金支持，减轻项目启动时的资金压力。不过，地方工科院校在吸引校友投资方面存在困难，这就制约了创新创业教育的进一步发展。

（三）缺乏长期的孵化支撑

在新工科时代背景下，地方工科院校的创新创业教育不仅要关注科研创新，还应注重多学科交融与社会服务。但是，科研成果从实验室转化到市场通常需要较长的周期。学生即使有创新梦想，也常因缺乏市场前瞻和实战经验而面临困难。行业导师的指导对于项目成功是重要条件，但许多资源有限的地方院校在孵化支持方面显得力不从心，导致一些有潜力的项目没有实现应有的价值。

（四）缺乏系统性的校内外资源协同

在高校的社会网络中，校友是重要的外部资源，能够连接高校与社会，为政府、校友企业和创新创业公益基金等合作提供保障。然而，目前许多高校在校友资源的开发和利用方面仍显单调和浅显。这些高校没有深入挖掘和有效利用校友资源和他们所构建的社会网络，使得校内外资源的协调与整合效果不佳。要突破这一瓶颈，高校需以更开阔的视野审视和利用校友资源，发挥其潜在价值，从而推动创新创业教育蓬勃发展。

二、民族地区创新创业教育资源开发的现状

（一）师资水平较低

在民族地区的高校，创新创业教育的师资水平普遍较低，部分教师的专业培训不足，导致师资队伍短缺等问题。这直接影响了学生的辅导效果和问题解决效率。目前，许多创新创业教师主要来自思政或企业管理领域，缺乏必要的专业知识和实践经验。这种情况增加了学生在创业理论和实践资源开发方面的困难，制约了创新创业教育的质量和效果。

（二）创新创业课程体系不完善

民族地区的学校在创新创业课程体系方面存在明显不足。许多学校没有明确创新创业课程的培养目标，课程设置松散且缺乏统一性。创新创业教育与传统知识教学之间的隔阂比较突出，专业教学和创新教育各行其是。这种局面使得学生

无法全面发展其创新意识和实践能力。

（三）教学资源缺乏区域特色与针对性

中国各地经济特征和发展趋势不同，部分学校未能根据区域经济特点开发具有针对性的创新创业教育资源。普适性的教学模式使学生的创新创业方向与区域经济发展脱节，严重影响了他们的创业成果和创业意愿。区域经济特色的忽视致使教育资源无法有效支持学生的实际创业需求和发展潜力。

（四）高校未充分利用校友资源

民族地区的高校对校友资源的重视不足，未能充分挖掘校友在大学生创新创业教育中的关键作用。现有的校外实践机制缺乏系统性和完善性，使得校友在学生创新创业教育中的指导作用没有充分发挥。这种情况也使校友资源未能有效地支持学生的创新创业实践和发展。

第二节 优化大学生创新创业教育资源开发的对策建议

一、优化大学生创新创业教育资源开发的建议

（一）完善大学生创新创业教育资源机制

1.构建支持保障机制，拓展大学生创新创业教育资源的支持渠道

（1）政策资源保障机制。国家对大学生创新创业教育的重视度不断提升，多项指导政策的发布体现了这一点。自2015年国务院颁布《关于大力推进大众创业万众创新若干政策措施的意见》，创新创业已被提升至国家战略层面。各省政府积极响应，结合地方实际，制定了具体的实施细则，各市级政府也纷纷出台相关措施，形成政策合力。这些政策措施为创新创业提供了强有力的支持和精准的指导，有效推动了高校创新创业教育的蓬勃发展。

（2）资源支持渠道拓展机制。高等院校应拓展资源支持渠道，以保障资源的充足。这包括吸引政府、企业及其他社会机构和个人的参与。政府可以提供低息贷款、创业补贴等优惠政策；教育部门应推动创新创业计划，统一拨付项目经费；企业可与高校合作，共同支持创新项目；高校需关注并优化基金保障、师资配备等方面，为专利申请、论文发表等提供支持。

2. 构建品牌育成机制，加强大学生创新创业教育特色资源的开发利用

（1）挖掘特色资源优势，提升大学生的创新创业意识。高等院校应充分挖掘地方特色资源和育人精神，打造独特的品牌资源优势，以提升学生的创新创业能力。在创新创业理论教学中，高校应注重加强学生的理论基础，培养其"学而优则创"的意识。通过展示校友成功的创业案例，为学生树立榜样，激发他们的创新创业热情。高等院校还应将创新创业意识的培养融入日常教学，营造积极向上、鼓励创新的校园文化氛围，使学生在潜移默化中增强创新创业意识，为未来的创新创业奠定坚实的基础。

（2）依托地方行业资源优势，提升大学生的创新创业能力。通过校企合作与顶岗实习等多元实践模式，可以实现教育教学与行业需求的有效融合，全面提高学生的创新创业能力。打破传统的学科本位课程体系，通过项目合作让学生深入真实的工作场景，增强其职场竞争力。积极鼓励并支持学生探索新技术，不断提升他们的自主创新能力。

（3）整合平台资源优势，丰富大学生的创新创业实践体验。推进创新创业教育需要搭建多元化的平台。协作平台能够促进高校与政府及社会组织的紧密合作，为创新创业提供有力保障。竞技平台为学生提供了展示才华的机会，从国际到校内的各级别竞赛信息汇聚于此，激励学生积极参与，丰富他们的创新创业体验。孵化平台则利用院校的优势资源，创建创业街、创业学院和创业实践基地，为学生的创业项目提供全面的孵化与支持。

（二）拓展大学生创新创业教育资源开发渠道

1. 促进创新创业课程资源的统筹开发

创新创业知识具有跨学科特点和复杂性，教育课程应实现跨学科融合。高职创新创业学院在课程开发中，须将市场经济、管理、金融、会计、市场营销等深厚理论精心整合，结合学生的专业背景，引导学生创造出具有市场潜力的项目。在课程多样化开发方面，应广泛采纳校内外教师的宝贵意见，共同参与校本课程、共建课程、社会开放课程及网络共享课程的编纂。这不仅能夯实学生的理论基础，还能激发他们的创新思维，为未来的创新创业奠定基础。

2. 加强创新创业实践资源的共建共享

高职创新创业学院在培养创新创业人才时，应积极开发众创空间、科技园、实训基地及校企共建的实践基地，为学生提供多元化的实践机会，如观摩、实习、顶岗实践和创业训练。在建设这些实践资源时，必须遵循高端专业化原则，充分发挥学校在专业、人才和管理方面的优势，为学生提供场地、资金和智力上的全方位支持，从而提升创业项目的市场竞争力。校内的专业实训室应向符合条件的学生创客和创业团队开放，并与学校的创业园区、社区创业平台等有机联动。这样，创业教育区、孵化区、企业成长区，以及综合服务平台将共同构建，形成一个完整且高效的创新创业生态系统。

3. 推动地域资源与创新创业教育融合

（1）转变传统就业观念。地域资源的有效利用离不开学校的支持。学校应及时转变观念，深入理解融合教学的内涵，确立以学生发展为中心的理念，构建和谐的师生关系，推动教师角色的转变。教师应认识到非智力因素的重要性，关注人文教育与科学教育的协同，在促进学生个性发展和培养创新精神方面发挥积极作用。学校应通过制定以地域资源为载体的创新创业教育体系，让学生认清市场需求，树立正确的就业观，优化知识结构和综合素养，培养学生把握机遇和主动出击的意识。例如，通过专业培训，地理科学专业的学生可以从更广的视角思考就业方向，甚至自主创业。

（2）完善课程教学体系。学校应制订创新创业教育计划，完善融合教学体系，明确地域资源在提升教育成效中的作用，并开展具有地域特色的课程教学。在教材编写上，深入挖掘地域文化资源，编写贴近学生生活的校本教材。在教育目标上，结合区域人才需求，增加课程目标的适应性。在课程内容上，根据学生的发展和需求，将创新创业课程分为能力提升、创业启发、实践模拟和行业认知等类别，并增设地域文化选修课，以启蒙学生的创新和创业能力。

（3）加强教师队伍建设。为解决师资匮乏的问题，学校应加强教师团队建设，提升专业素质和能力，优化队伍结构，打造"双师型"教师队伍。学校应开展专业培训，邀请专家、学者和企业家举办讲座，提高教师的地域文化知识。学校还可与当地企业合作，提供实践锻炼机会，鼓励教师挂职锻炼，了解行业前沿，将先进的理念带回课堂。例如，地理科学专业教师可在一些部门挂职，通过实践体验，将创业理念传递给学生，使他们在择业和创业中做出更好的选择。

（4）创新课程教学模式。利用地域资源优势，为学生提供近距离的体验机会，并为实践教学提供新路径，如志愿服务和社会实践。教师可以带领学生参观地方文化遗址、开展调研，提升理论与实践的结合能力，推动创新创业教育的实施。结合线上线下教学，创新课程内容和形式，采用案例教学等多种模式，激发学生的创新创业热情。

（5）设计跨学科课程。在课程设计中，结合人文地理资源和创新创业理论，确定课程目标和内容，如地理环境对创业的影响、文化与市场的关系等。研究学生的文化背景和地域特征，设计跨学科课程，培养学生的跨学科思维能力，为未来的创业和职业发展打下坚实基础。

（6）开展实践项目导学。学校应鼓励学生参与有市场前景的挑战性项目，让学生在真实的商业环境中学习。邀请业界专家指导，提供资金、场地和设备支持。学生需定期向指导教师汇报进度，由教师评估和监督项目质量，及时发现问题并提供建议，确保学生有所收获。

（7）促进校企合作。高校应设立产学合作部门，与企业合作，帮助学生深入了解产业链和市场需求。实践教学需指导教师提供实时反馈，并引导学生与业界专家接触，了解行业动态和信息，为未来职业发展奠定基础。

4.驱动高校图书馆冗余资源开发

高校图书馆凭借其丰富的空间、资源及知识与信息服务的优势，充分发挥社会服务责任，尤其是为"双创"实践者提供了创新资源支持。在支持用户的"双创"实践中，高校图书馆扮演着知识资源集散地和指导者的角色，有利于降低了全社会创新创业的门槛，惠及更广泛的群体。

（1）对接"双创"实践的信息需求与冗余资源利用。高校图书馆的知识服务需紧密结合用户的创新创业实践。为此，必须深度融合用户在创新创业过程中的知识需求与图书馆丰富的信息资源。通过有效评估图书馆的冗余资源，与用户的实际需求进行精准对接，能够形成以用户为中心的服务模式。将图书馆的冗余资源转化为用户创新创业的产出，不仅依赖于资源本身的知识和特性，还取决于图书馆组织资源的能力。需要考虑内外部因素引导资源流向，并通过走访调研，了解用户的实际需求和行为动机。运用系统动力学原理，从用户"双创"实践的视角，识别社会需求并提供精准的知识服务，以优化资源利用效果。图书馆应将传统文献服务与面向"双创"实践的信息服务结合，深化对用户创新需求的理解，实现服务模式从被动到主动的转变，提升知识服务效果。

（2）开发人力资源冗余。"人"是知识的传递者和创新实践的推动者。高校图书馆需拥有高水平的复合型专业人才，并在培训方面投入资金和精力，以提升其服务能力。适度的冗余人力资源有助于提升服务效能，一旦过多则需通过竞争机制进行优化。面向"双创"实践，发展冗余人力资源可以有效提升服务质量，满足用户需求，实现馆员个人成长和社会服务的双赢。

（3）开发信息资源冗余。用户的"双创"实践通常是渐进式创新，高校图书馆在支持"双创"时需提供必要的信息资源。尽管高校图书馆信息资源丰富，但其使用率有待提升。为此，图书馆应寻找更多的合作伙伴，如科技公司、社会创客空间、政府机构等，通过合作有效地整合资源，为用户的创新创业提供有力支撑。图书馆应优化线上线下服务，提供"一站式"信息资源平台，为用户提供个性化、专业化的情报服务，促进产学研的结合。

（4）开发物质资源冗余。高校图书馆的物质资源冗余实际上为"双创"实践提供了宝贵的机会。精心利用这些空间，可以营造既温馨又舒适的创新创业氛围，优化资源配置，为学生提供一个思维碰撞与创意激荡的平台。图书馆应充分挖掘创客空间的优势，逐步改变传统静态阅读模式，举办主题沙龙、用户体验交流、公益讲坛、创业论坛和创新大赛等活动，鼓励用户互动共享，营造充满活力的氛围，吸引创新用户。在这种动态创客空间中，不同背景的用户可以通过交流和思想碰撞，实现知识转换和隐性知识的显性化，促进知识流动与价值输出。

5. 创新创业教育教学资源的开发

（1）创新创业教学资源的研究方法、研究思路和研究内容。为推动创新创业教育资源的整合与优化，应结合国际教育前沿理论，运用可视化技术来丰富和完善教学资源。主要包括四个方面：一是教师资源开发；二是课堂教学资源整合；三是教学实践资源开发；四是思想观念教育环境开发。这四个部分相互作用，确保教育资源的有效开发与利用，为学生提供全面支持。

（2）创新创业教育教学资源开发的课程体系建设。高校在规划创业教育课程时，应充分调动和整合所有相关教学资源，使其灵活融入教学实践中。课程体系的构建既要注重理论知识的传授，也要关注实践锻炼，确保理论与实践有机结合。在编排课程时，应平衡理论与实践课程的比例，使学生既能在知识的海洋中畅游，又能在实践的舞台上大展身手，从而实现全面发展和综合教育。课程设置应致力于推动创业教育、教学科研、创业能力及综合素质的均衡发展，特别要突出实践课程的重要性。因此，高校应搭建广泛的实践平台，使学生在接受系统的理论教育后，有足够的实践空间来检验所学，深化理解，提升能力。

（3）创新创业教育教学资源开发的师资团队建设。创新创业教育需要突破传统模式，迎接全新的教育时代。创业师资作为这一变革的先锋，其重要性不言而喻。他们的指导不但影响学生的创业道路，还对其人生观和价值观的塑造有深远影响。因此，打造一支卓越的创业师资队伍，对教学资源的深度挖掘与高效利用非常重要。这要求师资团队具备扎实的专业知识和拥有丰富的实践经验，更重要的是，他们应肩负起培养学生创业意识和企业家精神的重任。

（4）合理整合和开发创业教育教学资源。要充分利用高校的创业教学资源，关键是整合和提高资源的使用效率。文化、教学、实践等资源应得到充分整合，以营造有利于创业教育发展的氛围和高效实践平台。除了内部整合，还需跨校共享和开放数据，共同建设优质的教学资源。创新创业教育应注重理论与实践的结合，充分利用和深挖相关资源，并借助信息平台的优势提升资源利用效率。资金投入和师资力量的规划和把关也不可或缺，教师团队的专业实力和全面素质是宝贵的教学资源。

（5）学科教学资源的开发利用——以体育学科为例。

①发挥学科优势、专业特色，让创新创业教育常态化。高校应依托体育资源重塑体育学科，打通体育学科与其他学科的联系，特别是创业教育相关学科。体育专业的学生在假期有兼职的需求，学校可以利用这一需求，鼓励他们参与创新创业实践，强化专业学习并开展相关项目。借助丰富的专业知识和学校资源优势，他们能够不断提升能力，为创新教育和创业活动注入活力和激情。

②丰富实践内容、实践形式，提高创新创业教育实效。高校体育资源能够推动教育内容和形式的革新，激发学生参与创新教育和创业实践的热情。在教学中，教师应摒弃传统的理论传授模式，要将丰富的体育资源融入教育实践，创造出新颖的教学思路和模式。学校应灵活调整教学模式，考虑学生在体育课程中的表现，推动创新教育和创业实践活动的深入开展。

③利用教学场地资源，深化大学生创新教育、创业实践活动。高校拥有丰富的体育资源，如体育场地、设施和研学成果。将这些资源应用于大学生创新创业教育中，会极大地推动教育效果。例如，可承接培训班、赛事、校园招聘会和创业比赛等活动，提高体育馆的利用率，并为学生提供多样化的学习和实践机会。

④学科融合，以学生个性化关注加强创业指导。体育资源的有效利用可以支持学生的个性化发展。教师应根据学生的兴趣和性格特征，指导他们选择适合的运动项目，并建立个体体育发展档案。这些档案不仅为体育教学提供指导，也为其他学科如大学生创新教育和创业实践活动提供参考。通过关注学生个体，教师能够更好地指导创新创业教育，提升教育效果。

⑤精神驱动，体育精神培育提升学生创业素养。大学生在创新教育和创业实践中常常面临挑战和挫折。体育教育能够培养学生的体育精神，使他们拥有坚韧不拔的品格，并转化为应对创业挑战的积极力量。教师应将体育精神资源作为培养学生创业素养的基础，打造积极向上的体育文化，引导学生勇于面对挑战，提升他们

在创新教育和创业实践中的综合素养和心理品质。

6.创新创业教育硬件资源的开发

（1）利用社会各个渠道，为创新创业教育提供资金支持。大学生创业离不开资金支持。近年来，随着创新创业教育在高校中的普及，政府和各地出台了多项支持政策，例如，国家优惠金融贷款、小额贴息贷款，以及大学生创业专项基金。各高校积极配合，通过资助和引入社会资金等方式，支持学生的创新创业活动。各级政府通过税收减免等政策来扶持大学生的创新创业项目。

（2）建立创业教育实践基地，为学生提供实战场所和配套设施。创新创业教育的核心是实践基地的建设，它能提升学生的创新意识与能力，也能增强他们的市场开发和经营技能。建设这些教育基地需要政府的大力支持，如提供免费的校外创业园地；高校内部也应设立实验室、研究院所，并组织学生创业俱乐部和创业者校友会等。高校可以利用自身资源创办实体项目，供学生进行实战演练，以深入理解创业的实质。通过校企合作模式，高校还可以在企业内部设立学生创业见习和实习基地，并邀请成功的创业人士担任导师，为学生提供宝贵的指导和支持。

（3）组建创新创业教育机构，加强创新创业教育规划和管理。随着创新创业教育的规模扩大和深化，教学管理部门需要逐步建立专门的机构或将相关职责纳入教学部门。这些机构将负责系统研究、科学规划和有效组织管理，充分调动和整合学校资源。各学院可设立创新创业教育学院或研究室，并成立基金和促进会等组织，通过定期研究和决策规划，推动创新创业教育的发展。同时，还需进行全面的管理工作，以确保教育质量和效果评估。

（4）高校应建立创新创业信息资源库。建立创新创业信息资源库需要先进的硬件设施和前沿的传媒技术。通过计算机网络的强大功能，汇聚各方资料，为学生提供关于创业项目、资金支持、专业导师、丰富资源及政策动向等方面的信息咨询服务。此外，还需打造网络交流平台，促进创业学子与导师、成功创业者之间的深度互动。这不仅能够确保创新创业教育信息的实时更新，还能打破信息壁垒，避免沟通不畅导致的教育效果不佳。

（5）学生创业服务中心，为学生创业活动提供场所和系统的服务。校园创业服务体系已成为大学创业教育的重要组成部分。创业培训学院、科技创业中心和创业孵化器等机构不仅为学生的创业梦想提供支持，也为校外的小型企业输送养分。在初创阶段，这些服务通常是免费的，以减轻创业者的经济负担；随着服务的深化和扩展，也可能引入合理的收费模式。这些机构提供全面的服务平台，包括企业赞助联络、广告宣传、日常通信和打印等细致服务。它们还提供工商税收咨询、信贷协助、项目评估审批等专业支持，以及信息咨询、资产评估、财务顾问和产权交易等中介服务，为创业者打造一个无忧的创业环境。这些定制化服务有助于激发学生的创新创业激情，降低失败风险，提高创业成功率。

（6）营造良好的创新创业教育环境。创新创业教育需要政府、企业、社会团体、名人以及家长的广泛支持。高校应动员师生共同参与，营造一个尊重、支持、鼓励创业的氛围。在教学管理上，需出台鼓励政策，如设立科研成果兑换学分体系、专利激励机制等。政府还应推出税收优惠、创业融资、公司注册便利等政策，并建立专家咨询与技术指导体系，以帮助解决创业管理中的实际问题。

7. 创新创业教育软件资源的开发

（1）培养大学生的创新创业意识，对在校生进行系统的创新创业教育。现代高等教育正经历深刻变革，其核心理念正从单纯的知识传授向培养学生的创新思维和意识转变。入学之初，高校应通过精心设计的入学教育和专业思想教育，引导学生根据时代潮流与个人特质，绘制职业生涯蓝图，激发他们的创新创业潜力。高校需要顺应时代变化，更新教育观念，重构学科体系，并精心编撰创新创业课程教材。实践操作应成为连接理论与现实的桥梁，让创新创业精神渗透到每一节课程中。创新创业教育应贯穿于学生大学学习的全过程，以实现全面的能力培养。

（2）确定创新创业教育的培养目标。教育部应将创新创业教育融入国民教育体系中，针对不同教育层次（如研究生、本科及专科）制定明确的培养目标。高校需结合自身办学特色与专业特点，量身打造具有特色的创新创业教育目标，以促进学生的全面发展，激发其创新创业潜力，为国家创新发展注入活力。高校应鼓励学生自主开展各种创业活动，从提出创意到创办公司，确保每位学生具备创业意识，掌握创业知识，并亲身体验创业过程。

（3）构建以兴趣为导向的创新创业教育课程框架体系。在进行创新创业教育时，各高校应考虑自身办学方向和培养目标的差异，设计适合不同层次和特色的教育模式，并且保持基本模式的一致性。课程体系应灵活设计，涵盖创业知识、创业意识和技能的培养，以及创业模拟演练。课程内容应结合理论与实践，涵盖创业意识培养、专业知识（如创业管理、市场营销、财务管理等），以及实践操作（如创业见习、实习等）。高校应根据自身定位和培养目标，优化专业教学大纲，增设创新创业理论与实践课程，与专业课和文化课实现有机整合，从而系统地传授创业知识与技能。

（4）教育部或各高校尽快组织人员开发创新创业教育教材。教材编写应由两类专家联手完成：一类是具备丰富创新创业经验的知名学者，他们的理论知识和实践经验将为教材注入学术性与实用性；另一类是取得成就的企业家和管理精英，他们的实际案例和独到见解将使教材内容更贴近现实，更具指导性。教材编著应包括两个系列：一是针对经济管理类学子，重点涵盖创业基础知识及实践操作；二是针对其他专业背景的学生，除了基础和实践内容，还需融入与创业相关的专业知识，提供全面的知识储备和跨界融合思路。

（5）构建创新创业教育的师资队伍，培养具有创业精神的教师。高校应通过以下方式培养创新创业教师：一是通过企业家网络讲座、校内外专家讲座、企业实地体验等；二是参加政府、社会或企业举办的创新创业教育培训；三是制定激励措施，鼓励教师参与创业实践或培养有潜力的青年教师；四是聘请企业家、成功创业者、技术创新专家担任兼职或全职教师，提升师资的整体素质和实战经验。

（6）举办风格各异的创新创业活动，为学生提供施展创新能力的机会。高校应利用多样化的创业教育活动激发学生的创业激情。活动不仅可以包括科技作品竞赛、创业心得分享讲座、创业计划比拼、思想碰撞沙龙，以及设计类赛事（如电子设计、软件构思、网页设计、影视动画等）。这些活动能在校园内引起广泛关注，还能吸引外部参与，丰富学生的创新体验。通过这些活动，学生的竞争意识、创新意识和风险意识将得到全面提升，团队精神也将在其中成长。这些经历为他们未来的创业之路提供了宝贵的精神准备。

（7）创新教学方式与方法，注重能力培养。教学方法直接影响教育效果和质量。创新创业教育应转向开放式教学，采用互动教学、案例教学、实地考察和活动设计等方式，体验创业实践。应打破传统教学限制，注重社会实践与教学相结合，拓宽学生视野，培养创新思维。通过实际创业经验，培养学生的创新能力、市场拓展能力和管理技能，这些能力仅通过课堂或仿真情境模拟获得是不够的，而应在真实的创业实践中锻炼和培养，为未来创业奠定坚实基础。

（8）建立创新创业教育质量评价体系。为提升创新创业教育质量，各高校应建立综合评价体系：①评估课堂教学、教师效果和学生学习成果，结合学生和教师的反馈；②设立中期和终期评估机制，进行学生自评和教师反馈，以促进教学质量提升；③建立学生个人档案，跟踪创业和就业情况，利用管理系统和校友平台分析和优化教学效果，确保创新创业教育的质量和效果。

（三）构建创新创业教育资源开发的技术路线

1.创新创业教育资源关系型构建

在创新创业教育资源的利用方面，应重点考虑以下几个方面。

（1）整合专家资源：汇聚高校内部具有创业创新优势的专家，建立教师之间的资源共享与合作机制，促进知识和经验的交流。

（2）结合理论与实践：整合高校的专业师资与社会企业家资源，推动理论知识与实践经验的结合，提升教学的实际效果。

（3）建立合作关系：构建高校实验室与企业之间的合作关系，通过合作提升学生的创新创业实践能力。

（4）多样化教学形式：在开放式教学模式下，将课堂教学与创业讲座相结合，丰富教学形式，提高教学的趣味性和实用性。

（5）培养创业意识与能力：强化学生的创业意识和实际能力，通过有机结合理论与实践，提升学生的综合素质。

（6）统筹课程体系：统筹创新创业教育课程，培养学生的专业技能和创新思维，增强其综合能力。

2. 创新创业教育资源课程式转化

高等教育的课程式转化应依托学制特点（如四年本科和三年专科的培养周期），系统地融入创新创业教育。具体转化措施包括从以下几方面。

（1）全生命周期理论：以全生命周期理论为基础，将创新意识和能力的培养贯穿于学生的整个学习阶段，使创新创业教育成为高等教育的重要组成部分。

（2）学年节点转化：根据不同学年阶段的学习内容，灵活融合创新创业教育资源，通过改变传统授课方式，引入创业模拟、辩论等活动，提升学生的学习兴趣和实践能力。

（3）课程实际应用：借助创业大赛、创新设计活动等平台，定期实施资源转化，将理论知识有效转化为实际的创业能力，增强课程的实用性和有效性。

3. 创新创业教育资源全面性整合

高校创新创业教育资源涵盖有形和无形两部分，包括教材、设备、知识、经验和文化。为充分释放资源潜力，必须从以下几方面进行整合。

（1）内部资源整合：精细梳理和融合高校内部的各种资源，如教材和设备，确保其与课程教学的有效结合。

（2）外部资源对接：与外部资源对接，借鉴其他高校和社会的先进经验，以提升资源利用效率和教育质量。

（3）资源优化：通过精心整合，构建符合高校特色的资源体系，推动创新创业教育的深入发展，提高整体资源的利用效率和效果。

（四）推动多主体参与创新创业教育资源的开发过程

1. 提升整合能力，深挖资源价值，突出学生主体

（1）增强资源整合能力：随着"双一流"建设的推进，高校拥有更多的教育资源，但资源筛选的难度和成本也在增加。因此，高校应加强资源识别和选择能力，以适应这一发展需求。

（2）优化外部资源整合：尽管一些高校通过合作扩充了"双创"教育资源，但可能忽视了资源的实际应用价值，导致资源引进和利用失衡。高校应全面整合资源，注重资源的质量，而非仅仅是数量。

（3）引领学生参与：学生不仅是创新创业教育的培养对象，也是资源整合的主体。学生对自身知识和技能的掌握较为清晰，能够自由筛选并利用学校和社会提供的资源，从而促进个性化发展。

2.高校、教师和学生多元主体参与"双创"教育资源整合

（1）高校主导整合：高校应主导资源整合，确保创新创业教育活动的顺利开展。通过明确职能分工，优化教学效果，推动教育的系统性发展。

（2）教师的专业作用：教师应发挥专业优势，在教学中培养学生的创新创业意识和能力，丰富教育内容，拓宽学生的视野。

（3）学生主动利用：学生应根据个人兴趣和职业规划，充分利用"双创"资源，选择适合自己的发展内容，提升自我能力。

（五）构建"内合外联"的创新创业教育资源整合模式

高校创新创业教育应采用"内合外联"的资源整合模式，形成由体制机制、师资队伍、社会资源等多要素组成的有机整体（见图5-1）。这一模式有助于推动高校创新创业教育的高质量发展，实现资源的高效整合与利用。

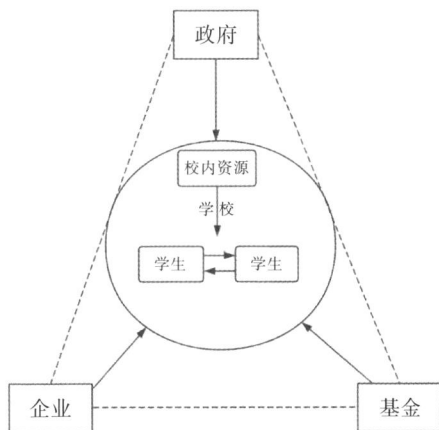

图5-1 "内合外联"的高校创新创业教育资源整合模式

1.整合管理资源，营造创新创业教育氛围

高校应成立专门机构，优化体制机制，保障创新创业教育的顺利实施。整合学校就业中心、教务处、团委及学院等资源，成立创新创业学院或研究中心，统筹管理教育资源，实现一体化运作。建立这些专门机构是提升资源利用效率、推动创新创业教育发展的重点。

借助高校信息化建设的强劲势头，通过网络平台推出丰富多彩的教育资源，如视频公开课、MOOC 等，不仅使知识传递更加便捷，还能提升资源管理和使用效率。专门机构的成立，也为营造创新创业氛围提供了有力支撑。与地方政府和企业的紧密合作，实现了资源的有效集聚，共同打造积极的创新创业环境。

2. 整合特色资源，构建创新创业教育新模式

高校的层次、类型、资源和特色差异很明显，这使得创新创业教育模式不能一概而论。各高校应依据自身实际情况，凸显特色，开展针对性的创新创业教育。

（1）区域资源整合：可以巧妙整合区域资源，以教育发展为先导，满足区域对人才的需求，实现学校、社会及企业的共同发展与繁荣。在此过程中，高校资源与社会、企业的有机融合将为学生创业实践提供支持。

（2）专业特色发展：高校应依托自身的专业特色，探索独具一格、形式多样的创新创业教育模式。例如，商科院校可以加强国际交流与合作，拓宽学生的国际视野；理工科院校应注重科技成果的转化与应用，让学生在实际操作中深化理论知识，提升实践能力。通过这些举措，不仅能有效提升学生的创新创业能力，还能进一步彰显高校的办学特色。

3. 整合教学资源，完善教育体系

（1）整合课程资源，提高教学质量。高校创新创业教育如同一幅精美的织锦，将心理学、管理学、经济学等领域的精华巧妙融合，构建跨学科课程。课程资源的整合是将这些学科的精华编织在一起，使其相互映衬，熠熠生辉。另外，还需考虑社会需求，通过政府、高校与企业的合作，共同推动课程研发与实施，以适应新时代的社会和市场发展需求。

（2）整合教师资源，提高师资水平。整合校内外教师资源的策略：一是校内资源整合。整合商学院、管理学院等专业课教师的知识与经验，支持创新创业教育。二是理论与实践结合。将校内专业型教师与校外实战型教师结合，形成理论与实践的互补，建立强大的师资团队。三是实践型专家资源库。建立实践型专家资源库，吸纳产业精英参与教育，丰富师资力量，重视学生的实践体验和能力培养。设立创新创业研究院进行教育规划和管理，组建创新创业教研室，推动跨学科的教学实践。

（3）整合硬件资源，为创新创业教育提供保障。校内资源包括实验室、图书资料、设备及案例研讨室等，通过预约制实现共享，满足不同学科的实践需求。校外资源包括与企业合作的实践基地和设备，这些资源在实践教学方面特别重要，能够进一步增强实践特征。

4. 整合实践平台资源，构建创新创业教育的实践平台系统

实践教育的增强需要通过优化平台和资源整合来实现。关键改进措施包括以下两点：一是教育与实践结合。整合教育和实践功能，通过参观、培训和讲座帮助学生转变观念，从就业到创业、从自我价值到社会价值的提升。二是多元参与机制。建立多元参与、互利共赢的体制，吸引更多的企业和社会资本参与，提升项目孵化率和实践效果。

5. 外联社会资源，构建创新创业教育产学联盟

高校创新创业教育不应局限于校园，也需要丰富外部资源。构建产学联盟是关键要素，整合校内外资源促进教育发展。外部资源整合需注意：契合利益，克服观念与区域差异，确保机制与教育规律，借鉴国内外经验，实现互利共赢、资源整合。构建"内合外联、集成合力"的支持体系，通过连通系统、平台、组织机制和过程调节，平衡支持创新创业教育。

二、优化大学生创新创业教育资源配置的对策建议

（一）加强创新创业教育资源的整合利用

1. 强化顶层设计，集合各方资源，推进创新创业教育

高校在构建创新创业教育体系时，必须明确其指导思想、发展目标、主要任务及保障措施，以确保教育的全面性与系统性。对于民办高校而言，要想在创新创业教育领域取得成就，更应注重实践教学与产学研的深度融合。通过打造一

体化的实践教学体系和产学研相融合的人才培养模式，培育出高水平的创业导师团队，从而为学生提供有力的指导。建立公共服务、科技支持、金融扶持及创新创业教育四大平台，形成多部门协同推进的良好局面，全面提升学生的创新创业能力。

2. 创新教育途径和方法，加强资源建设，构建创新创业教育体系

建立"理念培育—项目模拟—实践训练—孵化助推—市场实战"的创新创业教育体系，如图 5-2 所示。

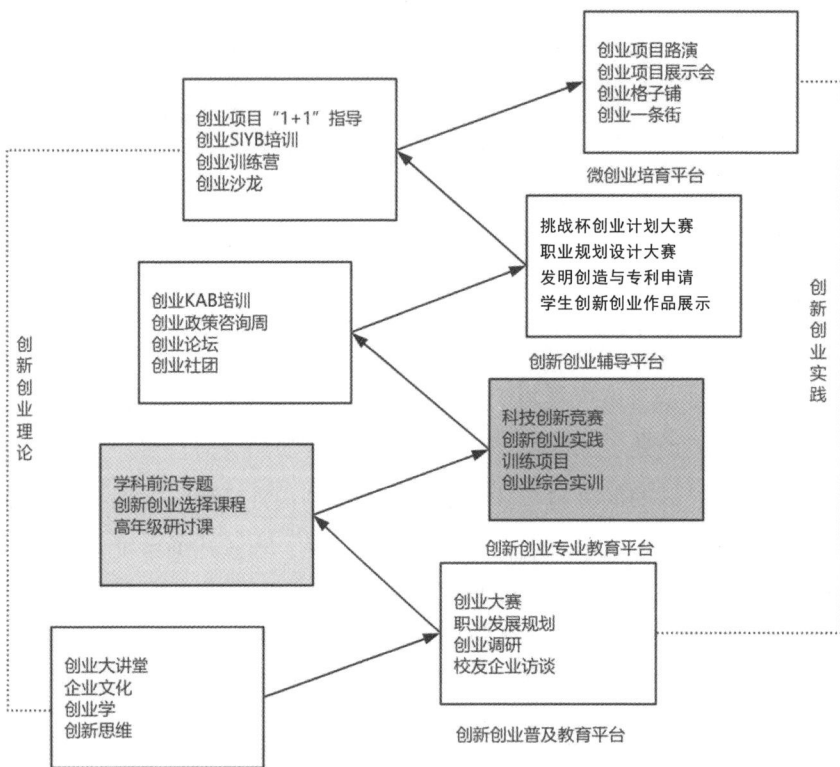

图5-2　创新创业教育体系

通过开设创新创业理论课程和在线视频课程，学校为学生提供了系统学习创新创业知识的途径。这些课程如同智慧的钥匙，为学生打开了一扇通向创新与创业的大门。学校还建立了创业典型案例库，收录了大量成功与失败的创业案例，供学生研究与分析，帮助学生从前人的经验中汲取智慧。为了贴近实战，学校鼓励学生参与"职业生涯规划设计大赛"和企业调研等活动。这些实践活动既提升了学生的实际操作能力，又激发了他们的创新意识，使创新创业理念在他们心中生根发芽。创新创业专业教育平台的构建，也将创新创业教育与行业标准紧密对接。通过与企业签订战略合作协议，学校为学生提供了实践工位，并邀请技术人员带领学生亲身参与技术革新。这种校企合作的育人模式，为学生未来的创新创业之路打了坚实基础。

3. 校政企联动，整合内外资源，建设全链条创新创业服务平台

通过整合校内资源，学校打造了包括创客工厂、众创空间、孵化器、加速器和产业园在内的多元化载体，形成了一个全面的创新创业生态系统，为学生创意的落地提供了肥沃的土壤。学校还大力推进科技资源共享，所有专业实验室、虚拟仿真实验室，以及创业实验室等高端设施均向学生开放，并免费提供所需耗材与元器件，为学生的创新创业之路扫清障碍。

在这一生态系统的基础上，学校构建了"三位一体"的创业园区，园区内设施齐全，形成了一个完整且充满活力的创新创业链条。园区还配备了公共服务、科技支持、金融扶持及创新创业教育等多元化平台，全方位满足学生在不同阶段的需求，助力他们从初创到成长，再到成熟的每一个阶段。学校设立了种子基金，与投资服务机构合作提供资金支持，并建立了"一站式"服务综合体，包括工商注册、财务咨询和法律支持；创业服务中心还提供项目论证和政策咨询，为入驻公司提供全方位服务。

4. 加强内培外引，搭建资源平台，组建创新创业教师队伍

通过引导教师树立创新创业意识，既能激发他们的教学热情，又能为学生提供更具前瞻性和实用性的指导。学校分层次、分类别地培养创新创业教师，鼓励他们深入企业实习，积极获取相关资格证书，踊跃参加教学比赛，以丰富实践经验并提升专业素养。将教师的创新创业成就与年度绩效考核和职称评定挂钩，激

励教师不断提升自身的创业实践指导能力。

除了培养校内教师，学校还大力引进高层次人才，如科研领军人物、学科带头人和技术专家等，为创新创业教育注入新的活力。学校巧妙利用校友资源，建立了由优秀创业校友组成的"创业导师团"。这些校友以自身的创业经历为蓝本，为创业学生提供贴近实际的指导和支持，成为学生创业路上的重要引路人。

5.提升服务能力，扩大资源优势，构建全方位的创新创业保障体系

企业服务中心不仅为学生提供政策咨询、创业培训和指导服务，还为入驻企业提供财务代理、法律咨询、专利代理和物业管理等全方位服务。这一举措极大地简化了创业流程，降低了创业门槛，使学生和企业更专注于创新与发展，无须为琐碎事务分心。

为了激发学生的创业热情，学校实施了大学生创业引领计划，确保机构、场地、人员和经费的全面落实。设立的就业创业指导中心、创业指导教研室和工作室，提供项目推介和指导服务，并且在咨询帮扶方面下足功夫。学校积极改进科技成果的利用和收益分配机制，支持校内教师通过创业实践、技术入股和专利转让等形式推动科技成果的产业化。资金保障是创新创业教育的关键环节，学校将创新创业教育经费纳入年度预算，并设立了创业种子基金。学校还面向创投机构、创业组织和行业协会开放，利用互联网金融和股权众筹等新型投融资模式，吸引社会资本投入。

（二）提升创新创业教育资源配置的效率

第一，深入研究高校创新创业资源的优化配置，以提高教育资源的利用效率和配置效率，解决高投入低产出的问题。学校应识别影响资源配置的因素，提出改进措施，从而促进教育资源的质量提升和效益增加。第二，创新教育资源管理模式，建立科学的投入产出体系，引入先进的资源管理技术，以提升资源的产出转化率，并推动教育资源管理体制的革新。这包括开发和应用数据驱动的管理工具，优化资源分配决策。第三，优化高校财政制度，拓展教育经费来源，建立基于产出的预算制度，以提高资金利用效率。应确保经费流向更高效的资源配置，以支持优质创新创业项目的实施和发展。第四，优化省际、校际和校内的教育资源配置，打破资源壁垒，促进资源共享和共建。根据市场需求灵活调整资源，发挥高校自身的竞争优势，提升教育资源的产出效益。这包括建立跨校区和跨机构的合作平台，推动教育资源的合理流动与有效利用。

（三）建设开放、共享的创新创业教育资源库

1. 基本原则

在推进创新创业教育的宏伟蓝图中，集思广益与共建共赢的策略需由在创新创业教育领域处于领先地位的单位担当统筹协调之重任，广泛邀请政府代表、企业精英、学界泰斗及研究机构的专家参与，特别注重汇聚精品课程的核心团队力量。通过构建跨越行业界限与地域限制的"官产学研"一体化项目团队，旨在发掘新资源，并成立由资深专家领衔的项目建设指导小组与首席顾问团，以确保项目方向精准，实施方法科学高效，成果质量坚实可靠。

在资源构建层面，应秉持以用户为核心的理念，致力于打造一个既易于学习又便于应用的创新创业教育教学资源库。该资源库需覆盖课程精髓、测评工具、实训模拟、实践案例、创业项目、相关政策法规等多维度内容，采用文档、音频、视频、在线互动等多种媒介形式，以丰富多样的表现手法满足用户多元化的学习需求。资源库应实行开放式管理模式，配备友好直观的操作界面，极大地提升用户体验，促进知识的无障碍流通与高效利用。

在宣传推广方面，也需不断创新策略，与资源建设同步推进。这意味着在提供丰富多样的创新创业教学与实训资源的同时，还需巧妙运用多元化的传播渠道与形式，积极开展资源开发、利用及管理能力的培训活动，以拓宽资源库的受众基础，提升其社会影响力与实际应用价值。

2. 资源体系

结合创新创业活动特点，构建以用户为导向的"知识资源＋实训资源＋实战资源＋拓展资源"组成的"四位一体"的资源体系，以及相对应的资源子库，如图 5-3 所示。

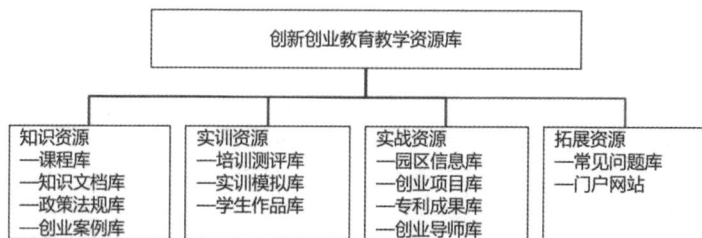

图 5-3 "四位一体"创新创业教育教学资源库

资源库巧妙融合了多种媒体形态，包括音频、视频、交互式程序、生动的动画、翔实的文本，以及丰富的图形与图像，为用户提供了便捷的检索、阅览与下载功能，从而极大地丰富了学习体验。其核心支撑平台——共享型创新创业教育资源库管理系统，既负责教学资源的全面展示、高效处理与灵活应用，也肩负着深度维护资源与系统管理任务。该系统还涵盖了学生测评、创业师资队伍的精细化管理，以及校内外实践环节的全方位管理，功能全面且深入。此平台积极促进教师网上备课、学术交流与教学改革成果的广泛推广，为学生自主学习提供了广阔的空间。用户可以轻松上传、检索与利用各类资源，而管理员则专注于资源的严格审核、必要删除、深度统计分析、批量入库及积分规则的细致管理，从而全面满足学员的学习需求、教师的教学需求，以及社会服务的多元化需求。

3. 运行体系

（1）组织体系。资源库建设遵循层次分明的管理体系，具体是"首席顾问—指导小组—管理委员会—项目办公室—子项目团队"。首席顾问负责提供战略指导，通常由创新创业与职业教育领域的资深专家组成。指导小组包括该领域的专家，负责为项目提供战略建议和方向指引。管理委员会由各参与单位的核心代表构成，全面领导和协调项目工作，确保项目的顺利推进。项目管理办公室作为具体执行机构，负责协调各方工作并实施具体任务。子项目团队由各联合单位组建，承担具体建设任务，共同推动资源库的建设进程。

（2）标准体系。在教学资源库建设中，必须严格遵循共享标准、数据标准、资源质量标准和资源评价标准。这些标准确保资源库的广泛共享与高质量。研制的教学资源须统一术语表，规范关键词的定义，推广教学术语的使用。要遵循教育信息化资源技术标准，如《现代远程教育资源建设技术规范（试行）》《现代远程教育技术标准体系及和 11 项试用标准 V1.0 版》，以及国际通用的 LOM 和 SCORM 标准。

（3）工作机制。建立资源库建设的长效机制，关键是促进广泛参与与持续发展。基础建设完成后，可通过招标选拔优秀团队开发各项目子库的教学资源，以确保资源库的丰富性与高质量。在确保国家建设经费所支持的资源能免费向全国高职院校师生开放的同时，也应鼓励合作企业与院校共同开发部分优质有偿资源，以拓宽资金来源与内容深度。探索建立有偿资源使用的会员制度，以激励单位或个人积极上传原创作品，并从中获取收益或其他权益，确保资源库建设的多元化与活力。遵循开放性原则，允许师生随时投稿，形成一个动态更新、持续完善的教学资源库生态系统。

（4）制度建设。制定《项目建设管理办法》，明确运作机制与问题解决路径，强化项目过程管理的精细化与系统化。另制定《项目专项资金管理办法》，确保资金专款专用，统筹调配，提升资金使用的规范性与透明度，构筑资金管理的坚固防线。规划后续建设蓝图时，应明确团队架构、运行机制及推广策略，以保障资源库内容的持续丰富与更新，为长远发展奠定基础。这些举措旨在全方位优化项目管理，推动项目稳健前行，实现资源库建设的可持续发展。

（5）资金保障。项目建设资金筹措方式多元，既要依赖财政支持，还要院校与企业自筹资金，并积极探寻其他融资渠道，以确保项目高质量推进与完成。

资金运用遵循专款专用、统筹管理的原则，辅以目标考核和单独核算机制，力求公平透明。为此，设立专项资金管理委员会，负责全面统筹资金，严谨规划项目实施与资金投向，确保每一分资金都能精准发力，为项目建设提供保障。

（四）扩大创新创业教育内外资源的精准供给

（1）建设高水平的教师团队。教师是推动创新创业教育的核心力量，高校应加强专任教师的专业素养和胜任力培训，鼓励他们积极参与课程教学、学术研究及项目指导；引入外部导师支持教学和实践，以增强教育的多样性和实用性。

（2）校内外创新创业平台基地的共建。高校应根据不同学科的需求，建设各类实验室、研发中心和创业基地，并与政府和企业合作，提供更多的实践机会和支持条件，以提升学生的实践能力和创业潜力。

（3）建立健全的管理与服务体系。学校应构建完善的创新创业管理体系，统筹政策制定、项目管理和资金支持等方面，为学生提供个性化帮助与指导，促进其创新创业实践的顺利进行。

（五）大学生创新创业教育资源的系统化建设

1. 整合五大资源，建立资源共享生态

学校、教育行政部门、高校教师、学生、企业及投资者这五大资源，是国家教育资源发展之基石。国家对资源宏观建设的重视体现在 2017 年 1 月国务院颁布的《"十三五"促进就业规划》中，该规划强调了健全就业创业服务体系，并推动创新创业教育的普及。此举是为了优化资源配置，激发各资源主体的活力，实现资源的高效整合与利用。

基于"双创"资源共享生态，我们应重点整合以下五大资源：学生资源、教师资源、高校资源、基地资源和企业资源，建立一体化人才培养体系，促进创新创业教育的全面发展。通过这种整合，可以有效提升资源的利用效率，推动创新创业教育的深度融合和持续发展（见图5-4）。

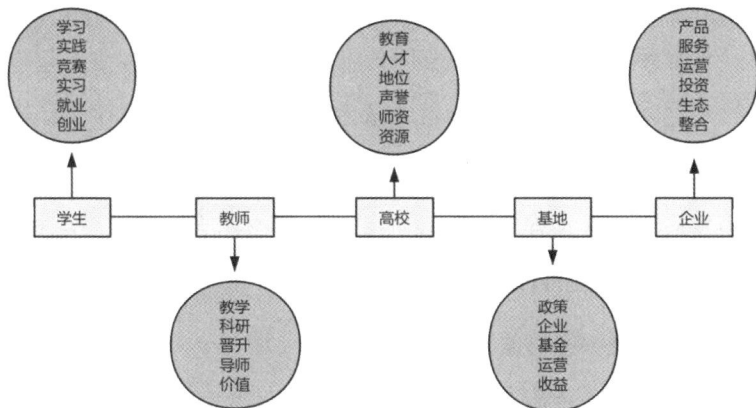

图 5-4　基于"双创"资源共享生态

2.通过互联网技术，建设线上线下云体系

依托互联网技术的优势，构建全面而深入的大学生创新创业教育体系，旨在搭建校企合作的供需桥梁，实现资源的高效对接与利用。具体而言，应建立一个创业云生态体系，将线上与线下资源有机整合，形成良性互动。利用校内外网络平台的优势，广泛连接国内外企业，为学生提供丰富多元的课堂教学、交流空间、实训基地，以及众创空间等全方位支持，从而极大拓展其创业实践机会。同时，应聚集各方力量，使创业课程、教学、实习与孵化环节深度融合，助力大学生创新创业教育的蓬勃发展。这既解决了高职院校创新创业课程实践与理论脱节的问题，也根据学生的专业特点提供了实习机会，促进了专业与创新创业的有机结合，为学生提供了必要的工作准备和创业潜力。充分利用大数据支持学生创业，以学生创业数据为基础，分析需求，探索教育创新方向，强化创业实践支持和服务。联合各部门，调动教育行政、高校层面和学院的积极性，为建设可扩展的云体系提供分层次服务，推动创新创业教育的全面发展。

3.理顺四个方向，形成系统管理体制

在推进创新创业教育的过程中，务必注重内外兼顾，将学生置于核心地位。为此，系统化整合创新创业教育资源主要有以下四个方向：一是理顺高校创新创

业教育体制及各层次关系。确保体系内部协调一致，优化资源配置与管理，提高教育效果；二是深化高校创新创业教育的立体服务。保障"双创"政策能够有效实施，通过建立健全的服务机制，使政策落地生根；三是以学生为中心，构建生态化的创新创业教育服务支持体系。满足学生的多元化需求，提供个性化的支持，促进其全面发展；四是加强学生创业与就业的紧密结合。有效整合校内外资源，为学生的创新创业之路做铺垫，提升其职业竞争力和创业能力。

4. 抓准建设痛点，推进自运行机制

高职院校创新创业资源系统化建设要深入理解教育行政部门、高校、教师和企业面临的需求和挑战。需重点解决师资短缺、学生实践场地不足，以及企业项目和人才资源缺乏等问题，并引入第三方社会资源服务，建立自愿参与的运作机制。通过互联网平台，创建开放且高效的沟通平台，满足各方需求，促进各方积极参与，实现自主运行。重视痛点需求，精准解决问题，以提高整体效率。

（六）资源配置优化下的大学生创新创业教育改革

1. 优化顶层管理设计

高校应从顶层管理角度优化设计，提升管理和制度支持，确保充足的教育资源供给。高校需要强化对"双创"教育的认可和关注，将其提升到综合教育体系的核心位置，并明确其在学生素质教育中的重要性。应优化资源配置领导机制，健全工作协调机制，明确各部门在资源管理中的职责分工，建立有效的协调和问责机制，提升服务质量。在资源管理过程中，科学管理机制应明确管理主体，增强教师的参与度，以推动资源的有效配置和优化。加强校企合作和外部资源管理，促进内外协调，实现"双创"教育资源的有效整合。

2. 推动教育资源质量提升

高校应根据自身实际情况和学生需求，规划并开展校本"双创"教育课程，提升教师的专业水平，确保为学生提供优质的教育指导。与教育管理部门合作，

组织教学培训活动，引进先进教育理念，提升教师的教学能力。建立科学的课程体系，以满足学生不同层次的"双创"需求，推动"双创"教育水平的全面提升。

3. 加强各类资源整合

高校的"双创"教育资源多样且丰富，需要通过联动校内外资源，深度挖掘和优化配置，以支持"双创"教育的改革和发展。高校应采取多种手段，整合和调配各类教育资源，联合教育管理部门推动"双创"教育政策的落实，并制定有针对性的激励政策，以支持长期发展。校企合作是关键，高校需积极利用校企资源，将教育活动延伸至企业，为学生提供全方位的教学平台和实践机会。高校应推动校内外资源的协调合作，充分利用校友资源，邀请成功校友参与教育指导，促进不同学科间的资源配合，形成有效的教育资源链，全面支持学生的"双创"发展。

第三节　大学生创新创业教育资源配置的成功经验与启示

一、创新创业教育背景下松江大学城实验室资源共享模式探索

（一）松江大学城内各高校实验室资源现状

松江大学城位于上海松江新城区的西北部，占地广阔，约530公顷，汇聚了东华大学、上海外国语大学等8所知名学府。这些高校学科门类齐全，专业多样，并且配备了众多实验室和研究设施，为学生提供了丰富的教学资源和实践机会。

东华大学：拥有20个本科实验教学中心，包括国家级和省级实验教学示范中心，以及多个教育部重点实验室和研究中心。

上海工程技术大学：设有国家级和市级实验教学示范中心，并有民航虚拟仿真实验教学中心。

上海外国语大学：拥有世界一流的同声传译系统和 ERP 决策模拟实验室。

上海对外经贸大学：配备国家级实验教学示范中心和重点实验室。

上海视觉艺术学院：国家级实验教学示范中心为当代视觉艺术教育提供了重要支持。

（二）松江大学城实验室资源共享的必要性和可行性

根据教育部发布的《高等学校仪器设备管理办法》和《关于加强高校科研基础设施和科研仪器开放共享的指导意见》，高校应在保障校内需求的前提下，积极推动校内、校际及跨部门的资源共享，以推动创新创业并支持国家的创新驱动发展战略。校际实验室资源共享需要具备以下四大要素：一是强烈的共享意识和校内资源基础；二是物质与地域条件的有利配合；三是共同的需求与利益驱动；四是可操作的共享机制。松江大学城内八所高校地理位置相近，这一地理优势降低了资源共享的物流成本。这些学校的学科与专业之间存在交叉与重叠，为实验室资源的共享奠定了坚实的基础。

（三）松江大学城实验室资源共享模式的探索

1. 建立实验室资源共享机制

各高校应建立科学有效的实验室设施与仪器开放管理制度，整合并优化实验教学资源。例如，东华大学的管理制度。通过智能化管理平台实现全天开放，为学生提供优良的实验条件，促进自主创新。大学城内的高校应结合各自的实验室开放管理策略，协商并构建实验室资源共享联盟机制。这将确保松江大学城的学生充分享受优质实验室资源，促进学术研究与科技创新的发展。

2. 构建实验室资源共享服务平台

各高校应积极响应教育部关于仪器设备开放共享的号召，构建实验室设施与仪器共享平台。此平台应实现设备配置、管理、服务、监督、评价等环节的有机衔接，从而优化资源配置，提高设备使用效率。东华大学已设立了共享平台，其管理原则明确，值得借鉴。特别是将高价值设备纳入共享范围，并按国家或市场定价标准收费，体现了设备的价值，确保了开放共享的可持续性。松江大学城内各高校应借鉴这一经验，积极建立共享平台，支持国家创新驱动发展战略，并将设备资源纳入上海市及全国的大型仪器设备共享网络，提供开放服务。

3. 建立共享服务收费和评价机制

在大学城管理委员会的指导下，各高校应以"优势互补、节约成本、互惠互利、共享共赢"为原则，构建实验室教学资源共享联盟。此举能够提升资源利用率，优化办学效益，为人才培养质量的提升奠定基础。实现资源共享不仅需要高校间的密切配合，还需健全相关制度，尤其是共享服务的收费和评价机制。应制定松江大学城各高校实验室设备收费细则和松江大学城各高校实验室资源共享评价与考核机制。这两项制度将为资源共享提供明确的操作指南，并为高校间的合作奠定制度基础。在收费方面，各高校需遵循成本补偿和非营利原则，对实验室及仪器开放服务进行合理收费，确保费用公开透明，接受监督，并将收入纳入学校预算管理体系，以支持学校的持续发展和创新。

（四）松江大学城实验室资源共享的实践

东华大学计算机学院以其卓越的教育资源而闻名，包括东华万瑞智慧医疗国家级工程实践教育中心和上海市计算机实验教学示范中心。学院每年向松江大学城的其他高校开放"信息系统与数据库技术"等实践课程，提升学生的计算机实操能力。学院还积极与其他高校合作，共同培养计算机领域的专业人才。华东政法大学的法学综合实验教学中心是国家级实验教学示范中心，专注于刑事司法类实验教学，通过学科优势和模拟法庭竞赛等活动，凸显法学特色，促进不同高校间的学术交流。上海工程技术大学的现代工业实训中心向松江大学城内其他高校开放，为学生提供机床等实验设备，完成工程训练课程。这些实践活动拓宽了学生的视野，增强了学生的实践能力，为创新创业教育提供了有力支持。

二、基于资源要素的创新创业教育体系构建——以南京师范大学为例

（一）切中实效，整合校内资源

1. 课程建设：创新融入教学，创业融入专业

南京师范大学通过精心打造"创业学概论"选修课程，深入探讨创业机会的识别和评估，并且引导学生探索多元商业模式。课程结合生动讲授、热烈讨论与实战训练，帮助学生组建卓越的创业团队，掌握创业融资、企业创立、运营管理及发展策略等核心要领。学校通过博雅课程体系，将创新创业教育融入各专业的教学中，推广创新思维和方法，培养学生的创业意识和能力。学校还积极组织创新创业竞赛和实践活动，加强创业政策宣传，并与社会和政府合作，利用科技园和文化产业园等平台支持创业项目的孵化和发展。

2. 师资建设：专兼结合，强化核心理念

建设一支高水平的创新创业师资队伍需要融合专业化与校内外资源。制定完备的创新创业教师队伍建设制度是提升教育质量的重要因素。通过推动创新创业课程与实践指导，理论与实践相结合，培养具备理论知识和实践能力的复合型人才。利用学科优势，关注国家发展战略和热点问题，强化应用研究与政策咨询。

3. 实践实训：营造整体氛围，搭建服务平台

学校积极推动创新创业教育，激发学生的创业热情与实践精神，努力营造浓厚的校园创业氛围。通过建立大学生创新创意教育平台，涵盖研讨交流、启发教育、项目策划与实训等环节，全方位提升学生的创新思维与创业能力。整合校内实践资源，推广《第二课堂成绩单（试行）》和《实践资源共享办法》，构建多元实践育人体系，通过项目化、课程化评估学生实践成果。利用学校的学科优势，整合资源，建设文化创意产业园和科技园，支持高新技术和文化产业发展，为师生提供创新创业平台和资源支持。

（二）品牌打造，资源协同强化特色服务

1. 产学研贯通，科技成果转化扶持

南京师范大学依托丰富的教育资源，与其他学府携手推进"国培计划"等教师培训与社会服务，深化校际合作，拓宽教育视野。建立完善的机制体系，确保社会服务的高效与规范，通过激励、评价、约束、管理及分配等环节实现全过程的项目管理，创造优越的创新创业与社会服务环境。这不仅有助于培养领军型创新创业人才，还为国家的创新发展注入了新活力。利用国家技术转移示范机构和地方研究院等高端平台，推广知识产权和成果转化服务，使科技成果更快更好地服务社会，造福人民。

2. 文化传承，聚焦文创产业高地

南京师范大学依托玄武区的产业优势，在后宰门学区精心建设了"南京师范大学文化创意产业园"。园区以南京师范大学出版社为核心，致力于打造高水平的出版传媒文化产业聚集地，提升区域文化品位，为专业人才提供实践与创新的平台。通过挖掘文物保护、旅游规划、文化创意、软件动漫及艺术设计等领域的潜力，该产业园逐步形成自身特色，推动了文化产业的繁荣发展。"文化大讲堂"品牌的推广也加速了优秀文化成果的传播，为江苏的文化建设增添了新活力。

3. 走进基层，践行"厚生"知行合一

学校秉承"厚生"精神，致力于将学生的社会实践与专业发展和社会需求紧密结合。为实现这一目标，学校不断完善"三三三"运行机制，构建社会实践服务平台，提供制度、物力和人力保障，鼓励学生积极回馈社会，将所学知识和技能应用于实际行动。学校还深化校地合作，与南京市直机关团工委共同推进"启航计划"，每年选拔优秀学生到市直机关进行挂职实践，锻炼他们的实践能力，拓宽视野。学校与苏州吴中区团委合作，在科技园和智慧创意研究院建立"大学生创新实践教育基地"，进一步激发大学生的创业激情和创新意识，为社会培养更多具备创新精神和实践能力的优秀人才。

第六章 大学生创新创业教育与专业教育衔接

第一节 创新创业教育与专业教育衔接的内在机理

一、解释框架

（一）价值联结：专创融合共同体建设的现实依托

从高等教育的广阔视角来看，创新创业教育与专业教育在价值追求上具有一致性，共同致力于培养具有远见卓识和强烈责任感的学生。创新创业教育的核心是培养学生不囿于现状、勇于探索、善于创新、长于应变的精神与能力，尤其注重其对社会的积极贡献。而专业教育通过系统传授专业知识、技能和素养，培养学生运用专业知识解析问题的理论素养与实践能力，强调学以致用，激励学生将所学转化为服务社会的实际行动。二者相辅相成，共同塑造了高等教育的丰富内涵与深远意义。

（二）情感联结：专创融合共同体建设的精神纽带

教育实践的本质是行为与知识的交流，也是蕴含情感的互动。教学不仅是理性之事业，也是情感之事业。在教学活动中，情感的运用、激发与培养皆不可或缺。师生间的情感广涵教学内容、活动的情感体验、心理感受及个人态度等方面。

师生情感的联结有助于学生深入知识殿堂。若教师能将专业教育与创新创业教育的知识深度融合，并辅以生动有趣的教学方式以表达情感，则能在潜移默化中增强学生的学习情感与学科情感，使其心灵得以滋养，智慧得以启迪，从而实现教育的深远意义，彰显教学的情感魅力与智慧光辉。

（三）文化联结：专创融合共同体建设的内生功能

大学本质上是一个独具文化功能的机构，也是人类与文化相互塑造的高级阶段。文化联结专创融合共同体，注重对学生人文内涵的培育，关怀其全方位的成长。文化联结是滋养学生心灵的源泉。学生的成长不仅是知识的积累，还涉及人格的塑造，这需要文化的深厚滋养。文化联结亦能促进教师的行动。在专创融合文化联结的内在驱动下，"双创"教师、专业课教师及校外特聘导师可以深度融合课程体系与培养环节，共同推动教学理念、内容与方法的革新，共筑教育的新境。

二、基本原理

（一）融合的逻辑起点

专业教育和创新创业教育密切相关且相互依存。专业教育侧重于培养满足社会和行业需求的专业人才，是高等教育的核心部分；创新创业教育则结合创新和创业教育双重目标，培养具备创新精神和创业能力的复合型人才。两者互为基础和条件，专业知识与实践技能是创新创业教育的必要准备，而创新创业教育在专业教育的基础上进一步发展，丰富和完善了传统教育模式。这种融合不仅在教育目标上一致，在教育内容和模式上也相互支持和促进，共同构成教育发展的逻辑基础。

（二）融合的政策取向

自2010年我国首次提出"创新创业教育"概念，政策明确倡导其与专业教育的融合。《教育部关于大力推进高等学校创新创业教育和大学生自主创业工作的意见》提出将创新创业教育纳入专业教育计划，并调整学分体系，标志着"双创"教育的起步。随后，2012 年的《普通本科学校创业教育教学基本要求（试行）》再次强调将创业基础课程作为必修课程纳入高校课程体系。2015 年，国务院办公厅发布的《关于深化高等学校创新创业教育改革的实施意见》进一步推动专业教育与创新创业教育的有机融合。2018 年，教育部再次强调要深化创新创业教育改革，推动示范高校建设工作，以实现创新创业教育与专业教育的紧密结合。政策工具明确将高校创新创业教育与专业教育课程的融合作为当前国家政策的重要方向。

（三）融合的课程模式

国内学者与高校对创新创业教育与专业教育的融合进行了大量探索和实践。常见的做法是将创新创业课程与通识课程融合，或者与企业携手，共筑实践导向的课程模式。学术界在此基础上提出了嵌入式、融入式等多元融合方式，极大地丰富了理论基础。尽管模式多样，但"专业 + 创新创业"的课程模式已成为主流，实现两者的深度融合并非将创新创业教育视为附庸，而是一个互利共生的过程。学者们进而提出广谱式模式，将创新创业教育与专业教育融入所有学生的培养全过程，将通识课程、专业基础课程及专业实践课程皆融入创业教育理念，从而构建多层次的课程体系。这些理论模式为创新创业教育与专业教育的融合开辟了崭新路径。理论之树虽已枝繁叶茂，但仍需实践之壤滋养。

三、作用机制

（一）为社会主义现代化强国建设培养高质量创新型人才

加快建设世界重要人才中心和创新高地，是新时代人才强国战略的重要举措，也是全面建成社会主义现代化强国的战略支撑。根据《国家中长期人才发展规划纲要（2010—2020）》，创新型人才是具备创新意识、精神与能力的关键资源，对社会贡献卓著。此类人才的培育与汇聚，对于推动国家创新发展、实现战略目标，具有不可估量的价值与意义。尽管应用型本科高校培养了大量应用技术人才，但在创新创业教育方面尚未完全满足国家创新驱动发展的新要求。因此，推动这些高校实现专创融合迫在眉睫。

应用型本科高校在新时期的转型与发展中，致力于教育教学理念的革新，将创新创业教育巧妙地融入专业教育中，是为了培育既深耕专业知识，又具备创新创业能力的复合型人才，为社会输送高质量的创新型人才队伍。这种专创融合不仅为学生搭建了兼重创新创业观念与技能的成长平台，还促进了高校人才培养质量的全面提升，为现代化强国建设注入了新鲜活力。在这一融合路径的引领下，应用型本科高校能够更灵活地适应经济结构的调整与变迁，孕育出更具创新潜质的技术人才，从而在创新创业教育的广阔天地中树立标杆，引领风尚，稳步迈向培养高质量创新型人才的彼岸。

（二）为应用型本科高校毕业生高质量就业破题解困

面对错综复杂的就业形势，专业教育紧密贴合特定领域的就业需求，而创新创业教育则成为其不可或缺的补充。应用型本科高校践行的专创融合策略，如同人才蓄水池与就业缓冲器，对于提升毕业生的就业质量发挥着举足轻重的作用。这一融合模式通过创业活动催生新的就业形态，为毕业生开辟了更广阔的机遇空间，还助力学生构筑坚实的专业基础与卓越的创新创业能力，进而提升就业与创业的整体质量。专创融合亦是推动教育方式改革的强劲动力，它强化就业实践教育，为创新型人才的培育提供坚实的支撑，引领大学生就业观念的深刻转变。

（三）为社会主义市场经济高质量发展提供创新动力

应用型本科高校凭借专创融合策略，增强了教师的创新意识与能力，旨在孕育创新型人才，以满足市场需求，进而提升经济发展质量。此融合策略将专业理论与创新创业实践紧密结合，大大提升了教师的综合素质，促使科研成果顺利转化，服务于市场经济与产业发展，为高质量发展注入新动能。在大众创业、万众创新的时代浪潮中，专创融合更是搭建了实践平台，强化了专业与产业间的知识流动与技术革新，孕育出高质量的创新创业成果。这一系列举措，为推动社会主义市场经济的高质量发展提供了不竭的动力，展现了应用型本科高校在新时代背景下的独特价值与深远影响。

四、功能实现

（一）在专业基础上提高学生综合开发和应用能力

创业教育的初衷是缓解就业市场的压力，但其意义逐渐扩展，成为激发创新活力、促进人才红利释放的重要途径。管理学者将创业教育视为职业训练的高级形态，不仅引导学生走向更广阔的职业选择和产出之路，还在无形中增强了人力资本的底蕴。这种教育模式在知识技能与创业意愿两个维度上产生了积极的塑造效应，为学生职业生涯的蓬勃发展打下基础。创业教育通过实践教学激发学生的自主性、经验性、外向性和自控性，逐步引导学生养成自我认识和管理的思维模式。

（二）促进大学形成专业创新和自我革新的观念

丁烈云院士强调，大学要充分发挥其职能，必须注重科技创新与经济活动的紧密对接。实现这一目标，有赖于大学与企业间构建协同育人的新模式，共同开发和利用社会资源，以提升科研成果的转化率。这一理念与创新创业教育的核心目标不谋而合，共同指向促进专业领域的创新发展和增强学生创业能力的实践路径。因此，将创新创业教育深度融入专业教育体系，对大学的转型进程和教学组织的优化具有积极推动作用。创业教育推动大学的组织、行为和思想变革，并促进社会变革。美国的经验表明，创业教育使教学方法多样化，如问题教学、行动教学、体验教学等，并广泛应用于高校。创业教育还需要实践平台的支持，如邀请企业家讲座等。

（三）促进高等教育形成生态发展、错位发展的局面

创新创业教育与专业教育的融合有助于优化资源配置，特别是在创新创业能力强、成果转化潜力高的领域。这可以避免教育的平坦化，还为高校在创新驱动发展中寻求新路径提供了可能。创业教育引入创业网络、创业生态和创新教育理

念，为高等教育探索科学发展提供了多样选择。浙江大学、天津大学等高校已成功培育了多个创新型创业企业，如大数据处理和污染防治领域的企业。教育评价的理性发展不容忽视。尽管私人收益与文凭上的"信号"有关，但评价体系的科学性和客观性也应得到重视，特别是创业教育强调的协同发展需要更系统化的评估方式。这种新的评价方式促进了高等教育向更加协同创新的方向发展。

五、核心问题

（一）转变育人理念与教学设计

2015 年，国务院办公厅发布《关于深化高等学校创新创业教育改革的实施意见》，明确了改革需植根于育人为本、问题导向与协同推进。然而，当前高校创新创业教育仍存在理念滞后、与专业教育脱节、实践平台匮乏等问题。在此背景下，强化实践课程的地位尤为重要。实践教学环节的深度开发与合理利用，是实现人才培养目标的有效途径，更是推动教育教学综合改革的强劲动力。这将有助于破解高等教育改革进程中的多重瓶颈，为高校创新创业教育的革新与发展开辟新的路径，促进教育理念与实践的深度融合，共筑高等教育新生态。

（二）促进三项能力培养的融合

（1）促进创新能力与创业能力的融合。创新与创业相辅相成。创新不仅涵盖技术、组织、方法和系统的变革，还代表思维的跃迁与突破；创业则是将这些创新思维转化为实际成果的过程，要求将创新精神与社会实践紧密结合，从而实现价值的创造与提升。在这一过程中，创新与创业的融合成为推动社会进步的重要力量。推动高校实施"知行合一"，促进内部变革，提升人才培养质量和市场适应度。

（2）促进创新创业教育向专业教育渗透。国内模式如融入式、培训式和嵌入式，吸收国外经验，注重本土特色，为高校创新创业教育打下了基础。创业教育应在现有体系内创新，促进教学方式和人才培养的协同发展，避免局限于单一教育形式。

（三）引导创新创业教育协同发展的生态格局

历史与实践证明，孤立的课堂教学难以实现其深层目标。近年来，学术界的视野日渐开阔，实践导向受到重视，创新创业教育的生态化发展理念应运而生。此理念是为了更有效地利用各方资源，推动教育的科学发展。以大学为核心的创业教育生态系统，需巧妙融合政府支持、企业资源、市场需求、资金供给及专业培训等多重要素，为学生创业活动提供沃土。

考虑到高校间的差异性，每所学校应结合其独特优势，构建符合自身特色的创新创业教育网络。这不但有助于服务区域经济，还能实现资源共享，凸显各自的教学特色。在这一过程中，构建分类引导、科学评价和全面覆盖的发展格局非常重要。

第二节　创新创业教育与专业教育衔接的指导理论

一、"三螺旋"理论

（一）"三螺旋"理论的概念及运用

1."三螺旋"理论的基本内涵

"三螺旋"概念，起源于生物学和晶体学中的复杂转型研究，并于20世纪90年代初由亨瑞·埃茨科瓦茨和勒特·雷德斯道夫巧妙地引入社会学范畴。这一理论模型深入浅出地剖析了"政府—产业—大学"在推动创新中的微妙互动。"三螺旋"理论倡导大学、市场和政府在保持各自独立性的基础上，形成紧密的协同合作，共同为创新活动的蓬勃发展贡献力量。

2.政府—企业—高校"三螺旋"结构

在探讨区域创新结构时，不得不提及其内部各主体间的关系与功能分配。在这一体系中，高校、企业与政府扮演着独特而又相互关联的角色。高校作为象牙塔内的智慧之源，在创新的舞台上有着举足轻重的作用。高校是学术殿堂、知识创新的摇篮，更是技术转化的先锋。无数前沿科技理念和技术成果在这里诞生，进而影响着社会的进步。

企业是这些创新成果的受益者和推广者。企业渴求区域创新的果实，并将这些成果转化为实际生产力。企业的参与，使得科技创新能够真正落地生根，服务社会，造福人民。政府在这一体系中发挥着政策引领和资源配置的关键作用，为"产学研"合作提供政策支持和资金保障，是推动创新发展的重要一环。政府不仅是创新的推动者，也是创新环境的营造者。

这些主体并非孤立存在的，而是相互交融、相互影响。高校的研究可能为政府提供政策制定的科学依据；企业的资金支持也可能助力高校的科研工作；政府在某些情况下，也会成为创新的需求方，从而形成一个错综复杂、紧密相连的网络。在这一区域创新的"三螺旋"模型中，政府、企业与高校三者的角色相互渗透，共同构成了一个协同创新的生态体系。这种协同作用正是"三螺旋"模型能够高效运转的根源所在。在这一体系中，每个主体各司其职，却又紧密相连。

（二）基于"三螺旋"理论的创新创业教育与专业教育的融合机理

1. 设计螺旋架构

基于"三螺旋"理论的创新创业教育与专业教育融合，关键在于科学设定政府、企业、高校三方主体的角色和功能，以发挥协同效应。在实践中，高校作为教育主体应领导融合进程，设计与执行相关教育计划，政府和企业则提供政策支持、资源和实践基地。高校需注重资源的引入和汇聚，确保教育目标和体系建设，并且引入市场规则促进合作。政府在制定政策的基础上，应降低交易门槛，分担风险，支持协同创新。

2. 强化内生驱动

基于"三螺旋"理论的创新创业教育与专业教育融合，需充分发挥内生驱动力，推动高效深度融合。首先，强化政策驱动力。政府可通过财政资助、信贷优惠和税收政策鼓励高校与企业协同创新，完善知识产权和创新成果转化机制。其次，强化市场驱动力。建立市场导向的融合机制，使创新创业教育贴近实际市场需求和企业生产实践。最后，强化科技驱动力。依托前沿科技成果，推动创新创业教育与专业教育的有机结合。

3. 搭建螺旋网络

在构建创新网络过程中，要树立开放与共享的意识。只有当人员、信息、技术和资金在网络中自由而有序地流动，才能激发出整体的协同效应，让创新的火花在网络中绽放。政府、高校和企业在网络中的定位清晰且关键，三者遵循市场导向，追求高效创新，并在平等协商的基础上携手前行。政府部门以政策引导，高水平高校以科研智慧，领先企业以市场敏锐，共同构成了网络中的核心节点，引领着整个网络的发展方向，推动着创新步伐稳健而迅速地前进。

4. 实现螺旋保障

强化组织保障是协同创新网络构建的基础。在实践中，政府、高校、企业等多元主体应平等协商，共同构建领导机构与职能部门，以确保网络的高效运转。通过明确各主体的角色与职责，可以增强整个网络的稳定性和凝聚力，从而放大协同创新效应。完善制度保障是确保网络长久稳健发展的关键因素。建立完善的制度体系，为主体间的互动提供法律支撑，切实保护各方的合法权益。特别是在产权保护、要素流动，以及创新成果转换等方面，应给予重点关注，以激发各主体的创新活力，促进创新成果的涌现。在组织和制度保障的基础上，加强机制保障则进一步提升了网络的运行效能。通过建立人才联合培养、管理沟通、决策执行、激励约束及监督评估等机制，能够全面提升网络的综合性能，为持续的创新与发展提供有力支撑。

（三）"三螺旋"视角下的创新创业教育与专业教育深度融合模式

1. 以理念融合为本的感知性融合模式

创新创业教育与专业教育的深度融合是一种全方位、多维度的融合。首先是感知性融合，主要体现在理念上，包括认知和实践层面的融合。其次是创新创业教育与专业教育的融合。创新创业教育与专业教育既有区别又有联系，前者需要后者的专业积淀，后者通过前者应用于生产实践。融合的关键是将两者的理念统一，制定融合的技术技能人才培养方案。政府、高校、企业也需在教育理念上达成一致，协同互动，求同存异，形成共识，共同推进融合教育。

2. 以课程融合为根的功能性融合模式

课程是高校专业教育和创新创业教育的基本载体，推动两者融合需依靠课程融合。三方应联合开发课程：政府负责政策和法规普及课程，高校负责理论和专业课程，企业负责实践课程，构成"意识培养＋知识普及＋体验实践"的体系。三方应保持密切联系和沟通，确保联合开发和落实，使课程内容更加贴近实际需求，全面提升学生的综合素质和创新创业能力。

3. 以跨专业融合为点的结构性融合模式

结构性融合是深植于"三螺旋"理论沃土中的教育模式。创新创业活动，如一幅精细而复杂的画卷，既需遵循实践的脉络，又必须符合生产与市场的节奏。然而，教育的步伐与人才培养的轨迹，并不总是完美合拍。因此，必须寻求一种更为和谐的融合方式。跨专业融合便是那把解锁未来之门的钥匙。政府、高校、企业是区域创新活动不可分割的整体，任何一方缺失都会影响创新。因此，在结构性融合中，政府、高校、企业需协同合作，共担责任，共同推动教育与产业的深度融合。

4. 以项目合作融合为体的社会化融合模式

高校与企业携手，共同培育创新创业的硕果。学校以深厚的智力和技术资源为基石，为项目研发提供源源不断的创新思路与技术支持；而企业则凭借敏锐的市场洞察、丰富的生产经验与人力资源，为项目的实施与推进提供坚实保障。政府在这一过程中，不仅提供政策上的有力支持，而且以高效的公共服务，为项目的顺利进行保驾护航。学生以学徒身份深入其中，亲身参与项目的每个环节，从而在实践中锤炼自己的创新创业能力，为未来的挑战做好准备。尽管带有经济属性，人才培养和项目盈利同等重要。高校应结合教育内容，指导学生将知识应用于实践；企业应配备导师引导学生解决实际问题；政府可通过讲座普及政策和法规，扩大学生的知识面。这种社会化融合模式，强调各方共同参与，共同承担责任，从而实现资源共享、优势互补，全面提升学生的综合能力和就业竞争力。

（四）"三螺旋"视角下创新创业教育与专业教育深度融合的路径

1. 制度体系：优化顶层设计与管理制度建设

首先，优化顶层设计，加强政策供给。目前我国的创新创业教育政策尚未充分涵盖"三螺旋"结构及其与专业教育的融合。需要更全面、针对性的政策供给，以扩大创新创业扶持政策的适用范围，并加快制定强化政府、高校、企业三方协同的政策。其次，加强制度建设，完善管理体制。建立省级统筹的管理体制，监督地方创新创业教育融合事务，避免失衡。最后，应建立地方政府、高校、企业三方协商的管理机制，确保政府主导、高校自主和企业在人才培育中的主体地位。

2. 组织体系：专业依托、服务支撑与项目载体

"三螺旋"结构是一个松散的联盟型组织，将政府、高校、企业紧密相连。为实现协同作用，资源在其中穿针引线，搭建起沟通的桥梁。其成功主要依托于行政链、生产链及"技术—科学"链，构筑起专业依托、服务支撑、项目载体的精细组织体系。首先，专业依托。高校作为核心主体，应结合专业教育与创新创业教育，联合企业培养学生，将专业知识和技能应用于创新创业实践。其次，服务支撑。服务包括行政公共服务和生产链上的职业培训。政府和教育部门应制定政策，监督管理，并提供指导服务。企业应提供实训场所、导师和技能培训，支持高校教育。最后，项目载体。开发创新创业项目是"三螺旋"融合的核心。政府应根据地方产业规划，支持高校和企业联合开发项目，以项目实践培养学生的创新意识和解决问题的能力。

3. 课程体系：意识培养、知识普及与实践体验

首先，建设意识培养课程。高校要改革课程体系，将创新创业教育融入专业课程，培养学生的创新创业意识和心理素质。可通过思想教育课程和实践模拟课程启发学生。其次，建设知识普及课程。创新创业活动复杂，需要广泛、多元的知识。高校应开设知识普及课程，包括政策、法律、商业、管理、财务等，作为

专业必修课，由政府、高校、企业共同开发。最后，建设实践体验课程。实践体验课程以校内模拟课程为基础，在实训基地授课，培养学生的创新创业能力。课程分为两类：一是参与有市场前景的项目和自行设计项目，由专家评估；二是高校可根据校企合作情况灵活设置。

4.平台体系：知识空间平台、创客空间平台与孵化空间平台

在"三螺旋"理论下，创新创业教育与专业教育的融合被视为一种系统论的应用。构建支持两者融合的"生态系统"是必然的结论。首先，搭建知识空间平台。融合创新创业知识与专业知识，通过更广泛的网络空间提供丰富的教学资源。政府、高校和企业应联合开发在线课程和数字资源，促进知识的融合与转换。其次，搭建创客空间平台。这是一个线上线下结合的公共服务平台，支持创新创业。政府、高校和企业应共同创建，吸引社会创客和学生参与，促进创新创业项目的发展，并与其他创客空间合作，共享资源。最后，搭建孵化空间平台。政府落实扶持政策，支持孵化项目；企业利用平台资源进行创新，高校积极参与，开展实践教育，促进项目落地与发展。

5.激励体系：教师激励机制、学生激励机制与社会激励机制

首先，政府应指导教师激励机制，改革高校教师薪资与管理制度，将创新创业教育纳入教学评估与绩效体系，鼓励教师积极参与创新创业活动。其次，高校应主导学生激励机制，提升创新创业课程地位，确保学生获得同等学分，鼓励参与创新创业实践。最后，建立企业主导的社会激励机制，促进产学研深度融合，实现创新成果的社会经济效益。通过优化制度体系、强化组织体系、构建课程体系、搭建平台体系及完善激励体系，可以有效推动创新创业教育与专业教育的深度融合，实现"三螺旋"结构的协同效应，全面提升高等教育的质量与效益。

二、CDIO 理论

（一）基于 CDIO 理论的创新创业教育与专业教育融合理念分析

CDIO 模式，这一工程教育的创新之作，源于 2000 年的一次跨国学术合作。

美国麻省理工学院与瑞典皇家工学院等高等学府，经过四年的深入探索与研究，共同孕育出这一独特的教学模式。它以产品的生命周期为脉络，注重学生的主体参与，巧妙地将课程理论与实践操作相结合。在这一模式下，学生既能够获得系统的理论知识，也能在实践中锤炼技能，实现"知行合一"的教育理想。

1. 以 CDIO 理念为基本环境

在创业征程的起点，创业者需深思熟虑，全面考量市场定位、风险评估及成本效益等诸多要素，并为可能的挫败做好准备。高校应肩负起责任，在基础年级便开启创新创业教育之门，助力那些怀揣创业梦想的学生，以科学的视角去探索他们未来创业道路的可行性。而创业之初的设计蓝图与产品研发，更是决定公司价值与融资前景。精心策划，方能稳健迈出创业的第一步。高校应培养学生的创业设计能力，提高创业成功率和生存率。一旦创业设计完成，就进入正式实施阶段，通过实践培养学生的知识应用、团队协作和产品开发能力。高校可引入创业模拟，增强实践效果。

2. 以 CDIO 理念为参考标准

CDIO 要求建立综合课程体系，包括个人能力、人际交往、产品、过程和系统建构能力。学校应重视理论与实践相结合的课程体系设计。学生应通过实践经验将创业理念与专业知识结合，学校需提供实践场所和实验室支持创业活动。教师和学生在 CDIO 模式下需提升实践能力和主动学习意识，以促进创新创业教育与专业教育的融合。

（二）影响创新创业教育与专业教育融合的因素分析

1. 课程体系设置影响创新创业教育与专业教育的融合

目前，国内在创新创业教育方面虽然取得进展，但仍存在以下问题：一是大部分高校创新创业教育仅以选修课形式存在，期末考核单一化，学生参与的积极性不高，教师教学质量参差不齐；二是创新创业教育与专业教育脱节，缺乏必要的专业支持，学生对创业认知不足；三是部分高校仅提供短期培训课程，如 GYB 等，效果有限。课程设置的不完善是影响创新创业教育与专业教育融合发展的主要障碍。

2. 师资队伍建设影响创新创业教育与专业教育的融合

我国创新创业教育与专业教育难以融合的主要原因之一是缺乏经验丰富、创新思维强的教师队伍。教师在创新创业教育方面缺乏实践经验和创新意识，并且缺乏专业的培训，导致在创业理论和实践技能上存在信息不对称。高校中各学科教师的分离状态也影响了创新创业教育的整合，使得理工科学生创业时往往无头苍蝇般到处乱撞，缺乏市场营销和风险认知。

3. 创新创业意识培养影响创新创业教育与专业教育的融合

目前国内创新创业意识普遍不高，主要存在三个问题：一是一些人认为创业适合少数人或学术中心，过分关注企业数量和收入；二是应试教育观念深入人心，学生缺乏专业学习中的创新思维，也未将所学专业与创业联系起来；三是社会对大学生创业的期望不高，家长更是倾向于稳定工作而非创业，资金问题也是一个障碍。

4. 教育主体角色定位影响创新创业教育与专业教育的融合

目前我国创新创业教育主要受政策驱动，高校缺乏自主权，更多的是执行政策。教师和学生参与度低，缺乏积极互动。企业未积极参与，缺乏实践指导角色。社会未有效发挥创新创业教育的导向作用。

5. 考核措施影响创新创业教育与专业教育的融合

创新创业教育的考核体系尚待完善，其科学性与系统性仍有待提升。因此，教师与学生难以从中获得应有的激励与规范。在这种境况下，教师或许会陷入应付式教学的泥潭，而学生则可能缺失主动探求知识的热情。科学的考核体系，如同指引前行的明灯，能够照亮教育之路，激发师生的热情与创造力，为创新创业教育注入源源不断的活力。高校在响应创新创业教育改革时往往重视形式而非实质，未能有效地推动教育质量的提升。

（三）基于 CDIO 理念的创新创业教育与专业教育融合的路径选择

1. 构建梯度式课程体系

第一梯度——通识创新创业教育。

高校在基础年级积极推行通识创新创业教育，就是为了培育学生的创新意识和创业精神。传统的单一课堂教育模式已被多维度的全新教学方式取代。紧密结合"互联网＋"时代脉搏，高校特别开设了"互联网＋创业"课程，融合线上线下教学。教学方法包括专业导论结合案例分享、小组模拟创业体验、企业讲座及实地参访等。这些方法增强了学生的实践能力和创业热情，也推动了创新创业教育向信息化、多元化方向发展。

第二梯度——深度型专创教育。

通过精心设置必修课程，并结合各专业特性开展"创业＋专业"的深度融合教育，推动学科的交叉与碰撞。教学内容涵盖本专业热点、前沿问题的深入研讨及专业领域创业案例的详尽分析。这种模式注重启发学生对专业的创新探索，并且致力于挖掘专业创业的潜力，特别是非主流专业领域。目标是培养具备创业能力的高素质人才，提高其识别和把握创业机会的能力，为未来职业生涯做准备，并为具备创业意识的学生提供个性化教育。

第三梯度——因材施教型专创教育。

通过精心策划和严格选拔，高年级学生进入个性化创新创业教育班，以充分展现和锤炼他们的创业构思与行动。这种小班制教学确保每位学生的创业构思都能得到充分展现。结合深厚的专业教育，教师为学生量身打造多样化的创业方案，旨在培养学生的创新思维与创业能力。双导师制（创业导师与专业导师）的实施，为每位学生提供量身定制的成长路径，强化专业能力并满足实践需求。实训模式允许学生在真实的创业环境中实践，建立创业团队，接受全程跟踪指导。教师将科研成果转化为创业项目，为学生提供实践机会。同时，企业人员作为兼职创业导师，为学生提供实际经验和指导，助力他们在创业道路上勇往直前。

2. 加强师资团队建设

针对高校创新创业教育师资队伍的薄弱环节，提出以下解决方案：一方面，构建跨领域师资团队。高校应建立跨领域、跨专业的创新创业教育师资团队，以经管类教师为核心，吸纳其他领域的优秀教师及辅导员担任创业导师。定期组织专业培训，将此纳入教师考核体系，激励教师不断提升自我。鼓励教师在寒暑假期间深入企业实践，以增强实践能力和行业经验。另一方面，加强企业合作。高校需积极与企业合作，邀请知名创业人士和企业管理精英走进校园。这些业界翘楚不仅能带来前沿创业理念和实战经验，还能直接指导学生创业实践。将他们纳入学校教师队伍，可以丰富创新创业教育的师资力量，为学生提供更广阔的学习平台和视野。

3. 优化创业园模式

设立专业的创业顾问团队，对创业园区进行科学管理，及时清除无活力的项目，确保园区持续焕发生机。构建高校创客空间，提供创业知识的自由分享和伙伴间的深度联结平台，推动不同专业的学生交流，激发创新火花。与其他高校合作，共同打造联合创业园，建立充满活力的区域创业生态，实现资源高效利用与优势互补。积极鼓励校园创业园与社会接轨，与省市级创业园开展合作，汲取先进的创业经验，为创业者铺设更宽广的道路。

4. 提升校园创新创业文化氛围

高校应深刻认识校园创业文化建设的重要性，积极支持创新创业社团发展。提供规范化、专业化指导，助力社团成长。通过举办创业计划书设计比赛等，鼓励来自不同专业、领域的团队参与，激发学生的创新创业意识。这些比赛可以让学生意识到专业知识的不足，也提供了学习借鉴优秀创业经验的平台，进一步推动了创新创业与专业教育的深度融合。

5. 完善考核体系

创新创业教育在高等教育体系中的地位日益重要，应独立纳入学分考核体系，以明确其地位和价值。这将提升教师和学生对创新创业教育的关注度，为推动创新创业教育与专业教育的融合铺平道路。学校应全面评估教师的专业教学质量和学生对教学的满意度，定期对学生进行抽样考核，了解学习成效。教师还应评估学生的创新创业效果，实现全面、客观的双向考核。这有助于发现和解决教学问题，确保教育质量。然而，并非每个人都适合创业，因此需要在科学、完善的考核体系下，精准选拔有创业意愿和潜力的人才，以高效利用资源，为有志于创业的学生提供精准支持。

三、建构主义理论

（一）建构主义学习理论与情境式教学

在建构主义学习理论的视野下，知识不再是教师单向传授给学生的固定内容，而是学生在具体的学习情境中，通过教师引导和同伴合作，利用多元化学习资源，主动构建意义的过程。学习被定义为一种动态的、个人化的知识建构活动。传统的教与学角色在此理论下被颠覆，教师与学生的互动交流成为知识建构的核心环节。建构主义学习理论将"情境""协作""会话"与"意义建构"视为学习的四大支柱。这意味着，教师在教学设计时，不仅需要明确教学目标，还应精心创设能促进学生自主意义建构的学习环境。与以往教学理论强调知识的普遍性和抽象性不同，建构主义赋予情境极高的价值，认为情境是学生实现知识内化和意义建构的重要基石。在这种理论指导下，学习不再是孤立的知识点的记忆与重复，而是在生动、具体的情境中，通过与他人的协作与对话，不断调整和丰富个人的知识网络。这种学习方式有助于提升学生的问题解决能力，培养他们的创新思维和终身学习习惯。

（二）基于建构主义的专业教育与创新创业教育的协同发展模式

专业教育与创新创业教育在人才培养目标上展现出高度的协同性，共同致力于培育具备创新精神和创业能力的高素质人才。专业教育以传授深厚的专业知识为己任，雕琢学生的专业素质，锤炼其系统的思维能力，从而为他们在创新创业的舞台上大展拳脚奠定基础。而创新创业教育则侧重于通过理论探讨与实践操作，激发学生的创新意识，培养实际创业能力。当两者紧密结合时，学生在专业领域的创新潜力将得到极大提升，使他们拥有扎实的专业知识，并且具备将知识转化为实际创新成果的能力。建构主义的情境化教学方式通过真实的教学情景和多种方法（如角色扮演、情境创设、游戏演练、案例分析等），激发学生的自主探索精神和团队合作能力。

（三）基于建构主义的专业教育与创新创业教育的协同发展教学模式

在以上分析基础上，提出了"基于建构主义的专业教育与创新创业教育协同发展教学模式"，具体内容如图6-1所示。

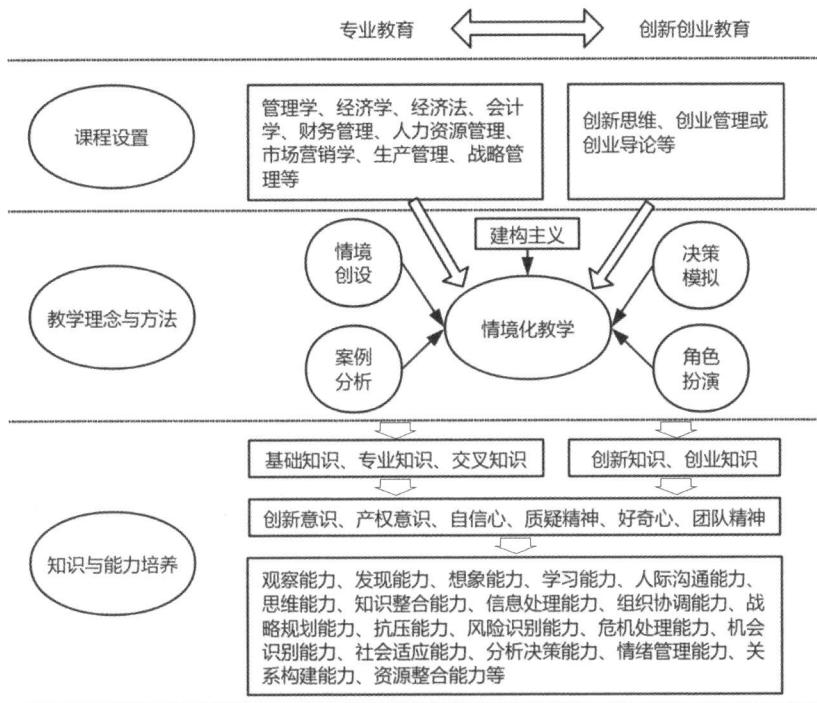

图6-1　基于建构主义的专业教育与创新创业教育协同发展教学模式

1. 课程设置

工商管理专业涵盖管理学、经济学、经济法等多个领域，目的是培养学生全面的商业素养和深厚的理论基础。而创新创业教育课程则专注于创新思维和创业管理，前者致力于激发学生的创新灵感并培养独特的思考方式；后者强调实践管理能力的提升。这两门课程相辅相成。将工商管理与创新创业教育相结合，是理论与实践的完美融合，为未来的商业人才铺设了一条通向成功的道路。

2. 教学理念与方法

基于建构主义的情境化教学方法，采用情境设定、案例分析、问题导向和模拟决策等手段，培养学生的主动性、团队协作意识和创新精神。这种方法在工商管理专业课程中的应用已经取得了成效，有效提升了学生的学习能力、沟通能力、决策能力和组织协调能力。实践表明，情境化教学不仅使学生沉浸在真实的商业环境中，也在无形中提升了他们的综合素养。

3.知识与能力培养

专业教育和创新创业教育虽各有侧重，但也存在共通之处。专业教育主要集中于管理、经济、法律及企业管理等学术领域，致力于深入传授知识；而创新创业教育则侧重于培养学生的创新思维，为创业打下基础。这两者相辅相成，共同构建了全面而深入的教育体系。在意识养成和能力培养方面，两者都遵循建构主义理念，培养学生的创新意识、自信心、团队精神及多种能力，包括思维能力、学习能力和人际沟通能力。

第三节 创新创业教育与专业教育衔接的现实阻碍

一、创新创业教育与专业教育融合的多重困境

（一）创新创业教育与专业教育融合理念的分歧

专业教育教师认为，专业教育源于工业经济时代，是为了培养高级工程师和技术人才以满足经济和社会分工的需求。而创新创业教育则着重于培养学生的创新意识和创业能力，使他们从求职者转变为创业者。虽然两者有不同的侧重点，但都推动了创新创业教育的发展。

当前，中国高校在创新创业教育上存在分歧：一方面，政策驱动的创新创业教育需加强与教育实践和产业转化的对接；另一方面，有观点认为，现代大学应超越传统专业教育框架，将科学研究和创新作为核心使命，构建以课程创新能力为核心的教育体系。我国高等教育以专业教育为主导，学生的专业选择决定了其

知识体系和创业路径。因此，将创新创业教育融入专业教育，既能发挥专业优势，又能满足创业需求。还有观点认为，将创新创业教育与专业教育有机结合，是应用型高校教育改革的重要突破点，能够引领专业教育发展。研究指出，理清创新创业教育与专业教育的关系有助于促进二者的深度融合和科学建设。

（二）创新创业教育与专业教育融合模式不成熟

目前，创新创业教育被视作校外实践活动，缺乏系统纳入专业教育体系的方案，因此融合模式尚不成熟，限制了其发展进程。部分高校管理人员和教师尚未充分认识到创新创业教育与专业教育深度融合的重要性，往往过于关注其商业价值，而忽视了其对专业教育发展的推动作用。

（三）创新创业教育与专业教育融合方式待创新

在高校中，创新创业教育多由经济管理学院或就业管理部门牵头组织，只有少数高校设立了专门的创新创业教育部门负责统一调度教学、培训及实践活动。然而，这种分散的组织形式导致创新创业教育与专业教育在规划和实施上存在差异，从而引发两者发展的不协调。这种不协调影响了教育的连贯性和深度，也制约了创新创业教育与专业教育的相互促进。一些高校尝试通过举办创业竞赛和建立创业组织协会等方式促进两者融合，但效果有限。高校创新创业教育仍面临缺乏权威教科书、课程安排不规范，以及理论支持不足等挑战。

（四）创新创业教育与专业教育融合机制不健全

高校对创新创业教育与专业教育的融合认识不足，致使其缺乏完善的融合体系。具体问题包括以下三点：

（1）创新创业教育的组织制度不完善。许多高校将创新创业教育视为简单的教育理念，没能充分认识到它与专业教育的互动关系，以及对大学生就业和国家创新发展的重要性。这种缺乏重视的现象使得创新创业教育不能有效融入专业教育体系，影响了其在学生职业发展中的作用。

（2）师资力量配置不足。目前许多高校在创新创业教育中缺乏具备创业实践和理论知识的高质量教师。这种师资短缺问题导致创新创业教育的实施受到制约，影响了教学质量和效果。

（3）创新创业教育的课程体系不完善。现有课程体系未能有效融入专业教育，教学内容和形式相对滞后，无法满足现代人才培养的需要。这种课程体系的滞后限制了创新创业教育目标的实现，影响了人才的综合素质提升。

二、创新创业教育与专业教学的矛盾点

（一）创新创业教育与专业教学的观念论点纷争

创新创业教育的兴起引发了其与传统专业教学关系的广泛讨论，类似于大学创建初期关于"学知识与学做人哪个更重要"的经典辩论。尽管这一问题表面上有明确答案，但新事物的出现常常伴随探索和未知，我们需重新审视这一议题。

关于创新创业教育与专业教学的辩论，本质上涉及专业教育与素质教育之间的关系。这不仅涉及教学方法，还关乎教育理念的根本转变。中国高校最初按社会需求和学科发展进行专业划分，培养了大量专业人才。然而，20世纪80年代以来，过度专业化的弊端显现，文化素质教育和综合素质的培养逐渐受到重视。一些学者指出，高校难以培养既精通各学科又具备全面能力的"通才"，这一观念分歧为创新创业教育与专业教学的融合设置了障碍。

在实际教学中，高校、教师和学生面临权衡困境。有些教师侧重于专业知识传授，忽视创新创业教育；另一些教师则过分追求创业实践，忽略专业技能基础。这种理念和实践上的失衡影响了学生的全面发展，也制约了创新创业教育与专业教学的和谐融合。

（二）创新创业教育与专业教学的资源占有纷争

创新创业教育的实施对资源的占用和分配产生了矛盾。第一，教育经费和场地的分配是关键问题。高校在实施创新创业教育时，需依赖国家政府拨款和学校教育经费，这可能影响到专业教学、科研和基础设施的资金分配。第二，创新创

业教育的开放式学习和创业空间改变了传统教学方式，与专业教学形成鲜明对比。第三，创新创业教育与专业教学在学时及学生精力投入上的矛盾日益显著。一些学生将时间投入创业实践中，难以兼顾专业学习，可能学业成绩下降，甚至面临退学风险。这种冲突考验了学生的时间管理能力，更是对教育体系的灵活性提出了挑战。

（三）创新创业教育与专业教学的师资队伍纷争

尽管创新创业教育面向广大学生，但其实施主体和师资队伍是否具备足够的创业指导资质仍存争议。目前，多数高校在创新创业教育方面的实践局限于活动和赛事组织，课程体系尚未完善，且以公共选修课为主，这在一定程度上限制了创新创业教育的深入发展。师资方面，多由校内创业与就业指导中心的教师和外聘企业家或咨询顾问担当，他们的侧重点往往是理论和操作技能，缺乏实际的专业实践应用。因此，亟须提高师资队伍的专业化水平。专业教育的教师对创新创业知识了解不足，不能有效地指导学生。师资建设方面，创新创业教育和专业教学各自为政，高校的评价机制未明确区分这两类教师的要求。应建立专门的创新创业导师队伍，以解决师资队伍的纷争。

三、创新创业教育与专业教育融合的实践性问题

（1）外在组织融合方面的实践。创新创业教育与专业教育的融合，一个重要的体现是将创新创业教育整合到专业人才培养中。在我国高职院校中，通常将"创业基础"等创新创业课程纳入专业培养方案，理论与实践教育相结合，进行相关评估。这种做法有效实现了创新创业教育与专业教育的组织融合，因为这些课程通常作为必修课面向全体学生开设，从而达到了广泛覆盖的目的。然而，这种融合方式的特点是将创新创业教育与专业知识和技能学习相对独立地对待，并没有在知识体系的内在建构上实现真正融合。

（2）在内在知识融合方面，高职院校已取得一定进展，尤其体现在学生的创业项目上。许多项目不仅仅是简单的商业活动，而是基于学生所学专业知识和

技能开发的新技术和产品，甚至创办了新的企业。例如，温州职业技术学院实施的"专业共建—技术研发—创新创业"模式，成功培养了应用新技术的创新创业人才。这种项目研究的方式较好地实现了创新创业教育与专业内在知识的融合。但是这种方式通常只面向部分学生，而非全体学生。

总体来看，高职院校在创新创业教育与专业教育的融合方面尚未完全达到预期目标。因此，真正的挑战是未来如何在内在知识技能层面实现创新创业教育面向全体学生的目标。

四、创新创业教育在不同专业融合中的困境

（一）创新创业教育与生物工程专业的融合

随着时代的发展和教育环境的多样化，高校教育正逐渐向开放、包容和多元的方向转变。在这一过程中，传统的教学理念与现代教学方式之间不可避免地产生了碰撞与冲突。作为一种新兴教育理念，创新创业教育在提升学生品德修养和促进其全面素质发展方面具有很大的作用，但在我国生物工程领域，其应用和实践仍显不足。生物工程领域的学生在创新思维方面面临诸多限制，难以得到充分发挥。

为了应对这一困境，我们必须建立一套科学的创新创业教育理念，并将其有效地融入生物工程专业的教学和人才培养过程中。这样才能够更好地满足国家和社会的需求，也能为学生的个人成长提供更广阔的平台。与国外相比，我国在这一领域的起步较晚，部分高校对创新创业教育的理解仍不够深入，通常只在课余时间进行创业指导和竞赛活动，或简单地开设几门相关课程，而未能将其融入专业教学中。一些教师在传授理论知识时，也未能有效地将"岗位创业"和"知识创业"的理念融入课堂，导致学生难以主动适应未来社会的多元需求。

生物工程领域的创新创业教育体系中，学生实践平台尚不足以支持实际工作需求和人才培养，没有全面考虑学生的知识储备和实践能力，培养形式单一，影响了教育改革的进程。

（二）创新创业教育与食品专业的融合

（1）当前，我国食品专业的创新创业教育面临诸多挑战。相比发达国家，我国的创业政策和法规尚不完善。发达国家的大学生享有健全的创业支持政策和法律保障，为创业活动提供了坚实基础。尽管我国政府已出台了一些创业政策，如免税政策和小额贷款，但食品专业的大学生在实际创业中仍面临不少困难。

（2）高校的创业教育也存在不足。为了应对严峻的就业形势，高校应致力于培养食品专业学生的创新意识和创业能力，使他们不仅能成为求职者，还能成为行业的创新者和供应者。然而，目前我国高校的创业教育仍处于初级阶段，真正意义上的创业教育课程较少，尤其是在食品专业中更为稀缺。另外，接受创业教育的学生数量有限，高校还面临创业教育师资短缺的问题。大多数教师缺乏实践经验，难以形成高素质的创业指导团队。

（三）创新创业教育与财经专业的融合

1. 融合主体参与创新创业教育的积极性和主动性不强

（1）学生视角。从学生视角看，创新创业教育与专业教育的融合存在以下几个问题：首先，学生对两者关系的认知度不高。调查显示，超过半数的学生认为创新创业教育与专业教育存在一定联系，但约30%的学生认为两者关联不大，还有一部分学生认为两者无关。这表明，大多数学生尚未深入理解两者融合发展的重要性，尤其在财经类职业岗位与创新内涵的结合方面，学生的认知亟须提高。

其次，学生对创新创业政策的关注度较低。调查显示，仅约20%的学生会经常关注相关政策，超过50%的学生偶尔关注，而剩余的学生完全不关注。这一现象反映出学生对高校实施创新驱动发展战略的关注度不高，这在一定程度上影响了创新创业教育与专业教育的有效融合。

再次，学生对学校创新措施的了解不够。例如，了解专创融合课程和创新创业大赛的学生较少，这表明学生参与创新创业教育的积极性尚需提升。

最后，学生对教师在专业课程中融入创新创业教育的感受差异较大。调查显示，约45%的学生认为融入效果较好，但35%的学生认为融入程度较低，剩余的学生则认为几乎没有。这表明，创新创业教育与专业教育的融合工作面临巨大挑战，需要更多的努力。

（2）教师视角。教师在创新创业教育与专业教育融合中是一个重要角色，直接影响两者的结合效果。座谈中发现，虽然专业课教师普遍认识到创新创业教育的重要性，并认为创新元素能为专业课注入活力，但实际融合仍存在较大的脱节现象。这是因为教师需要同时具备专业能力和创新素养，而这两者在人才培养模式上存在差异，致使教学设计和方法难以兼顾。教师考核机制也未能有效关联创新创业教育，缺乏足够的激励机制。由于财经类专业的特殊性，学生在创新创业类大赛中表现不佳，也影响了专业课教师的指导热情。

2.融合课题专创融合教学模式不完善，创新创业教育改革不深入

（1）课程内容。课程内容是创新创业教育与专业教育融合的重要因素。尽管一些教师尝试在专业课程中融入创新元素，开展具有"专业特色"的创新创业教育，但融合程度受课程特点和教师能力的影响，不同专业的融合情况也有所不同。

（2）教学方法与手段。在理论课程中，教师通常采用案例分析和视频等方法，而体验式教学方法的使用较少。实践课程中，教师普遍采用任务实训和小组合作等方式，帮助学生运用专业知识解决实际问题，这也有效地培养了他们的创新思维和实践能力。

（3）课程考核。目前，高职院校的专业课程考核主要包括过程性评价和结果性评价。过程性评价通常依据创新性作品评估学生的创新成果；在结果性评价中，部分教师在期末考试中设置开放性题目以评估学生的创新意识和思维能力。财经类专业实践课程的过程性评价对学生创新能力的考核较为充分，但理论课程中创新创业元素的考核较为不足，这会影响学生对创新创业教育的关注和参与，制约了创新素养的全面培养。

3.专创融合保障条件不健全，组织实施不到位

高职院校在推动专业教育与创新创业教育的有机融合方面，本应具备条件与政策支持。然而，实际实施过程中却屡遇难题。相关部门和二级学院在组织实施上往往显得力不从心，制度执行缺乏有效的反馈机制，导致政策文件虽在却难以落地。专业课师资队伍的培训不足，影响了教师在创新创业教育融合发展中的执行力。尽管创新创业大赛成绩已纳入教师的年终考核和职称评聘体系，但这种"唯赛果至上"的评价导向可能适得其反，抑制了教师的参与积极性。因此，需要寻求更科学合理的融合路径与评价机制，以激发教师和学生的"双创"热情，实现专业教育与创新创业教育的真正融合。

五、创新创业教育与高分子材料与工程专业的融合

（一）对创新创业教育理解不到位

我国的创新创业教育仍处于萌芽阶段，其体系和评价机制尚需完善。目前，社会对创新创业教育的理解存在误区，常常将其简化为鼓励学生创业开公司。高校过分关注竞赛成果，却忽视了对创新创业精神的深层培养。这种偏向使创新创业教育的内涵狭隘化，也阻碍了其健康、全面发展。真正的创新创业教育应注重培养学生的创新思维和创业能力，而非仅仅追求商业成果。

（二）创新创业教育课程体系尚不完善

当前大学课程教学仍以传统课堂教学为主，如观看创业访谈视频和撰写商业计划书。这种方式使得学生的学习较为被动，创业计划与专业内容脱节，缺乏实际创新。教师普遍缺乏创业经验，企业教师的教学经验也不足，导致学生的参与程度不高，创新意识训练不够充分。

（三）创新创业教育实践环节薄弱

在应用型本科院校中，实践教学资源短缺的问题十分突出，使学生的创新创业教育需求难以得到满足。学校的实践课程设计与企业实际生产要求之间存在明显的不对称，加剧了资源的错配。此外，学校对企业创新需求的了解不足，而企业因技术保密等顾虑对合作持保留态度，双方之间的隔阂显而易见，亟须有效的桥梁来弥合这些问题。这些因素不利于学生创新思维的发展，导致学生的实践能

力不足，难以满足新工科背景下的要求。

第四节　推动大学生创新创业教育与专业教育衔接的对策建议

一、以创为核心的"五融合、六转变"

（一）五融合

1. 机构整合

很多高职院校通过设立创新创业学院来统筹相关教育工作，而专业教育则由二级院系管理。这种分离的管理模式常常导致教育工作的割裂。建议设立专门的职能部门来协调创新创业教育与专业教育之间的关系，由教务处统一管理创新创业课程，以减少协调成本，提升教育的整体效果。

2. 课程融合

创新创业课程应纳入专业人才培养方案中，根据专业目标和特点，将其融入通识课、技术平台课和专项能力课中，以培养具有创业意识和精神的技术人才。课程开发可采取以下形式：一是系列化课程，结合专业课程，开发包括创新意识、项目策划、融资模式等内容的系列化创新创业课程；二是专业教师开发课程，鼓励专业课教师开发本专业的创新创业课程，实现课程内容的无缝衔接；三是个性化课程，开发具有专业特色的个性化课程，深度融合创新创业教育、专业教育及学生的兴趣爱好。

3. 师资融合

创新创业教育不仅要求理论的深入传授，还需要技能培养和实践能力的锤炼。为了提升教师的业务水平，应鼓励教师参与国际学术交流，捕捉全球创新创业的最新动态，吸收前沿理论成果。鼓励教师到风险投资公司或高科技企业进行挂职锻炼，既能提升其实际操作技能，又深入了解企业的运作模式和职业标准。回到课堂后，教师能够更贴切地指导学生进行创新创业活动。在创新创业教育与专业教育的融合中，实施"双导师"模式是一种富有创意的尝试。创新创业教师与专业教师可以通过共同承担项目，如"大学生创新训练""挑战杯"等竞赛及创业孵化项目，来实现优势互补，提高项目的整体效果，有效地培养学生的综合素质，找到理论与实践的最佳平衡点。

4. 文化融通

创新创业文化与专业文化是校园文化的组成部分，二者相辅相成。建立有影响力的特色社团来促进二者的融合是一种有效途径：一是精英社团，设立创新精英班、创业先锋班和创优示范班等精英社团，通过榜样的引领，培养学生的创新创业意识；二是科技创新社团，支持科技创新类专业社团，举办科技成果展和创新创业项目路演，鼓励学生参与科技创新，推动创新创业文化与专业文化的有机结合。

5. 项目共建

创新创业孵化项目与专业顶岗实习可通过校企合作，在校内孵化基地和校外实习基地展开。这些基地通常由政府和企业支持共建，为学生提供实践教学的场所。学生可以将科技发明或商业模式转化为创业项目，通过项目筛选和答辩，促进创新创业教育与专业教育的融合。

（二）六转变

1. 培养目标："就业从业"向"创新创业"转变

高职院校亟须深化创新创业教育改革，以全面提升人才培养质量。专创融合教育是为了使学生更好地适应当前及未来的社会需求，因此，必须将创新精神、创业意识及创新创业能力深度融入专业人才培养目标与评价体系中。这一举措有助于推动人才培养标准从单一的就业导向转向更广阔的创新创业领域，从而树立全新的人才培养质量观。这种改革挑战了传统教育模式，更是对未来社会需求的深刻洞察与积极回应。

2. 课程建设："双创""课程"向"课程""双创"转变

推动"双创化"改革，意味着将专业课程与市场需求和现实问题紧密结合，实现跨专业、跨学科的综合性教育。这一改革的核心是积极构建以成果为导向的专创融合专业课程教学改革。通过开发富有专业特色的创新创业课程和游学体验课程，为学生提供更加贴近实际的学习环境。在教学过程中，应采用探究式、启发式、体验式等多元化的教学方法，以培养学生的批判精神和创造性思维，激发他们的创新潜能。为了适应"互联网＋职业教育"的发展趋势，我们应充分运用现代信息技术来改进教学方式，从而提升学生自主学习和创新学习的能力。此外，为了进一步激发学生的创新创业热情，可以通过支持学生以专业创新竞赛的成绩来替代专业课程学分，甚至以创业实践来代替传统的顶岗实习。

3. 实践平台："实训中心"向"众创平台"转变

为了适应创新创业人才培养的新要求，高职院校正积极进行实训环境的革新。传统的封闭式实训空间正在逐步被开放式的创新实验室、师生共创的工作室及众创平台所取代。这种转变提供了更为广阔的实践场所，也强调了技能训练与技术研发的双重重要性，有力地推动了多学科的交叉与融合。在校企合作方面，学校与企业通过"引企入教"的方式，共同建设工作室和实验室。这使学生从虚拟课题研究中走出来，真实地面对并解决企业的实际问题。此种实践训练模式促进了学生作品的商业化转化，让创意从纸面走向市场，加强了学生的实践能力和解决问题的能力。学校大力支持学生参与国际创新创业赛事和项目，这锻炼了学生的实践能力，拓宽了他们的国际视野。学校积极推动教师的科研成果转化，为师生提供了优质的工作、网络、社交及资源共享空间。

4. 教师队伍："双创"教师向教师"双创"转型

新时代的创新创业教育已成为全校性的共同使命，不再局限于个别部门或少数教师。在这一背景下，每位教师都肩负着推动和参与创新创业教育的重任。国务院发布的推动创新创业高质量发展的意见，为科研人员投身科技创业提供了政策鼓励。学校应积极响应，构建更多支持教师创新创业、师生共创的平台和有效载体。注重技术开发为核心的创新活动，不但能提升师生产学研用的协同创新能力，也可以增强他们参与职业教育的自信心。跨学科、跨专业的融合已成为教学和科研团队建设的新趋势。这种交叉融合有助于吸引社会创新创业精英加入师资队伍，共同为创新创业教育注入新的活力。

5.专业发展："传统专业"向"新专业"转型

近年来，国家推出了新工科建设，主要是促进传统学科改革，服务新兴产业和经济。这一举措着眼于跨界、复合及创新的人才培养理念，力求实现创新创业教育与专业教育的深度融合。通过积极推进新工科、新商科、新文科、新医科等学科建设，深化教育改革，努力推动专业走向复合化与创新化，培养具备多学科交叉背景的创新型、复合型及应用型人才。高职院校则致力于产教融合，促进教育与产业资源的集聚融合，构建多元协同的人才培养模式，支持"1+X"证书制度，推动不同学科、专业的融合，培养适应高技术产业需求的人才。

6.组织目标："封闭办学"向"生态系统"转型

高职院校应积极响应教育改革创新的号召，深入推进专创融合与产教融合的改革。在这一过程中，要打破传统的封闭办学模式，建立开放且多元参与的创新创业教育生态系统。这种转型将更好地契合产业生态圈的发展需求。在办学理念层面，高职院校需精心培育专业创新创业文化，使之与产业文化及工匠精神融合，从而发挥文化的引领作用。在专业设置与建设方面，通过产教融合的战略，可以构建完整的创新链和人才链，促进教育链与产业链的紧密衔接，实现教育与产业的协同发展。学校组织与管理也应与时俱进，通过多元化办学经费来源，优化资源配置，为创新创业教育提供物质基础。在科研与社会服务领域，高职院校应建立面向实际问题的科研机制，完善知识转移运作，推动应用型学术研究的发展，为社会进步贡献智慧与力量。

二、优化创新创业教育系统建设，推进专创融合深度发展

创新创业教育作为大学人才培养模式的创新升级，并非独立于教学体系之

外，而是贯穿于各个课程教学环节的新型教育理念。优化创新创业课程体系需要突破目标不清、内容同质、结构零散、教学方式单一等问题，深化专创融合教育。首先，更新课程目标，强调基于知识的意识、价值和能力，而非仅仅是知识传授。其次，优化课程结构，横向构建多元、广泛且综合的创新创业课程群，纵向强化连续性和深度嵌入学科专业的课程模块，促进学科与创新创业理念的融合。最后，完善课程评价方式，坚持过程性与终结性相结合的评估，避免"唯分数论"误区。并且加强创新创业与专业教育的融合机制，提升教师的创新创业能力，构建系统化、全面化的新教育体系，推动专创融合。

（一）完善创新创业教育与专业教育融合机制

1. 转变教育观念，完善人才培养方案

教育者和学生需树立正确的创新创业教育观念，超越单一的专业知识和技能传授。教育改革需要深刻变革教育理念，推动以素质能力为中心的人才培养，重视知识选择、建构和应用能力，以及创新创业的全面发展。创新创业教育与专业教育的融合应面向所有学生，分阶段实施，从理论到实践，普及创新创业思维，提升教育质量，培养社会需要的高素质人才。

2. 调整课程结构，建设特色课程群

开设具有本校特色的创新创业必修课与选修课。通过适度增加学时数，为学生提供更充足的学习时间和实践机会。整合相近专业的基础课程，并引入优质的在线开放课程，形成一系列具有创新创业特色的课程群。这些课程将涵盖学术研讨、学科前沿动态、创新思维培养及创业指导等内容，旨在全面提升学生的综合素养。支持教师开发网络在线开放课程，并在其中巧妙地嵌入创新创业元素。创新与实践相结合的教育方式，既能激发学生的学习兴趣，还能有效促进教育内容的持续创新与发展。拓展教学广度，采用案例式和启发式的教学方法，融入国际科技前沿的最新内容，使学生紧跟时代发展的步伐。教学过程中注重融合式手段，致力于多样化学生的知识结构，鼓励通过多条路径寻找解决方案，培养发散性思维和创新能力。

3. 整合教师资源，培养新型教学团队

高校应将创新创业教育全面融入教师培训和教学能力提升之中，确保教师在传授专业课程时，自然地融入创新创业知识，从而丰富专业教育的内涵。鼓励教师深入企业实践，与企业合作研发技术，将创新创业理念与专业知识紧密结合。这样既提升了教师的实践能力，又能为学生提供更加贴近实际的教学内容。设立专门的教学和管理岗位，建立明确的岗位责任制，从现有的教师队伍中选拔具有创新精神和实践能力者承担教育任务，确保创新创业教育的有效实施。制定激励措施，提供项目经费支持，建立优秀导师库，聘请专家参与，组建特色教育团队。

4. 开展多方合作，建立内外协同育人机制

高校应积极寻求与企业、行业协会、地方政府及创业者的深度合作，共同探索政府助力、学校自发、社会参与的协同机制。通过这一联动方式，既能有效吸引国际及社会各界的丰富资源，又能构建"企业乐意进驻、高校勇于走出、人才愿意留下"的良性循环体系，源源不断为创新创业教育注入活力，推动人才培养与社会需求的无缝对接。

5. 打造实践平台，提高创新创业育人质量

高校应大力推进专业实验室和创新创业实验室的建设，打破固有的专业壁垒，实现资源的充分共享。在实验教学示范中心和实践基地的考评体系中，增加创新创业教育的相关内容，以全面提升教育质量。充分利用众创空间、大学生创业园及创业孵化基地等优质资源，为学生提供广阔的实践平台，培养他们的创新创业能力，助力未来职业生涯的成功。支持学生成立创新创业社团，在导师的指导下开展活动。研究国内外动态，明确教育目标，构建人才培养模式，细化质量保障和评价体系，实现人才素质与学科专业发展的统一，培养高素质人才。

（二）专业教师自身提高创新创业教育教学能力

教师应积极参与创新创业教育，明确职责，找出教学短板，找准发力点，多措并举提升教学能力，尤其是创新创业教育能力。

1. 思想认识上"思学",深刻理解创新创业教育及其内涵

专业教师需深刻认识到创新创业教育在高等教育体系中的核心地位。创新创业教育关乎教育质量的提升,更是推动学生高质量就业的重要驱动力。将创新创业教育融入人才培养的每个环节,是教师的责任。教师应明确创新创业教育与专业教育的关系,两者应结合而非脱离课堂。创新是创业的基础,创业是创新的载体。创新创业教育应分层递进,教师在专业创业教育阶段负有重要责任。

2. 教育理念上"思变",形成"以岗位创业为导向"的创新创业教育新理念

面对创新创业教育的革新,教师需调整教育理念,从单纯的知识传递者转变为创新精神与创业意识的引路人。教育目标应从培养学术型或应用型人才转变为塑造创新创业型复合型人才。大学生创业有两条路径:自主创业和岗位创业。自主创业是要开辟自己的商业天地,而岗位创业则是在现有岗位上发挥创新精神,推动企业变革。教师应指引学生根据自身特点和市场环境灵活选择创业路径,并告知自主创业的风险,鼓励在工作中运用创新思维和创业心态实现人生理想。

3. 教学内容上"思融",主动将专业教育与创新创业教育有机融合

教师应将创新创业教育融入专业教育,培养既懂专业又具创新创业精神的人才。在专业教学中,教师应巧妙地结合课程内容,引领学生进入创新创业领域。深入挖掘每门专业课程中的创新创业元素,在传授基础知识的同时,注入前沿科技动态、行业发展前景和技术革新方向。鼓励学生主动探寻与课程内容相关的创业信息,激发创新思维。让学生参与科研项目,锻炼其解决问题的能力,并且在实践中培养科学素养和创新精神。教师应将最新的科研成果融入教学,让学生及时了解学科的热点问题和最新进展。

4. 教学方法上"思改",积极探索适应于创新创业教育的新方法

在教学改革中,教师应革新课前、课中及课后的教学方法,摒弃传统的单向灌输模式。通过启发式、讨论式、参与式和案例式等双向互动的教学方式传授知识,并激发学生的思考与探索欲望。鼓励学生大胆提问、提出新思路,在课堂上深入讨论,实现从知识传递到点燃学生内心求知的转变。在讲解专业课程时,教师应根据课程的独特性质选择合适的教学方法，以提升教学效率。在阐释基本概念与理论时，不仅解释定义，还应深入探讨其背后的原理及实际应用，以启迪学生思维。教师还应鼓励学生批判性审视现有知识，培养创新精神和科学素养，使学习深入知识的背后逻辑和科学精神。

5. 科研学术上"思加"，强化创新创业教育教学研究能力

高校教师的主要任务是教学和科研。科研能力包括专业研究和教学研究，后者直接影响教学能力。教师应在进行专业研究的同时，加强创新创业教育研究。处理好科研与教学的关系，增强两者的融合度，在教学中发现研究问题，并将成果转化为教学内容，实现"以教促研，以研助教"。积极申请教研课题，提高理论素养，将研究成果应用于教学，指导实践并不断完善，总结并分享成果。

6. 任职经历上"思先"，敢为人先，到企业挂职锻炼或离岗创业

教师应积极响应国家和学校的号召，主动到相关企业挂职锻炼，深入了解企业的运行模式与管理环节。这样的实践经历不仅能丰富教师的个人阅历，还能丰富实践经验，使教学更加贴近实际。结合自身专业知识，教师应将科研成果转化为实际应用，并带领学生共同创业，为学生树立可效仿的榜样。在创业过程中，教师将亲身体验各种挑战和艰辛，从而不断提升阅历、理论和技能。这些宝贵经验将使教师在教学中更得心应手，有效地指导和支持学生的创业与就业。

（三）创新"一个核心，两个支点"的融合新模式

1. 坚持核心框架：统筹协调理论教学与实践教学的互促关系

高校创新创业教育的目标是提升人才的整体素质。除了开设创新创业课程，还需推出系列创新创业活动作为实践平台，实践活动是教育的核心。学生应以专业为依托，运用专业优势进行自主创新和创业实践。按照年级分流，根据学生的专业特点，分阶段开展创新创业教育：一年级培养专业观念，逐步引入创业精神；二三年级开展起步阶段的实践项目；高年级则构建创新创业平台，提供企业孵化器等条件，进行实战锻炼，提升创新创业技能。在课程体系中应有效融入创新创业教育，利用专业课堂和第二课堂进行理论教育与实践的融合，激发学生的创业热情，提升其基本素质。

2. 狠抓课堂支点：课堂教学中专业教育与创新创业教育的渗透和强化

构建"专业+创业"课程体系应实现"X学科+创新创业"的深度融合，既突出专业特点，又结合创新创业教育理念，以满足应用型人才培养的全面需求。通过这种课程设计，学生不但掌握了专业知识，也在实践中灵活应用，实现了学以致用。

教材建设应注重"基础+特色"的结合。基础教材应结合国情和社会现状编选，为学生打好理论基础，同时引入国内外优秀补充教材以拓宽视野。利用网络公开课和校园"双创"论坛，为学生提供自由交流的平台，确保教材内容与经济、社会发展及学生实际需求契合。

高校应培养年轻骨干教师，提升其专业素养和创新创业教育能力，引入外聘优秀教育人才，为教学注入新活力。加强校企合作，定期组织教师参访企业，了解行业动态，并招聘经验丰富的企业家和技术专家作为创业导师，为学生提供宝贵的实践指导。

3. 强化实践支点：构建融合专业教育与创新创业教育的高素质人才实践体系

一是建立"学校—企业—政府"三维实践体系，加强大学生科技园、创新创业孵化基地等实践平台，为培养高质量应用型人才提供支持。高校应将创新创业教育作为独立学科，增加实践活动，使学生参与企业实习，应用专业知识参与创新创业竞赛和学术交流；二是各大高校应建立创新创业类工作室、指导中心和孵化器，促进学生参与校园创新创业大赛、职业生涯规划竞赛及创新创业兴趣小组等。组织跨专业学生进行实践模拟，打造专业创新创业实践基地，培养学生的创新精神和专业素质。

（四）构建与专业教育有机融通的创新创业课程体系

1. 确立创新创业目标体系

创新创业教育与专业教育的转变，需确立以能力为导向的创新创业教育目标体系，并严格遵循OBE（Outcome-Based Education）教育原则，实现两者的深度融合。根据学校定位及社会需求，制定合理的总体能力目标，并将其细化为具体的能力与技能指标。在此基础上，反向设计课程内容，确保每一节课紧扣能力培养的核心，使学生在掌握专业知识的同时，也具备创新创业所需的各项技能。将创新创业教育融入人才培养方案中，促进创新思维与专业知识的有机结合，提升学生的专业兴趣和创新能力。

2. 创建专业创新课程体系

专业创新课程内容丰富多样，涵盖校企合作项目、实际生产案例、教师科研成果展示，以及各类学生竞赛和创新训练项目。这种课程设置让学生在学习中体验了实践的乐趣，也在实践中深化了对理论知识的理解。课程着重于学生通过实践中的深入思考和实际练习，锻炼其自主学习能力和团队协作精神，从而提升其专业实践能力和解决实际问题的能力。在教学方法上，摒弃传统的填鸭式教学，采用问题引导的探究式和参与式教学，使理论与实践相辅相成，课内外教学协同并进。在课程评估方面，坚持以成果为导向，实施多元化能力评估方法，确保每位学生的学习成果都能得到公正、全面的评价。作为人才培养方案中的核心课程体系，专业创新课程分为基础、综合和应用创新（创业）三个阶段，层层递进，逐步深化对学生的能力培养。这样的课程设计能够帮助学生更好地理解并解决复杂的专业问题，培养其创新创业的综合实践和实战能力。最终期望学生能将创新成果转化为实际技术产品，支持创新创业项目的成功孵化，为社会的繁荣发展贡献力量。

3. 构建专业创新实践平台

建立与产业紧密对接的专业创新课程实践平台，是为了强化实践应用与理论知识的深度融合。此平台不但支持课内外教学的有效互动，还致力于解决以往实践平台建设与岗位能力培养的脱节问题。通过该平台，学科知识体系被巧妙地转化为与产业需求紧密相连的综合实践舞台，从而培养了学生将理论知识转化为实际技术和产品的能力，使他们在未来的职业生涯中能够游刃有余地应对各种挑战。在教学过程中，专业教师与创新创业指导老师应积极互动，融入学术前沿与产业实践经验，以培养兼具理论素养和实践经验的师资团队，解决创新创业师资不足的问题。

三、创新创业教育与专业教育的双向耦合

（一）创新创业教育与专业教育耦合的要素分析

1.耦合要素之一——精神理念

专业精神是每个职位所需的职业能力，体现为职业道德、操守和奉献精神。而创新创业精神则引导和推动创新创业者，包括理念、品质、行为和职业操守。两者相辅相成，专业精神是大学生创新创业的基础，创新创业精神推动其发展与提升。

2.耦合要素之二——课程体系

创新创业知识应通过专门课程传授，因此，高校需要根据特点设置科学合理的课程体系，形成独特的创新创业教育体系。专业知识的学习是人才培养的基石，需根据专业人才培养目标制定方案、设置课程、设计计划，以构建完善的一体化教育体系。创新创业知识作为学生创新创业能力培育的根基，必须与专业知识紧密融合，纳入培养方案之中。通过与行业的深度合作，根据实际需求开发课程，可以系统地培养学生的创新创业素质与技能，进而培养出新型创业人才，为社会注入持续的创新活力。

3.耦合要素之三——师资力量

创新创业教育必须坚持理论与实践相结合的原则，应涵盖专题研究、课程设计及实操训练等多个领域，确保能为学生提供深入且实用的理论教学与实践机会。高校应充分利用专业教师资源，聘请业界技术顾问，协助解决创新创业过程中遇到的专业难题。通过将创新创业知识巧妙融入实践环节，使学生能够在实际操作中运用、检验并进一步发展专业知识，最终培养出符合社会需求的高素质人才。

（二）创新创业教育与专业教育耦合的路径分析

1.前瞻性的教育目标设置是二者耦合的前提

高校的使命是人才培养和科研服务社会。未来社会竞争的核心是知识创新。高校需要转向培养创新人才，强调创新意识和技能，以满足未来社会的需求。目

标设置关乎人才培养质量。现行的专业教育模式需要转型，以弥补不足，推动创新人才的培养。创新创业教育目标应贯穿整个培养过程，普及素质教育，支持创造性突破。高校应根据资源与趋势制定实际的创新教育目标，整合通识与专业教育，明确各专业的创新核心指标，以服务于创新人才的培养。

2. 创造性的师资培养是二者耦合的根本保障

高校应融合创新创业教育与专业教育，重点提升师资创造力。首先，改革创业教育师资管理体制，建立创业教育研究中心，吸引优秀专兼职教师和校外专家参与。其次，鼓励跨学科教师的参与，促进知识的交叉融合，转变教学思维，培养商业视角。最后，加强师资培训，建立内外部交流平台，参与国内外顶尖创新创业教育项目，推动创业教育的发展。

3. 系统性的课程设置是二者耦合的实现方式

课程是教学的核心环节。为有效整合创新创业教育与专业教育，需要设计一体化的创新创业课程体系。首先，在课程设置上，应从知识发展逻辑、学科衔接、教师结构匹配，以及市场需求等方面进行总体设计，确保课程的科学性和市场的适应性。其次，在课程内容设计上，以创新创业理念为导向，结合市场需求，融合创新创业知识与专业课程，构建包括基础知识、前沿知识、市场需求适应性和实务操作在内的内容体系，以培养学生的实际操作能力和创新思维。

（三）全面化的教育体系是二者耦合的必要条件

1. 从顶层设计出发制人才培养方案，完善协同育人体制机制

高职院校应从顶层设计出发，对创新创业教育进行全面而深入的规划，确保教学、学生管理、就业及团委等多个部门紧密协同，形成合力。通过推动创新创业教育与专业培养的深度融合，将其贯穿于各个环节，制定切实有效的政策，支持师生积极参与实践活动。同时，应将创新创业教育的成果纳入新的绩效评估体系，引导教师积极投入，并激发学生的学习动力，培养他们的创新精神和实践能力。

2.三方面师资团队形成合力，助力创新创业教育与专业教育深度融合

提升学生的创新创业能力离不开三方面师资的共同努力。首先，专业教师不仅要传授知识，还应具备强烈的创新创业意识。他们应将最新的行业动态融入专业课程，通过不断改进教学方法，点燃学生的创业热情，激发他们的潜能。其次，专职创新创业指导教师作为理论与实践的桥梁，能够为学生提供具体的指导。这些教师可能有创业经验，能为学生提供贴近实际的建议。最后，兼职的行业专家、成功校友和企业家，他们的参与为创新创业教育注入新的活力。他们从不同角度分析创新问题，用独特视角提升教学效果，使创新创业与专业教育得以完美融合，共同培养新时代的创新创业人才。

3.以创新创业教育为导向，重新建立教育教学课程体系

（1）教师角色与课程设计。高职院校教师应增强创新创业意识，采用创新教学方法激发学生思维。教师需关注行业动态，参与实践活动，并邀请企业专家进课堂，分享真实案例，提升学生的创新潜力。

（2）课程体系重建。重新构建创新创业教育课程体系,逐步建立分层次课程。例如，大一开设"职业生涯规划"和"创新思维"；大二设"创业教育"和"就业指导"；大三提供"创新企业家培育"和"创业实战管理"，让学生在商业环境中锤炼能力。

（3）引入网络课程。推荐引入优质 MOOC 等网络课程，促进创新创业教育与专业教育结合，提供灵活的学习机会，培养学生的综合素质和实践能力。

（4）跨专业学习机制。完善校内跨专业学习机制，鼓励学生学习市场营销、财务管理等相关知识，帮助其拓宽创业方向，规避风险。

（5）开展多元化活动。举办科技创新设计大赛、模拟创业挑战等活动，强化学生的实践能力和创业热情。通过职业生涯规划大赛、创业大赛及讲座、沙龙、论坛等活动，为学生提供与业界专家交流的机会，激发他们的创新力和创业动力。

4.搭建社会化合作平台，促进创新创业教育与专业教育深度融合

（1）地方产业与科研项目合作。学校应让学生直接参与地方重要产业集群和科研项目，通过与地方企业和政府的合作，将重大产业项目引入教学，让学生参与设计和运行，培养实用技能和创新创业能力，同时为地方经济发展输送人才。

（2）校企合作平台建设。利用校企合作，打造专业工作室，为学生提供真实职场创业实践的宝贵平台。在这个环境中，学生有机会参与技术领域的各个环节，了解行业生产线运作模式、技术工艺流程及最新发展动态。这个过程不仅能锻炼学生的专业技能，还能让他们积累宝贵的创新创业经验，为未来的职业发展奠定基础。

（3）校企合作联盟。积极参与校企合作联盟，促进协同育人。通过修订人才培养方案、共同开发课程、举办实训培训和创新创业活动，确保教育内容与新技术、新产业同步发展，保持教育内容的"活"和"新"。校企合作既能培养技术技能创新型人才，也能有效连接学校与实际生产实践，促进教育与产业的紧密结合。

四、创新创业教育与专业教育协同育人的实践探索

（一）树立"专业＋创新＋创业"融合型的教育理念

1.变革单一的学业教育理念

传统的学业教育侧重于专业知识的传授和技能培训，往往限制了学生的创新思维。应用型本科院校应致力于增强学生的创新意识和创业能力，以弥补传统学业教育的不足。通过引入创新和创业元素，激发学生的创造潜力，拓宽他们的视野。

2.深入理解学业教育与创新创业教育的不同作用

学业教育为创新创业教育提供了必要的知识基础，而创新创业教育则能为学业教育的改革提供新的视角和方法。认识到这两者的不同作用，有助于实现教育的有效融合，为学生的全面发展做铺垫。

3. 明确创新创业教育的地位

当前许多院校尚未将创新创业教育纳入教学体系。建议通过政策支持和规划，明确创新创业教育与学业教育的同等重要性，确保创新创业教育在人才培养中占据核心地位。

（二）通过教学改革，构建"理论＋实践"结合型的课程体系

1. 增加创新创业课程

目前应用型本科院校的创新创业课程较为有限且分散，应适当增加这类课程，并提升其系统性和逻辑性，以确保学生系统地掌握相关知识和技能。

2. 建立多层次课程结构

设计包含学科课程（如公共课、专业课、选修课）、实践课程（如创业社区、创新工场等），以及边缘学科和跨学科课程的多层次课程结构，通过系统化协调提高学生的创新能力。

3. 增强教学方式的灵活性和针对性

教师应根据学生的不同需求和特点，灵活调整教学方式和内容，提升教学的适配性，培养以学生主动学习和实践的能力，实现学业教育与创新创业教育的协同发展。

（三）通过整合教师资源，打造"专职＋兼职"互补型的师资团队

（1）走出去，引进来。将理论素养高、创新思维活跃的教师派遣到企业去实践，以提升他们的教学实践能力。引入成功的创业者和企业管理人员担任客座教师和创业导师。建立校企教师互动机制，促进双方的交流与合作，丰富教学资源。

（2）建队伍，强培训。学生的创新意识和创业技能的培养依赖于教师的长期系统培训。高等院校应重视创新创业教师的培养，将现有教师纳入师资储备库。通过提供多元化和系统化的培训，不仅深化了教师的专业知识，还能提升其实践指导能力，从而打造一支高素质的创新创业教育教师队伍。

（四）强化与外界的多方协同，构建"政、产、学、研"复合型的教育运行模式

创新创业人才培养是"协奏曲"，各育人主体应共同参与。一是政府主导。政府应通过搭建创业实践平台，提供财政和税收等支持，促进项目落地和成果转化，提高大学生的创新创业成功率。政府的支持为创新创业教育提供了良好的外部环境，推动了教育与实践的有效结合。二是企业与院校、科研院所的紧密合作。企业应积极提供技术和生产资源，协助优化师资和课程设计，以精准培养所需的创新人才。科研院所应利用企业资源，与院校科研团队携手，借助政府的支持，既深化技术研究，又注重成果转化，实现技术与市场的有效对接。三是校企合作联盟。通过参与校企合作联盟，修订人才培养方案，共同开发课程，举办培训和创新创业活动，确保教育内容与新技术、新产业同步发展。校企合作不仅培养了技术技能创新型人才，还能有效连接学校与实际生产实践，促进教育与产业的紧密结合。

五、专创融合的实践——以某学院旅游管理专业为例

（一）整合资源，将创新创业教育渗透于专业教育全过程

一是专业教师的创新创业先锋角色。教师队伍应包括专业教师、校内外创业导师，以及旅游业相关高管和精英。特别是高学历、高职称的教师与行业高管应深入合作，形成具备理论和实践能力的"双师型"导师团队。成功的企业家和行业精英的参与，不仅能够深化旅游管理学科的研究和发展，还能为教育改革提供有效的实践支持。二是创新创业教育融入专业课程。将创新创业教育融入专业课程，结合旅游学、管理学等学科内容，设置相关的必修和选修课程。同时，将专业实习、创业实践和社会调研纳入课程考核体系，构建涵盖创业和专业的综合课程体系。引入校内外资源，优化"校政行企"四方联动的人才培养模式，以推动创新创业教育的发展。通过促进专业教师、学生与社会资源的深度互动，探索"产、

教、研、学、用"的融合模式，提升教育的实用性，更好地满足社会对创新创业人才的需求。

（二）依托专业实践，激发专业教师和青年大学生的创新创业活力

（1）建设实践基地。在学院内建设酒吧茶社、酒店大堂、旅游规划和大数据分析中心，作为专业实验室和"众创空间"。这些实践基地将指导学生对行业前景和管理理念进行实际体验。

（2）导师指导与实践结合。在实习基地，专业导师将指导学生的技能和创新实践，将管理学理论与创业实践结合起来，推动旅游产业管理的创新，激发服务和技术的创新活力。学院还应与政府旅游部门合作，师生共同参与景区和酒店调研，大数据分析等项目，促进教育与社会发展的深度融合，提高学生的专业技能。

（3）支持创新创业活动。为旅游管理专业的创新创业活动提供场地、资金和技术支持，激发学生的创新和创业热情。通过这些支持，鼓励学生积极参与和推动创新创业项目的实施。

（三）科学评估，完善创新创业教育与专业教育融合的保障体系

科学评估和有效激励，如同提升教学绩效的双翼。科学评估需翱翔于教育过程与绩效结果之间，全方位审视教学过程之细腻、教师指导之睿智，以及学生创新创业成果之璀璨。其中，学生创业之成功率与盈利，教师知识之倾囊相授与深入研究，均为评估的重要指标。而创新创业理论与实践之探索，更是评价中不可或缺的一环。有效的激励机制，为评估体系提供坚实保障，激励师生共攀创新创业之高峰。评估创新创业活动不仅要支持成功案例，还要深入剖析实践中的挑战，引导重新评估和改进。学院聘请市旅发委主任和旅游业领军人物作为创新创业导师，设立"卓越旅游人才"基金，支持表现突出的教师和学生，传递成功经验。也要关注和分析不理想的创业团队，加强科学评估，指导其重新评估和改进。旅游产业发展为教育模式创新提供机遇，但高校仍需探索普适性的创新创业教育机制，深化专业教育与创新创业教育的融合，推动高等教育综合改革。

第七章 大学生创新创业教育全面评价机制

第一节 大学生创新创业教育的现状审视

一、创新创业教育的制度化困境

（一）同构性扩散：高校创新创业教育政策缺乏特色

创新创业教育作为新兴的教育理念和模式，其成功实施依赖于制度的合法性。虽然我国的政策体系初步建立，但仍有待进一步完善。

（1）政策依赖性强，缺乏地方和院校特色。当前高校创新创业教育政策主要依赖于国家主导的强制性机制。虽然国家层面的政策推动了相关工作，但这种普适性的政策未能充分考虑地方、院校及学科的具体特色。在政策执行过程中，高校往往趋向保守，导致政策内容和实施的同质化现象明显。

（2）政策内容模糊，缺乏明确规范。尽管现行政策鼓励多方参与，但相关角色和行为的规范尚不明确。这使得实践中利益相关者容易被边缘化。在政策演变过程中，初期重视创业实践，后期强调创新精神和能力的培养。然而，利益相关者对政策的概念认识尚未统一，致使政策执行偏重直接的创业支持，如税费减免，而忽视了软技能的培养。

（二）"数字竞赛"：创新创业教育的形式主义与利益驱动

社会学新制度主义认为，行动者追求最大利益。高校创新创业教育以追求规模和利益为导向，采取了过于数字化的竞争模式。

（1）形式主义倾向，效果被忽视。高校创新创业教育在实践中常常陷入形式主义，关注的是表面成果而非实质内容。教育实施过程中，主要目标是合规和任务完成，尽管重视创新创业组织的数量，但忽略了运行准则的建设，使得资源浪费。创新创业竞赛逐渐成为名利场，效益被次要化，强调效率而非实际效果，从而影响了教育的公信力。高校在制度理念与实践之间的紧张错位，面临着深刻的挑战。

（2）短期效益导向，奖励机制局限。高校的奖励机制偏重短期效益，如教育组织的数量、竞赛参与和获奖情况，以及校外导师和课程的数量，忽视了长期发展和后续跟踪。评价激励主要体现在职称晋升和奖金等方面，这种功利化的机制虽然激励了师生的积极参与，但也致使教育体系狭隘化和制度创新动力减弱。

（三）"漏斗式"认知格局：保守文化与利益相关者的认知惯性

社会学新制度主义强调文化和认知对制度的影响，形成了规范性和规制性困境。即使建立了创新创业学院和课程，有效实施仍面临挑战。问题根源是高校和社会对创新创业教育价值的理解不足，以及创新创业文化未深入扎根。主要阻碍因素包括文化和认知方面的四种问题：一是中国传统文化强调升学和"体制上岸"，使得学生将创新创业教育视为提升升学竞争力的手段，而非真正意义上的教育；二是教师普遍受"重论文、轻转化"的科研观念影响，这种观念阻碍了高校与社会的有效互动和创新创业教育的发展；三是传统的标准化知识教学理念和对创新创业教育理念的多元解读，也增加了实践中的挑战，这让创新创业教育难以在高校内部形成共识和有效实施；四是利益相关者对创新创业教育的认知存在差异。国家政府倡导广泛的创新创业教育，但高校和社会更注重具体的实践效果，导致两者之间存在较大距离。高校领导呼吁改革创新创业教育，但专业教师的参与度普遍不高。学术界推动创新创业教育理念转变，但在实际应用中却遇到阻碍。

二、创新创业教育政策执行的偏差

在创新创业教育政策的执行过程中，高校常见以下三种典型偏差：一是政策克隆。尽管许多高校在创新创业教育方面提出了新颖的概念和口号，但实际实施的举措却高度雷同，缺乏针对性。这种现象显示出政策实施的表面化和空洞性，实际效果未能达到预期；二是资源内耗。高校在创新创业教育领域投入了大量的资源和精力，但成效却不尽如人意。初期的政策热度过后，许多项目和组织逐渐陷入停滞，资源没能有效转化为实际成果，致使资源内耗和效益低下；三是指标加码为追求创新创业竞赛的荣誉，高校往往对技能培训进行过度包装，使真正具有创新性的作品难以获得认可。这种做法也使得教育目标被单纯的指标化取代，从而影响了教育效果的实际提升。

三、创新创业教育工具理性凸显与价值理性缺位的冲突

（一）高校创新创业教育的实践偏离本质属性

在高校实施创新创业教育的过程中，常常出现对其本质属性的误解。一方面，许多高校将创新创业教育等同于创业教育，忽视了创新思维的培养；另一方面，有些高校过度集中于对创业技能的传授，而没有充分认识到创新创业教育应当兼顾创新思维与创业能力的双重培养。部分高校还将创新创业教育视为通识课程的一部分，但也仅仅作为知识普及，而非真正提升学生的能力。这些误解阻碍了创新创业教育的真实价值在高校中的传播与实践。

具体而言，高校在理解创新创业教育时存在以下问题：首先，将创新创业教育与创业教育混为一谈，缺乏对其深层次属性的清晰辨析。其次，将创新创业教育局限于短期的创业技能培训，忽视了对人才长期培养的关注。最后，将创新创业教育误解为通识教育的一部分，偏离了其作为素质教育的本质，未能充分强调技能转化和创造能力的培养。我国高校在改革创新创业教育过程中，初期对价值理性的忽视是导致这种偏离的根源。许多高校对创新创业教育的理解停留在表面，缺乏深入的理论分析，使工具理性与价值理性失衡。因此，必须通过理性分析，深化对创新创业教育本质的认知，以引导改革朝着正确方向发展，实现教育的育人初衷。

（二）高校创新创业教育的发展受控于外驱力

1999 年国务院推出《面向 21 世纪教育振兴行动计划》后，国家对高校创新创业教育的关注逐渐增加，出台了十余项相关政策，鼓励高校深入探索与实践。政策逐渐递进，例如，2012 年发布的《普通本科学校创业教育教学基本要求（试行）》明确了指导方向，2015 年发布的《国务院办公厅关于深化高等学校创新创业教育改革的实施意见》进一步推动了改革。

中央政策得到地方政府和教育部门的积极响应，各地推出了针对性的指导文件和改革措施，如《江苏省政府办公厅关于深化高等学校创新创业教育改革实施方案的通知》。这些政策提升了创新创业教育的地位。

然而，外部驱动也暴露出高校在改革中的自主驱动力不足。受西方新管理主义影响，我国高校管理趋向于绩效问责和资源配置，如开设基础课程、举办"互联网+"大赛和评选国家级"双创"示范基地，这些实际上是政府的评估工具。许多高校为了获得更多的资金和资源，往往只是响应政府要求而非内在教育改革需求。这种以工具理性为主导的改革模式，虽然推动了发展，但忽视了长期效益和学生的深远发展。因此，创新创业教育应在依赖外部驱动力的同时，注重培养内部自主驱动力，确保其持久性和发展基础。

（三）高校创新创业教育的认知功利化倾向

在政策的大力支持下，高校的创新创业教育迅速发展，展现出前所未有的活力。然而，在这种繁荣的背后，我们必须深入审视其发展动机与实际效果。普遍存在的功利导向影响了业界对创新创业教育的深入探讨，使得对其价值层面的探索相对不足。

最初，高校创新创业教育被视为应对大学生就业难题的有效手段，其初衷是帮助学生跳出传统就业框架，培养他们的创新精神和创业技能。这一过程提升了大学生的就业竞争力，使他们不仅仅是求职者，更有可能成为新岗位的开创者，为社会带来更多就业机会和活力。这一认知虽然是对创新创业教育的积极体现，却也揭示了其功利化倾向。创新创业教育被认为是国家战略的一部分，是为了应对严峻的就业压力。仅将其视为缓解就业问题的手段，显然过于狭隘。实际上，传统的观念应当扩展到促进经济增长和社会进步，成为政府和社会共识的核心。现代社会的理性化进程深刻影响了经济、政治和教育等领域，但在创新创业教育中，工具理性的影响仍然突出。过度强调短期就业和经济发展功能，会忽视教育的可持续发展和育人功能。这种功利化和实用化倾向，放大了教育的短期效果，混淆了主次功能，偏离了创新创业教育的真正价值追求。因此，在推动创新创业教育的过程中，必须注重其长远价值和育人功能，以确保教育目标的全面实现。

四、大数据情境下创新创业教育模式的困境

（一）创新创业信息供给不精准——缺乏整合且质量低

目前，创新创业教育的信息主要依赖于人工筛选、处理和分析，存在主观性强的问题。信息采集渠道狭窄，数据规模有限，误差较大，重复率高，资源更新缓慢，分析也较为浅显。课程内容常常滞后于社会需求，案例陈旧。教师在繁重的备课任务中，未能及时更新课程案例，导致学生接收到的信息质量不高，数据有效性不足，知识内容过时。为解决这些问题，迫切需要建立一个高效且动态的信息处理系统。该系统应涵盖信息的收集、存储、分析及整合，从而确保教学内容的时效性与准确性。

（二）创新创业课程体系设置不精准——与需求不匹配

与理论课程不同，创新创业课程应侧重于培养学生的创新意识和精神，以满足个性化发展需求。然而，大多数高校的通识课程仍采用广泛授课的模式，没有充分考虑各专业的特定需求。课程体系往往僵化、简单，忽视了学生的多元化需求。院系也很少将创新创业理念融入专业培养方案，课程设置缺乏针对性。由于课程的统一设置，不同专业的学生对相同课程的反应各异，这限制了学生的创新发展。师生之间的交流不足，课堂机制缺乏，课程内容枯燥，形式单一，实践课程较少，难以满足国家对创新创业人才的培养要求，也无法有效对接用人单位的需求。

（三）创新创业教育意识定位不精准——观念模糊

尽管创新创业概念已广泛传播，但往往过分强调创业而忽视创新。在高校课程中，创业类课程较多，而创新类课程较少，定位不准确，拖慢了教育进程。创新创业门槛低但要求高，涉及多种能力。传统观念使得学生对创新创业教育重视不足，课堂外的实践不足，不能将理念贯穿于实践中。部分高校的创新创业教育停留在文件和会议层面，缺乏深入实施，存在急功近利的现象。赛事和知识灌输型课程较多，虽然重视技能提升，但忽视了对能力、意识和思想的内在提升。

五、人工智能领域创新创业教育的困境

（一）内外协同困境：1+1 ＜ 2

1. 校内与校外资源缺乏有序互补和深度融合

首先，人工智能技术的广泛应用要求人才培养模式更加开放和多元化，要打破现有的壁垒。然而，目前人工智能创新创业教育依赖于高校的封闭式方案，缺少企业和非营利平台的参与，致使人才培养模式单一且封闭。

其次，人工智能技术的快速更新要求高校的人才培养与产业发展保持同步，并进行前瞻性规划。然而，高校与校外的联合育人目标往往不协调，实践中流于形式，缺乏深度融合，未能实现有效的内外联动和资源共享。

再次，人工智能人才的培养系统化需求提高，特别是在核心领域的人才梯队建设方面，需紧密对接国家战略。但是目前的创新创业教育仅取得了阶段性成果，未能全面满足经济和科技企业及国家的需求，影响了教育目标的实现。

最后，人工智能产业对资源整合的需求日益迫切，但高校在利用社会资源方面存在不足，不能有效发挥教学、科研及设备优势，也不能吸引外部资源参与人才培养，这就导致了教育系统的协同不足，资源的最大增值也无法实现。

2. 校内教育主体间缺乏相向而行和合力优势

在创新创业教育领域，校内各级之间存在信息传递的层级壁垒，这使得学生需求与教学重点明显脱节。这种沟通障碍严重影响了教学效果和学生的学习体验。

尽管"以学生需求为中心"的教学理念被广泛倡导，但在实际操作中并没有全面贯彻。创新创业教育中，全员、全过程、全方位的育人理念尚未得到充分体现，教育活动的针对性和有效性需要提高，对学生个性化发展需求的关注也需加强。

在校院两级的育人组织架构中，创新创业教育的目标设定过于宽泛，缺乏明确的聚焦点。部门之间的职责划分不够清晰，领导范围也存在模糊地带，这些因素导致了协同育人的效率低下。为提高创新创业教育质量，必须对这些问题进行深入剖析，寻求切实可行的解决方案，以实现更有效的协同育人。

（二）纵向与横向协同困境：持续性和效果不足

1.纵向贯通衔接存在空隙和时序混乱

人工智能领域融合了技术与社会属性，具有高度的综合性和交叉性。创新创业教育涉及多个专业领域，需要在统一共性内容时，关注个性化需求，并加强纵向教育内容和顺序的整合。

（1）人工智能领域的创新创业教育应涵盖从理论到应用的超学科培养，但目前缺乏专业差异化的教学形式和对接，教育对象也不够明确。

（2）教育应在纵向上从理论到实践进行分层教学，以适应社会需求。然而，目前的教育范围过于宽泛，针对性不足，效果也不明显。

（3）人工智能领域的教学模式应重视深入理论和实践，而现有课程体系和实践活动不能充分适应学生创新创业的发展规律，需进行渐进式调整。

2.横向融合拓展受阻与层级体制固化

目前，高校人工智能领域的创新创业课程主要以通识课和选修课的形式存在，局限于传统的育人方式。尽管互联网迅速发展，但教育效果没有通过网络教学平台得到充分提升。人工智能产业的高聚集度和规模化发展要求学生具备更高的专业素养，并创造了更多实习实训的机会。然而，高校在课程设置中常常忽视实践的基础作用，缺乏有效的实践平台，不能将课堂教学与创业实践有机结合，使得教育效果不佳。高校内部管理部门之间的合作协同也面临困难，制约了管理效率。针对人工智能领域的跨界融合和知识更新速度快的特点，应充分利用网络教育平台，推动创新创业教育的实质进展，克服层级体制的固化问题。

六、职业教育创新创业教育评价现状

（一）尚未构建科学系统的职业教育创新创业教育评价体系

目前，国内在高校及高职院校评价体系的研究中已经提出了多元化的评价指标，但对评价体系的全面性和系统性探讨尚显不足。特别是在评价目的、内容、主体、客体、方法、标准及结果等方面的深入分析不够。现有的职业教育评价体系尚未专门针对创新创业教育进行设计，导致缺乏一个由政府、行业、企业及职业院校共同参与的科学评价体系。这种现状显然与创新创业的发展趋势，以及国家的实际需求不匹配，因此亟须构建一个更加完善和具有针对性的评价体系，以引领和推动创新创业教育的健康发展。

（二）尚未设定明确的职业教育创新创业教育评价目的和内容

现行的创新创业教育评价偏重静态和定量的客体评估，主要关注阶段性的产出和教育成果。这种评价方式忽视了对个体成长过程的动态追踪与科学评估，以及对教育主体多元活动的全面考量。尽管评价范畴涵盖教育环境、资源投入、教育过程及最终成效，但在评价的深度、广度及系统性上仍有待提升。为了适应社会的发展需求，需要构建一套更全面的创新创业教育评价体系。

（三）尚未形成凸显职业教育创新创业教育特点的评价标准与方法

现行的职业教育评价标准宽泛且缺乏针对性，没有凸显创新创业教育的独特性和实践性要求。在效能、职责和素质标准上，界定模糊，难以准确衡量教育质量。评价方法上，偏重结果导向和量化指标，忽视了过程性和质性评价的重要性。整体评价相对欠缺，而个体评价却受到过多关注。因此，要建立更具针对性的评价标准和方法，以便全面、客观地反映创新创业教育的成效。

（四）尚未拓宽评价主体的范围

目前，职业教育的评估体系主要由政府、教育部门和学校构建，但教育部门的自评机制在客观性、科学性和公信力上仍显不足。行业企业对产业趋势有深入了解，对职业教育的发展轨迹也能提供宝贵的意见，并且了解行业变迁，对所需技能和知识有明确认识。因此，在职业教育质量评价中，引入行业企业的视角将显著增强评价的全面性和前瞻性。然而，现实中行业企业通常处于评价之外，未充分参与。深化校企合作，让行业企业参与教育质量评价，是提升评价指导作用的重要途径。

第二节　学生视角下创新创业教育评价机制的优化

一、创业素质评价机制创新研究

（一）加强引导，营造大数据氛围

高校应紧跟时代步伐，提升数据处理与分析能力，建立基于数据的决策文化。在创新创业背景下，利用大数据等前沿科技，推动构建全方位、多维度的大学生创业素质评价体系。通过科学分析，精准提高创新创业教育质量，培养既具创新精神又具备创业能力的优秀人才。

（二）明确原则，完善评价指标体系

构建评价指标体系时，需精准捕捉大学生综合创业素质的深层内涵与显著特征。在征集意见阶段，应广泛吸纳涉及创业全链条的各方观点，从多角度、多层面揭示学生的创业素质。评价指标体系应条理清晰，各具体指标既能对综合性指标进行详细阐释，也能提供深入的分析视角。设计指标时，必须确保其具有针对性且各自独立，避免重叠，从而全面反映大学生的综合素养。指标设定应结合实际情况，做到科学合理且简洁明了，便于学生与教师理解与操作。这样，这套评价体系不仅为创新创业教育提供了明确的方向指导，还成为激发学生创业潜能、促进其全面发展的有效工具。

（三）搭建平台，整合构建数据系统

构建完善的创新创业素质评价系统，需要建立一个覆盖广泛的数据网络。该网络应涉及大学生、家长、教师、学校管理者，以及各类实践机构。通过集成学生自评、家庭生活细节、学业成绩、实习经历及后勤服务等多元数据，可以确保评价信息的全面性和准确性。这个平台如同智慧的灯塔，在数据的海洋中为我们指引方向，使我们更科学地评估学生的创新创业素质。

（四）科学分析，努力实现因材施教

利用大数据优势，基于指标体系建立科学的大学生创业素质评价算法与模型，通过数据分析与挖掘捕捉学生特质，建立综合档案，支持个性化评价。通过图示、表格、报告等形式展示评价结果，帮助教师准确理解学生的创业素质，调整教育策略，推动数字教育资源共享，优化创业人才的选拔与培养效果。

二、完善青年人才评价发现机制

（一）注重创新潜力

在评价青年科技人才时，应更多地关注其创新潜力，而不仅仅是其过去的成就。关键是预测其未来科研成果的可能性，这需要深入了解他们的教育背景、创新意识和科研兴趣。这些潜在因素如同孕育未来成果的种子。通过这种评价方式，可以更好地支持青年科技人才的成长与培养，为科研领域注入创新活力。

（二）善用评价结果

发布评价结果后，应该妥善利用，而不是将其束之高阁。研究显示，应根据评估结果奖励对科技发展有突出贡献的人才，并进行推荐、表彰和宣传，以增强其个人成就感和社会认可度，促进科技人才的健康成长。建立长效激励机制，及时落实各项激励措施，有效激发科技工作者和各类人才的创新活力。

三、建立以能力和贡献为导向的人才评价机制

（一）更新评价理念

在信息时代快速发展的科技环境中，人才评价理念需与时俱进。每个人都享有展现自我、实现人生价值的平等机遇，这是对个体尊严的尊重，也是为市场经济注入新动力。社会应秉持开放与包容的理念，积极吸纳各方英才，从各行各业中挖掘和培养精英与高层次人才。通过持续优化人才队伍，为经济发展提供智力支持和人才保障，推动社会繁荣与进步。科学评价与精准定位人才，依据严格审核和综合评估，杜绝不正之风，确保评价公平、公正、公开。

（二）发挥多元评价作用

科学构建评价指标是人才评价的核心。借鉴先进地区的经验，探索实施人才资格认定的积分制是一种创新举措。将人才细分为科技创新、经营管理、技能等六大领域，制定各领域不同的积分方案，增强评价的细致与精准性。其中，个人年均经济贡献作为重要评价指标，凸显了人才的经济价值，也为全面评价提供了有力支撑。

（三）特殊人才特殊对待

一是重视品德。相关部门应跟踪监督人才的信用档案，及时处理异常问题，重点选拔和表彰品德高尚、作风正派的人才。二是根据能力评价成果时，应注重质量而非数量，避免滥竽充数。

（四）有序规范人才评价

合理设定评估周期，通过年度跟踪评估，全面审视人才的工作实绩与能力提升。对表现卓越者，给予积极肯定，并为其晋升开辟通道；对表现欠佳者，则采取差异化管理策略，适当限制其评定等级，激发人才的竞争意识，实现优胜劣汰。这一动态管理机制是为了持续优化人才队伍，确保每位成员在不断进步中为组织贡献更大的力量。

（五）促进人才评价与培育结合

在人才培养与激励过程中，必须重视人才成长与奖励支持的同步转换。当人才在创新创业过程中获得认定或晋升为更高层次的人才时，其奖励待遇应及时调整至相应级别，确保纵向转换的流畅。与用人制度紧密衔接也很重要。需要细致修订顶尖人才的操作办法，根据实际需求灵活调整机构设置，优化人员配置，并提供充足的资金支持。这一系列举措为人才打造了宽广的舞台，使其充分释放潜能、展现价值，持续激发人才的成长动力。

四、开发过程性、成长性的创新创业教育评价工具

传统的创新创业教育评价主要依赖标准化指标衡量显性成果，偏向单一的量化结果。在人工智能时代，教育评价正向过程视角转变，能够有效解决创新创业教育中难以测量能力的问题。利用智能化技术关注学生全程参与和内外部能力的发展，强调过程性和成长性评价。这种评价模式打破了同质化标准，注重创新性思维与实践的结合，关注成果的实现，也重视个体能力的成长。首先，应丰富评价手段。除了关注项目实践和报告等外显成果，还应引入人工智能技术来评估学生在创新创业过程中的认知发展，能力提升及情感变化等内隐因素，以预测未来的发展趋势，实现长效立体化评价。其次，要构建多元主体评价机制。除了教师和学生，还应扩展评价主体，包括关注创新创业的其他群体和用人方，在不受限制的情况下实现评价。最后，利用人工智能技术增强评价时间的延展性。利用电子档案和数字徽章等方式记录学生创新创业的全过程，使评价不仅集中在最终成果上，还关注参与过程。这种数字化评价方式可以有效保存学习经历，帮助学生在回溯中进行再认知和再分析，从而实现周期性评价延伸，促进学生创新创业素养的全面发展。

五、建立以用户体验为核心的科技成果评价机制

（一）科技成果转化的影响因素

1.定性方面

政策是确保科技成果有效转化的重要保障。政府与高校制定的政策能为科技

成果的转化提供支撑，还能激发科研人员的积极性，形成良性的正反馈机制。而社会需求同样不可忽视，特别是对于应用型高校而言，应当紧密服务于地方经济，与中小企业深度对接，着重关注科研项目的实际应用能力和产业化前景。

2.定量方面

完善基础设施是首要任务。科技基础设施促进学术交流和学科融合，培养科技人才，是应用型高校科研工作的基石。资金的持续定向投入是必要条件，需要进行长远规划，确保可持续发展，保障科技成果转化平台顺利运作。

3.软件方面

科技成果转化需要科研工作者的广泛参与。这是一个复杂的过程，需要团队合作。在成果推广中，科研人员需要具备市场营销能力，制定营销策略和推广方案。只有拥有专业素质且配置合理的团队，才能有效促进科技成果的转化。

（二）科技成果转化评价体系的设计

在设计应用型本科高校科技成果转化评价体系时，应从两个核心维度进行深入思考：一是根据高校自身的明确定位，量身定制应用研究和科技成果转化的考核指标；二是围绕影响科技成果转化的诸多因素，构建细致入微的指标体系。此评价体系的核心骨架由一级指标"科技成果转化评价"构成，下设二级指标——应用研究与科技成果转化。具体来说，根据每所高校的独特定位和发展策略，进一步设立三级指标。在应用研究层面，应评估科技成果的创新性和领先性，以推动技术价值的不断攀升。评估的基石是论文、专利、著作的数量与质量，并且参考其被引次数，以及科技成果在各类评选中的认定与获奖情况，这些共同构成了应用研究的丰富评价体系。科技成果转化则是对高校服务中小微企业能力的直接检验。在这一环节，评价应以用户体验为核心，聚焦于科技成果转化如何有效助力区域经济发展。具体考核指标包括产学研平台的综合服务能力、对社会的实际贡献度、横向项目获得的资助额度，以及科技成果转化率。科技成果转化体系评估方法需建立评价指标体系，使用层次分析法对各项指标进行权重赋值，准确评估各指标对总体评价结果的影响。这种方法能够客观判断指标的重要性，避免主观偏差，确保评价结果的客观性和准确性。

第三节　高校视角下创新创业教育评价机制的优化

一、找准创新创业教育评价的要点

（一）以立德树人为评价根本，形塑高质量协同育人合力

新时代党的教育方针要求立德树人，实行五育并重，以培养全面发展的社会主义建设者为目标。高等教育评价的中国特色在于立德树人，因此，建立高质量评估指标体系应以此为核心，贯穿评价全程，优化协同育人效果。

（1）应完善协同育人体系。高等教育需结合政府、学校、市场和社会等多方面力量，评价应以立德树人成效为核心，动员各方推动高校发展，改进党管教育，确保党的全面领导。构建"五位一体"立德树人体系，结合思政教育、学科教育、创新创业教育、实践能力教育和综合素质教育，形成党建引领、政校结合的强大合力，推动高质量教育体系建设。

（2）完善高校评价机制，推进立德树人。高校需将立德树人任务落实到机制层面，评价应重点考察党建引领、教师示范、学生德行培养、多方协同和制度优化等方面，以增强整体效力。

（3）明确政治定位，强化评价监督。立德树人涉及教育的各个环节，评价需全面考虑系统设计、制度建设和资源配套，并加强监督问责。将立德树人成效与人才培养质量作为教师晋升和评优的重要指标，设立监督机制，确保评价公正透明。

（二）以师德师风为评价核心，推进高质量教师队伍建设

师德师风是我国教师评价的核心价值取向，也是评估教师队伍素质的首要标

准。因此，建立高质量的高等教育评估指标体系，必须以师德师风为核心，促进高水平教师队伍的持续发展。

（1）在高等教育评估中，需强化教师专业素养评价。一是以立德树人为重要标准，重点评估教师师德素养和人才培养质量；二是改进科研评价，以科技创新为核心，重视教师的学术和社会贡献；三是转变教师评价焦点，注重教学指导和设计成效，激发教师师德修养，全面提升教师队伍质量。

（2）为完善高校教师评价，应建立党委领导、党政参与、教师参与及各部门协同的评价制度。应改进量化标准，避免评价过于功利化，确保评审公正。加强师德一票否决和多元参与机制，促进教师成长与学校发展相辅相成，推动高等教育质量的提升。

（3）中华民族的优良传统是尊师重教。传统文化对教师师德和道德标准要求极高。因此，社会需积极营造尊敬和爱护教师的环境。

（三）以创新创业教育成效为评价重点，助力高质量拔尖人才培养

党的二十大报告强调，造就拔尖创新人才是未来高等教育的重点任务。新时代高等教育以创新创业为核心，提升人才培养质量。创新创业能力评价须在评估指标体系中凸显其效果，从而推动高等教育的创新发展。

（1）构建高质量的高等教育评估指标体系需培养个人创新创业能力。这种能力包括自我定位、社交和调适能力。拔尖创新人才需明确个人目标，勇于面对挑战，并在错误中学习和改进。高校评价应重视这些能力的培养，培育更多的拔尖创新人才。

（2）构建高质量的高等教育评估指标体系需明确创新创业过程中要面临各种挑战的能力。这种能力包括目标设定、行动策划、路径选择、团队合作、机遇抓取、风险管理等多个环节。拔尖创新人才需要全面应对这些复杂挑战。评估体系应重视其决策、沟通、机遇把握和风险防范能力，以提升人才培养质量。

（3）为构建高质量的高等教育评估指标体系，必须建立创新创业能力模型。这种体系要求拔尖创新人才具备自我发现、自我发展、自我实现和自我超越的能力，还要将其作为核心构建创新创业能力模型，为培养这类人才提供标准和参照。

（四）以科研创新为评价抓手，激活高质量科技创新引领能力

以科研为杠杆，推动高等教育改革，提升科技创新能力。建立评估指标体系应以科研创新为核心，发挥正向引导和激励作用，提升高等教育在基础科研上的创新能力。

（1）建立高质量评估指标体系，推动高校科研体制发展。评估应重视科研创新，促进高校形成支持创新的科研制度，深化体制改革，利用评估发现问题，消除制度障碍，为创新提供保障。

（2）评估指标体系应提升科研创新效能。引导高校关注国际科技前沿和国内需求，树立创新理念，优化资源配置，改善资源分布不均现象。根据评估结果，优化大学定位和学科布局，填补基础研究和核心技术短板，提高科技创新效能。

（3）评估指标体系应营造创新氛围。弘扬科学家精神，将科研创新与教师评定、评优评奖结合，建立激励创新的文化。推崇尊重知识、科学和人才，营造勇于创新和接受失败的氛围，激发高校创新活力，推动建设创新型研究高校。

二、发挥创新创业教育评价的优势

（一）以"德"为核心，强调评价的成长性作用

德育是构建完善的创新创业课程评价体系的核心。高职院校应从课程设计角度提升学生的思想政治素养，鼓励他们积极参与学习，培养团队合作和挑战精神。通过创业活动激发学生的发展潜力，提升其职业技能。在当前大变局背景下，课堂教学方法需要转变，紧扣热点创新事件和创业案例，深化爱国主义教育。例如，

在创新思维与创业基础课程中，通过采用"商机识别—创新团队—创业管理"的教学模式，教师可以深入探讨创业政策和环境，引导学生了解整体局势，培养基本认知。结合典型创业案例，让学生感受企业家精神和爱国情怀，分析"大变局"下的创业挑战，并通过小组讨论探索应对策略。随着数字时代的到来和大变革的推动，个性化培养变得尤为重要。教师应注重提升学生的创业兴趣，提供专业指导，帮助他们把握机遇，将个人梦想与时代进步紧密结合，培养担当精神，激励他们积极探索创业之路。

（二）以"生"为根本，探索评价的多元化理念

高职院校应构建"大思政"矩阵，将担当精神和责任意识融入课程，促进多元主体的有效参与。在教学中，应改变单一的教师评价体系，增加学生之间和师生之间的互评机制，激发学生参与评价的积极性，帮助他们发现和改进自身问题与不足。在大变局下，课程教学必须与社会发展热点紧密结合。通过校企合作、体验式和实践性教学，构建"互联网+"高校创新创业平台，以信息化手段打破传统教学模式。借助校企联动，引入企业导师进行主题讲座和专题教学，深入了解学生的学习情况，以此为基础进行综合评价，激励学生形成创新思维和良好的竞争意识。强调课程教学的实践性，鼓励学生参与企业和社会创新实践，深化对创新创业理念的认识，提升其专业技能和社会认知，实现个人价值。

（三）以"动"为要求，提升评价的动态功能

随着数字时代的到来和"大变局"形势的变化，创新创业教育的模式和方法需要相应调整，课程评价体系必须更加灵活和适应。建立灵活的评价模型，应评估课程掌握情况，还应考量学生的竞争意识、团队协作能力和创造力等品质。例如，通过小组活动评估学生的综合表现，鼓励他们完善品行和技能。重视增值评价，实时反馈可以使学生及时发现和改进不足，提高学习积极性。采用定性和定量相结合的评价方式，关注学生在理论和实践阶段的成长，包括创新思维、创业

理解和实操技能的发展。完善网络评价机制，结合线上线下评价，利用学生个人线上档案袋，实现动态化评估和个人成长报告，促进学生能力和技能的全面提升。

三、优化创新创业课程评价体系

（一）构建以政府部门为统筹的课程评价体系

政府部门通过统筹和协调企业与院校之间的合作，以及通过政策支持和资金投入，为学生的创业活动提供了有力保障。然而，政府不直接参与人才培养的具体事务。因此，在评价创新创业教育成效时，应重点关注人才产出率这一核心指标，评估高职院校与企业之间的合作深度，以及高职学生的就业和创业率，以全面深入地评估创新创业教育的实际成果。

（二）构建以现代企业为核心的课程评价体系

理论教育是创新创业教育的基础，为学生提供扎实的知识体系，而实践操作是学生真正掌握专业技能、了解创业环境和企业发展奥秘的途径。企业在调整和优化创新创业教育课程时，必须设计出科学全面的评价体系。该体系应以实践能力为核心，注重评价学生的实际操作质量，以及理论知识的灵活应用；还需重点评估学生在创新和创业方面的能力，从而培养学生的综合素质，不仅追求技艺上的卓越，还要在精神层面上进行提升，促进工匠精神和企业家精神的深度融合与培养。

（三）构建以高职院校为基础的课程评价体系

高职院校在构建创新创业课程体系时，必须充分认识到理论知识、基础知识和课外教学资源的重要性。在构建评价机制时，应从两个维度进行深入考虑：一方面，融合定性与定量评估方法，全面衡量学生对理论的深刻理解、对实践技能的熟练应用，以及其在创新创业学习中的能力。这种综合评价机制能够更精准地把握学生的学习成效，从而优化课程设计，提高学生的综合素养。另一方面，要优化评价方法，科学评估教学任务、学习环境、学习态度和学习方法，确保评价体系有效支持知识结构建设。高职院校需建立动态的创新创业教育调整与多元评价机制，以实现教育实效和人才培养目标。

四、完善创新创业教育质量评价体系

（一）开展创新创业教育质量评价的原则

1. 开放性原则

创新创业教育需要高校、政府、企业等多方共同参与，社会应全力支持。所培养的人才和所创造的技术成果需接受社会评估，这反映了其面向大众、支持"大众创业、万众创新"的重要意义。因此，高校创新创业教育评价应向社会开放，吸引政府、学者、企业家等各界积极参与，发挥其在教育实施和评价中的作用，以确保其成效。

2. 全面性原则

创新创业教育是提升人才培养质量的重要举措，必须全面融入整个人才培养体系。为实现这一目标，需精心构建科学的课程体系，确保每一位学生都能在差异化、多层次、系统化的教育中获得成长。促进创新创业教育与专业教育、通识教育的深度融合，使学生既掌握专业技能，又具备创新创业意识和能力。为实践创新创业教育，各级创新创业实践平台的建立势在必行，这些平台为学生提供了宝贵的实战经验。完善学分认定机制，使第一课堂与第二课堂有机结合，让学生在课堂学习与课外实践中得到充分认可与激励。因此，在评价创新创业教育质量时，应追求全面覆盖，着眼于提升所有学生的创新创业素质。在此过程中，不仅要重视教师和学生投入的评估，更要关注教育过程和成果的综合评价，以确保创新创业教育的全面实施与深远影响。

3. 发展性原则

创新创业教育承载着培养新时代创新人才的使命，其核心目标是激发学生的创新意识，锤炼他们的创新能力，并点燃他们的创业精神。通过这种教育，学生能够获得知识和技能，更能拥有勇于探索、敢于实践的品质。这些具备创新思维和创业精神的学生，将成为推动众创时代社会创新发展的中坚力量，引领时代潮流，书写未来传奇。高校应以学生的创新创业能力和素质发展为评价重点，而非仅关注最终成果，并将其纳入学校绩效考核体系。建立有效的评价机制，及时反馈和解决问题。

4.特色性原则

创新创业教育的推广需要深化两方面：一是与专业教育深度融合，引导学生根据专业特长进行创新创业，实施嵌入型教育；二是根据学生不同阶段开展启蒙教育、嵌入型教育、专业化管理和职业发展教育。依据学校的独特学科风采与发展蓝图，研究型大学应构筑与其进步需求相契合的一流创新创业教育体系。此体系需传授深厚的理论知识，也应着重培养学生的实践操作能力与创新思维。通过这种定制化教育，研究型大学能够孕育出既拥有扎实学识，又具备开拓性创新精神的顶尖人才，为社会进步与科技发展注入活力。

（二）创新创业教育质量评价体系的构建

1.资源投入评价

创新创业教育需要大量的资源支持，如建设实验室、科研平台和实训基地，并需要经费支持师生参与各类活动。高校资源投入是教育质量评估的核心，包括项目立项、经费投入、平台数量、课程设置、团队建设和学科竞赛等多个方面。评估资源投入能反映出高校对创新创业教育的重视程度。

2.师生投入评价

高校教师和学生的参与直接影响教育质量。教师投入的评价包括导师数量与比例、职称分布、有创业经历者比例、项目指导情况、参与学生数量及满意度等。学生投入的评价包括参与率、学分获取、课程修读、获得经费比例、自主实践、参与程度及对导师满意度等。这些评价能有效衡量高校创新创业的教育质量，并指导未来的改革方向。

3. 成效评价

创新创业教育是高等教育的重要组成部分，其核心目标是培养具备创新创业能力和全面素质的人才，并推动产出具有实际价值和应用前景的科研成果与技术专利。因此，对其教育成效的评价自然成为衡量高校教育质量高低的重要标准。成效评价包含对学生创新创业能力与素质的全面考核，还涉及对科研成果、技术专利等显性产出的细致评估，从而全方位展现创新创业教育的真实效果与深远影响。这些成果体现了学生的创新能力和素质，如学术论文发表、竞赛获奖、发明专利申请等。自主创业实践、社团管理经验和志愿服务也可作为衡量学生创新创业能力的参考。综合考虑学生的普遍参与度，确保创新创业教育覆盖全体学生，而非局限于少数人。

（三）创新创业教育质量评价体系的实践

高校需建立多元、多样方法的常态监测评价体系，以确保创新创业教育质量评估系统的有效运行。

1. 多元化评价体系

高校创新创业教育质量评价系统应实现多元化和多样化，进行常态监测。评价活动应吸纳企业家、政府官员、投资者、学者等多方参与，确保评估科学全面。采用过程性和终结性、量化和质性评价相结合的方法，实时追踪和监测教育进展，为师生提供个性化支持和政策咨询。及时反馈评价结果，支持决策科学化，促进创新创业教育质量提升。

2. 层级结合的评价机制

建立内外衔接、上下贯通、层级结合的创新创业教育质量评价机制。设立学校创新创业教育委员会，由学校行政部门主管、行业代表、企业家等组成，制定长远规划和重要决策。下设创新创业教育中心负责日常运作，确保决策执行和教育工作顺利进行。各院系成立专门的创新创业教育办公室，负责具体实施和质量信息反馈，实现系统内外衔接和层级管理。将创新创业教育质量评价纳入本科教学质量报告，及时向公众和学校内部披露教育发展状况。

五、民办高校创新创业教育质量评价与激励机制存在的问题与解决方案

（一）改进分散评价，制定专门的创新创业教育质量评价标准

目前，教育部门对高校创新创业教育的评估主要依托于专业评估体系，该体系涵盖设施设备、师生共创项目成果、学术论文发表、专利授权及学科竞赛成绩等多元化指标。这种评估方式在公立高校中已得到广泛应用，并为提升教育质量发挥了积极作用。然而，民办高校在创新创业教育质量评估上缺乏一套贴合其特性的专门标准。以福建省 2017 年的专业评估为例，其体系虽全面，却未必完全适用于民办高校。民办高校在教育资源、办学理念、学生特点等方面与公立高校存在差异，因此需要量身定制的评价标准来准确衡量其创新创业教育的成效。这套评估体系要对高校建立和提升创新创业教学质量体制具有推动作用，并且是一种有效的激励手段，能够鼓励高校不断创新教育模式，以适应经济转型升级对创新创业型人才的迫切需求。为此，民办高校亟需改变传统的人才培养方式，制定适合自身办学特点的评价标准，以推动这一变革的实现。

（二）扩展评价内容，改变单一的评价对象

高校创新创业教育的发展是一个多元协同的过程，需要高校自身的努力，但也离不开社会组织如企业和金融机构的支持。当前的评价体系主要聚焦于教育部门对高校的单一评估，忽略了企业、金融机构等社会参与方的重要角色。为了全面推动创新创业教育的发展，必须建立一个更加系统的评价与激励机制。该机制应涵盖政府对高校、企业、金融机构，以及教师的全面评价与激励措施，以激发

各方的积极性和创造力，共同为培养创新创业人才贡献力量。通过这样的机制，能够更好地整合社会资源，形成合力，推动创新创业教育迈上新的台阶。

（三）改变学分获取方式，全面提高学生综合素质

一些民办高校已积极推行创新学分制度。这一制度为学生开辟了一条新途径，使他们通过参与学科竞赛、完成创新创业项目、申请专利或发表论文等多样化途径，累积创新学分。这一举措极大地激发了学生的创新意识和实践能力。然而，这些机会对学生而言仍然不足，尤其在民办高校，未能普及创新创业知识与技能。建议高校增加内部创新创业竞赛，改革学分转换制度，只要达到合格标准即可获得部分创新学分，激励更多的学生参与。政府可积极设立基础知识竞赛与达标测试，大力推广创新创业基础知识课程。通过这些活动，既能有效检验学生对基础知识的掌握程度，也能激发他们的学习热情和创新思维。这类竞赛和测试还能促进全体学生创新创业技能与综合素质的全面提升。

（四）多样化教学评价，提高教师创新教学改革的热情

创新创业教育应与专业课程深度融合。这一过程要求专业课程跳出传统知识灌输的框架，转向更注重思维训练和学科内涵领悟的教学模式。教师在这一转变中需灵活运用实践性教学、案例分析等多元化方法，将创新创业知识巧妙地融入日常教学中。目前，高校教师评价主要侧重于科研成果，而教学评价不够完善，导致教师在课堂教学中不够投入。政府可引导社会设立评价平台，评估和推广教师在创新创业教育方面的优秀教学案例和设计，以激励教师更多地关注课堂教学。

（五）从结果评价转向过程与保障措施的评价

大学生创新创业教育成效滞后于评价周期。当前高校评估主要关注近期成果，如创业、专利、竞赛等，评价较为片面。在创新创业教育的评价体系中，应从单纯的结果评价转向对整体过程的全面审视。这包括对配套设施的完善程度、

制度保障的落实情况，以及实施过程的细致考核。鉴于创新创业教育的核心提升学生能力与培养创新意识，还需特别关注创新创业文化的深入建设和基础知识的广泛普及。对这些方面的综合考评，能更准确地反映创新创业教育的真实成效。

六、创新创业人才培养评价机制的建设

（一）明确评价目标

创新创业教育是素质教育的一个分支，旨在培养学生的创新和实践能力，提升全面素质，促进全面发展。在高职院校，创新创业教育不仅关注工作中的创新应用，而且注重全面提升学生的技能和素质。因此，评价目标应侧重于学生的创新能力和综合素养。这种人才培养评价机制能够更好地服务高职院校，并发挥引导和激励作用。通过这些评价指标，学生可以科学调整学习方法，激发潜能。

（二）明确评价主体

创新创业教育相较于传统教育具有特殊性。高职院校要科学、有效地评价这种教育，需确保评价主体的多元性，以保证公平性。评价主体包括：

1. 指导性主体
主导评价活动的主体，通常由教育行政部门担任，以提供政策导向和资源支持。

2. 过程性主体
过程性评价的主体应由深度参与人才培养活动的教师和学生共同承担。教师在教学过程中扮演着引领者的角色，以专业素养和教育经验确保评价的专业性与权威性。学生作为教育的对象和教学活动的直接感受者，他们的反馈为评价提供了真实且贴近实际的声音。将教师与学生纳入评价主体，不仅能全面反映教学效果，还能促进教育教学的持续改进与优化。

3. 结果性主体
结果性评价的主体应包括能够深入评估人才培养活动成效的实体，如用人单

位和学生家长等。这些评价主体以其独特的视角和实际需求，为评价带来多样性与公正性，从而更准确地评估高职院校的人才培养目标是否与社会需求相吻合。通过他们的反馈，高职院校可以精准调整与优化教育教学，以提升教育质量，更好地服务社会与学生的发展。

（三）明确评价指标

在创新创业教育背景下，评价指标体系的构建必须全面而综合，不仅要涵盖知识层面，还要触及能力和素质等深层次。设定指标时，应深入考量学生的素质结构与课程体系，确保文化知识、专业教育，以及创新与创业能力得到均衡评估。对于创新创业型人才，单一的思想品德评价显然不足，我们还需深入探究其创新素质和创业素质，从而全面地评估其个体特质与潜力。

（四）明确评价方式

创新创业教育与传统教育模式存在差异，对人才的要求也不同。为了培养出符合社会需求的创新创业人才，我们必须对评价方式进行创新与改革。针对这类特殊人才，评价方式需展现更高的灵活性与丰富性。不仅要涵盖创新创业能力、思维方式和实践活动，还应将这些要素作为重要的绩效衡量标准，以全面而深入地认可学生的能力。在评价过程中，必须充分考虑学生间的个体差异，摒弃过去刻板、单一的评价形式，从而更准确地评估每个学生的独特才能和潜力，激发他们的创新精神和创业热情，为社会的进步与发展贡献力量。

七、创新创业教育与专业教育融合评价机制的构建

（一）课程学习评价机制

创新创业教育与专业教育的融合需要建立有效的课程学习评价机制。专创融合教育模式强调学生为主体，教师为引导者，要求师生共同参与教育活动，以实现教学互动和学习融合。高职院校应根据人才培养目标和企业需求，设计课程内

容，突出创新创业知识与技能。从公共素质培养阶段开始，注重培养学生的创新意识与精神，设置包括专业认知和创新创业基础课程。专业综合能力培养通过前沿课程、设计思维、案例学习等方式，深化学生的创新能力。课程内容中应融入法规政策、行业知识等，采用启发式、讨论式、参与式等教学方法。评价机制应考虑学生的入学基础和专业特色，重点培养学生的创新思维和创业能力。通过课堂互动、作业、测试和创新作品等方式评估学习效果，引导学生将创新创业知识应用于专业学习，并拓展第二课堂学习，为未来的创新创业奠定坚实基础。

（二）创新创业训练计划评价机制

创新创业训练计划通过融合学术和训练，为学生提供科研、创新、创业和实践项目的机会。团队选题应具备科学性、可行性和创新性，结合学生兴趣与专业特点进行选择。教师指导学生项目实施，培养学生跨学科解决问题的能力和创新思维。开展精益创业和设计思维等培训，推动科研成果的转化。评价过程突出专业融合和团队合作，综合评估申报书的研究目标明确性、团队构成合理性，以及过程记录、中期报告和最终成果等方面。

（三）创新创业实践评价机制

创新创业实践的融合是创新创业教育的核心，通过实践性强、多样化和创造性的教学模式来培养创新创业人才。遵循"分类递进，训赛融合"的原则，不同专业年级的学生在校内仿真实训、校外实战和顶岗实习中开展自主创业活动。他们参与"互联网 +"大学生创新创业大赛和"挑战杯"等全国性竞赛，这些竞赛有助于激发学生的创新思维，提升实践能力和团队协作水平。通过项目形式的专创融合实践推动教学改革，建设创新创业示范专业和协同育人平台。师资团队的多元化建设打破了传统的课程教学模式，促进了专业教育与创新创业教育的深度融合。利用现代信息技术手段，如 MOOC 和线上翻转课堂，丰富实践教学形式，将创新创业实践纳入成绩评价系统，实现学分转换和深度融合。

第八章　大学生创新创业教育与思政教育融合

第一节　创新创业教育与思政教育的互动关系

一、本质的统一

（一）政治属性相同

思想政治教育作为国家意识形态教育的重要阵地，其核心是以深入浅出的方式向学生阐释党的政治思想精髓、方针政策要义，以及发展路线的深远意义。通过这种教育，学生不仅能够理解党的理念和价值观，还能在心灵深处产生共鸣，从而树立科学的理想信念和人生观。这种教育力量可以引导学生自觉支持党的领导，将个人智慧和力量汇聚到国家发展洪流之中。

在当前形势下，创新创业教育可以在政策支持下为更多的人打开创新创业的大门，提供广阔的舞台，激发创新热情，推动学生积极投身创新创业实践，从而源源不断地为国家的经济活力注入动力，提升国际竞争力。当思政教育与创新创业教育融合时，能够产生积极的化学反应。思政教育的价值引领确保了创新创业教育的正确方向，使其与国家整体发展战略和社会伦理观念高度契合。而创新创业教育为思政教育提供了生动的实践平台和发展动力。

（二）教育属性相同

创新创业教育与专业教育的融合促进了创新创业人才的培养，强调实践性、多样性和创造性。学生通过校内仿真实训、校外实战训练和自主创业，在不同的实训基地展开实践教学。通过参与"'互联网+'大学生创新创业大赛""挑战杯"等竞赛活动，学生能够提升创新思维、工程实践能力和团队协作水平。这些活动推动了"工匠精神"和专创融合理念在人才培养中的应用，并强调项目驱动的综合评价和教学改革课题的申报，促进教师多元化协作和现代信息技术的应用。

二、现实的需要

（一）社会需要与个人需求一致

学生的成长不仅涉及个人成就，还与社会责任密切相关。引导学生树立社会责任意识，强调通过为社会贡献来实现个人价值。思政教育与创新创业教育的结合，使学生拓宽视野，关注社会需求，弘扬集体主义精神，实现个人与社会的共同发展。例如，思政教育引导学生深入理解科技自主权的重要性，激发他们对技术研发的热情与责任感，推动创新成果转化，为国家科技进步贡献力量。

（二）理论认知与实践能力统一

知行合一既是教育的重要原则，也是有效育人的关键路径。我国创新创业教育尚需系统化发展，与思政教育融合可以弥补理论体系的不足，引导学生形成正确的价值观和实践精神，培养创新和实践能力。推动二者同向发展，有助于实现知行合一，落实立德树人的教育使命。

三、理论的构建

（一）价值引领同向

高校思想政治教育和大学生创新创业教育目标一致，都以培养德才兼备的新时代人才为核心。强调以立德树人为根本，将社会主义核心价值观融入教育全过程。创新创业教育激发学生创新精神和社会责任感，培养实事求是、开拓创新的精神，将个人理想与国家发展紧密结合。思想政治教育着眼于引导学生形成坚定的理想信念，转化为实际行动，增强对社会主义核心价值观的认同和践行意识。

（二）育人内容同构

高校思想政治教育与大学生创新创业教育在内容上相通。创新创业教育既传授政策和技能，又培养学生独立思考、创新探索和敢于创新的品质，以提升创业意识和能力，满足国家创新需求。思政教育强调培养学生的思想道德素质和爱国主义精神，引导他们成为社会主义建设者和接班人。两者共同促使学生积极、务实、理性地面对生活和工作中的挑战，为国家经济和社会发展贡献力量。

（三）育人过程同步

高校思想政治教育与大学生创新创业教育同步进行。一方面，思政教育工作者负责教授"职业规划""就业指导""形势与政策"等课程，这些内容是创新创业教育的一部分；另一方面，他们也负责管理和服务大学生的日常生活与学习，能够及时发现和解决大学生在创新创业过程中可能出现的心理、价值观和道德等问题。通过与学生的交流与谈心，引导他们树立正确的世界观和方法论，理解科技革命、产业革命和信息革命的发展趋势，推动思政教育与创新创业教育的协同进步。

（四）教学方法契合

思政教育与创新创业教育在方法上具有一致性，均注重理论知识的传授、实践能力的培养，以及思想意识的引导。两者共同致力于帮助学生夯实理论知识基础，并通过实践活动深化对理论的理解与应用。理论与实践的紧密结合，是创新创业教育的核心理念，也是新时代思政课程的重要特征。这种教育模式强调理论与实践的和谐统一，学科知识与价值观念的相辅相成，目的是培养既具备扎实专业素养，又拥有正确世界观、人生观和价值观的复合型人才。教育应注重培养学生的创新创业观念，以及他们在实践中展示的勇于拼搏、敢于创新的精神品质，与思政课程的价值导向一致。

（五）教育功能耦合

思政教育在个人和社会生活中发挥着重要作用：个体功能包括引导个体遵循

社会发展的主流价值观，提升道德素质，激发精神动力，规范社会行为；社会功能则通过培养具备良好政治素养的个体来引领社会方向、维护稳定、促进进步。创新创业教育满足个体发展需求，培养创新精神，推动经济增长，改善就业，促进社会和谐，与思政教育共同促进个体和社会的全面发展。

四、逻辑的必然

（一）国家战略逻辑：全面建设社会主义现代化国家的客观需要

1. 把创新摆上国家发展全局的核心位置

科技兴则民族兴，人才强则国家强。科技是第一生产力，人才是第一资源，创新是第一动力。当前，我国积极推进"教育优先、科技自立、人才引领"的新发展模式，以创新驱动全面推动国家现代化进程。高校作为人才培养的主力军，必须坚持为党育人、为国育才的初心使命，以立德树人为根本标准，全面提升学生的政治觉悟、思想水平、文化素养和道德水准，为国家战略贡献高质量的人才力量。

2. 倒逼高等教育深化综合改革

当前，我国正面临着外部环境的复杂多变和国内发展的迫切需求，这对高等教育提出了前所未有的挑战与机遇。为响应"人才强国"的战略号召，高校必须积极推动思政教育与创新创业教育的深度融合，培养出既具备坚定理想信念，又富有创新精神的高质量人才。这种融合有助于提升人才对社会需求的适配性，更是对"双一流"建设目标的积极响应。在创新创业教育改革的大背景下，高校还应顺应国际化、信息化的大趋势，通过深化改革利益分配机制，优化内部治理体系，进一步激发科技、人才、创新在现代化建设中的核心作用。

（二）教育演进逻辑：高等教育转型升级的现实诉求

1. 从增长逻辑转向发展逻辑

党的十九届五中全会通过的《中共中央关于制定国民经济和社会发展第十四

个五年规划和二〇三五年远景目标的建议》指出，当前经济社会发展应以深化供给侧结构性改革为主线，积极适应时代需求。在此背景下，高等教育已由规模扩张转向质量提升的新阶段。推动思政教育与创新创业教育的有机融合，是提升教育质量的深度探索，更是丰富教育内涵、展现高等教育现代化进程的关键举措。

2. 从管理逻辑转向治理逻辑

优化制度与运行机制，以推进教育治理的现代化步伐。高校的组织架构虽层级分明，但治理的真谛是激活各方主体，共同致力于协同育人的目标。党的十八大以来，教育改革的步伐越发坚定，高校治理体系的完善为构建现代大学制度奠定了坚实基础。在此进程中，高校应将思政教育融入创新创业教育之中，构建充满活力的教育治理共同体。这不仅能有效解决行政与学术权力之间的失衡问题，缓解管理层面上的冲突，还能汇聚多方资源，共同为培育新时代的人才贡献力量。

3. 从线下逻辑转向线上逻辑

在互联网、大数据及新一代信息技术的推动下，创新创业教育已然跨越了传统的时空界限。高校网络课程的普及与课程资源的精品化，优化了教学与学习体验，并催生了新型学校文化。将思政教育融入创新创业教育中，是对时空限制的突破，也是对多方资源与各领域优秀人才的高效集聚。借助先进的虚拟现实技术，我们能够建立以学习者为核心的教育新生态，引领高等教育教学模式的全面革新。

（三）育人实践逻辑：教产学研协同育人的必然选择

1. 从割据走向融合的现实逻辑

创新创业教育与思想政治教育虽属不同的教学领域，但都是高等教育不可或缺的组成部分。两者以教师为主体、学生为对象，共同致力于人才培养。二者在教育内容与方式上虽有差异，但在培养目标上殊途同归，均致力于塑造全面发展的人才。新时代的思想政治教育与创新创业教育相辅相成，彰显了我国素质教育的深化，也反映出高等教育在人才培养方面的现代成果。

2.从封闭走向协同的政策逻辑

建立以企业为主体、市场为导向、产学研深度融合的技术创新体系，是推动社会进步的重要引擎。这一体系要求企业、高校、科研院所及政府机构紧密合作，共同投身于协同育人事业。通过整合系统内外资源，实现产业发展、人才培养和科学研究的结合，能产生"1+1 > 2"的整体效应。在这一背景下，将思政教育融入创业教育。这既能平衡利益导向和学术导向，又能突出人才培养的核心功能，实现高校与社会的双赢。通过思政教育的引领，我们可以更好地整合各级资源，将创新创业理念转化为成果，推动学校事业发展，并助力学生职业能力的全面提升。这种教育模式的融合，不仅确保了党中央政策的有效实施，而且为新时代的高等教育注入了新的活力。高校思政教育与创业教育的有机结合，实现了"五育并举"和"学思行"的高度统一，推动了治理体系、协同要素和治理模式的全面优化。

3.从单一走向综合的评价逻辑

要想发挥教育评价的指导作用，我们必须摒弃唯分数、唯升学等单一评价倾向，转向科学、全面、绿色的综合评价，以推动学校管理和办学进步。在这一过程中，构建政府、学校、社会之间的新型关系有助于提升学生的综合素质，推进高校思政教育与创新创业教育的有机融合。思政教育，作为学校立德树人的核心标准，引领着学校的发展方向，也在无形中熏陶着学生的心灵。而学生创新创业能力的培养，也应成为评价体系的重要一环。通过全过程纵向评价和德智体美劳全要素横向评价，可以更全面地衡量学生的成长与进步，进一步激发他们的创新创业意识。

（四）价值需要逻辑：学生成长成才的必由之路

1.提升价值引领的认同逻辑

认同涵盖认可与共识两个维度。认可是心灵深处的价值共鸣，为成功奠定基础；共识是自觉接受与臣服，为成就保驾护航。二者相辅相成，共同构筑认同的坚实堡垒，引领我们迈向胜利。思政教育融入创业教育，强调对创新创业价值的自觉接受和共建，促使学生将个人追求与中国特色社会主义理想结合，实现从个人认同到社会价值认同的过渡。这种融合加强了学生对社会主义理论体系的认同，并推动了创新创业价值的引领作用。

2. 推进价值赋能的植入逻辑

思政教育与创新创业教育的融合所释放的文化力量是深远而持久的。一个优良的文化环境，如沃土般让价值观深深扎根，持久发挥影响力。社会的多元参与，是一个长期且复杂的教育与培养过程，形成了多元的价值逻辑，相互交织，相互影响，催生思想交流与碰撞。社会主义核心价值观，如明灯，为创新创业之路注入动力。为了让这盏明灯更亮，我们需通过一系列措施系统培育观念、营造氛围、构建完善的教育体系。这些措施引导大学生以核心价值观为行动指南，在创新创业的实践中不断探索与前行。

3. 增强价值渗透的情感逻辑

教育效果与教育者意图的不显性程度成正比。价值渗透以含蓄的方式潜移默化地影响学生，营造积极影响的氛围，引发情感共鸣，激发学生刻苦钻研的热情。创新创业教育强调循序渐进的培养过程，关键是培育创新创业精神和基本素质，通过情感濡化激发学生的内在动力，使其在实践中体验自我实现，逐步形成创新创业的文化习惯和心理态度。

4. 改进价值干预的行为逻辑

高校推动思政教育与创新创业教育融合，其关键是将科学的价值观念深植于教育之中。这是对个体主体性的尊重，更是对大学生人格与自我发展的促进。通过深入的思想政治教育和指导，透过迷雾，消除误解，摒弃错误观念，从而塑造正确的价值理念和评判标准。这一过程如同指引的灯塔，照亮前行的道路，引导大学生在复杂的世界中做出明智而正确的价值选择。为进一步巩固这一基础，要建立价值干预与保障系统。该系统针对创新创业领域中的新挑战和问题，制定相应的法律法规、伦理标准和行为规范。这既有助于他们发展个性，树立高远的创新创业理想，也能培养他们的良好精神和道德品质。

第二节　创新创业教育与思政教育融合的现实意义

一、教育价值

（一）思政教育在创新创业教育中的作用

1.思政教育对学生创新思维的塑造

思政教育通过对知识的广泛传授，培养学生的多学科知识基础，为他们形成创新思维提供理论支持。思政教育能够激发学生的创新兴趣，让学生以新的视角看待问题，突破传统观念。此外，思政教育鼓励学生在实践中验证和完善创新想法，强调理论与实践相结合，培养解决实际问题的能力，从而促进社会经济发展。

2.思政教育对学生创业意识的培养

思政教育课程深入传达党的创新创业政策，引导学生理解创新创业对社会经济发展的深远意义。通过在课程中讨论国内外成功创业的案例，帮助学生认识创业中的机会和挑战。将实践教学与社会交流结合，使学生萌发和树立创业意识。学生通过参与创业实践、接受培训、与社会资源互动，深化创业理论和实践能力。思政教育还强调培养学生的自主拓展能力和创新思维，鼓励他们阅读、思考、实践，勇于突破传统观念，提出创新商业模式和经营理念。

3.思政教育对学生创新创业潜能的激发

思政教育与创新创业教育的结合需要上层引导，准确传达教材内容和精神实质，以激发学生的创新意识和追梦精神，实现高效的人才培养目标。在创业过程中，大学生需要敏锐地捕捉市场机遇，具备应变能力和前瞻性思维，以全面提升综合能力。

4. 思政教育对高校创新创业课程的影响

（1）思想价值：课程思政引导创新创业课程方向。将思政融入课程，塑造学生的世界观、人生观和价值观，引导正确的创业观、劳动观和职业观，促进学生为中国式现代化建设贡献力量。

（2）理论价值：思政与创新创业课程融合，为教育提供理论支持。强调理想信念、思想道德和工匠精神，让学生在提升创新能力的同时保持初心，明确方向。此融合丰富了教学内容，实现了理论与实践的结合，推动了理论创新和新时代人才培养。

（3）实践价值：思政融入创新创业课程能够提升育人质量，促进学生全面发展。思政立德树人，创新创业教育激发学生创新意识和创业能力，两者融合推动学生全面发展。通过理论、案例和实践，学生认识到创新创业是对社会和国家的责任与担当。

5. 思政教育对教师创新创业教育过程的影响

（1）推动全过程人才培养。创新创业教育需渗透于教育各环节，从启蒙到终身教育。尽管我国从1991年开始探索，但部分高校尚未将创业课程纳入教学计划，与专业教育融合不足。思政课程体系及教师队伍可为创业教育提供重要借鉴。

（2）支持全体大学生。创新创业教育应面向所有学生，而非仅是少数选择创业者。我国部分高校创业教育存在精英化倾向、覆盖面小、未纳入日常教学等问题。思政课和创新创业课程在培养创业意识和人格塑造方面具有独特作用。

（3）利用思政课的作用。构建科学合理的创业教育课程体系。美国早在2005年就引入了创业课程，成功的关键是针对性和操作性强。相比之下，我国高校创业课程设置分散。思政课程作为主要平台，能提升创业课程的地位，推动广泛实施。

（4）培养基础性素质。人文素质是大学生社会化的核心，影响生活和职场竞争力。每门课程都应承载人文素质教育理念，创新创业教育也不例外。国内高校需强化人文关怀，提升对人文精神的尊重，让教育回归对人的全面培养。

（二）创新创业教育对学生思政教育的价值

1. 以创新创业教育提高思政教育的政治性

政治性是思政教育的核心属性。创新创业教育应坚持政治方向、立场和原则，以增强思政教育的政治性。在党的领导优势下，创新创业教育可以协调各方资源，构建坚实的政治基础，开拓新的发展领域。教育应着力塑造青年的价值观和意志品质，引导他们树立正确的世界观、人生观和价值观，践行社会主义核心价值观，摒弃个人主义，培养创业精神和品质。最终，创新创业教育要坚持立德树人，培养爱国主义精神，让学生树立正确观念，为民族复兴贡献力量。

2. 以创新创业教育凸显思政教育的时代性

创新创业教育具有鲜明的时代特征。首先，它回应了教育面临的"时代之问"，以马克思主义为理论武器，关注社会问题，引导学生积极参与国家复兴进程。其次，创新创业教育紧密结合中华民族伟大复兴和全球变局的背景，培养学生的创新精神和创业能力，有效实现思政教育目标。它通过整合资源、联合各方，形成"大课堂"，提升思政教育的整体效果。最后，创新创业教育是培养具有战略眼光和全球视野时代新人的重要途径，以应对时代变革和国家发展需求。

3. 以创新创业教育突出思政教育的实践性

创新创业教育不是停留在理论层面，而是通过持续的实践课程推进思政教育的核心。思政教育是一个不断实践和探索的过程，而创新创业教育强调这种实践性质。它必须从实践中汲取理论，再将其运用到实践中，并接受实践的检验，避免理论脱离实际，确保思政教育不沦为"空洞教条"。通过创新创业教育，学生能够在实践中培养创新思维、创业精神和创造能力，为中国特色现代化进程提供高水平的人才支持。社会实践活动作为思政教育的重要组成部分，旨在检验学生的素质养成效果和实践能力。通过这些活动，学生不仅能提升人际交往能力，还能增强组织协调能力，适应不同环境，培养正确的自我认知和积极乐观的态度，从而形成健康的自我调节机制。

4. 以创新创业教育展现思政教育的理论性

创新创业理论教育既提升了大学生的综合素质，也深刻锤炼了其专业理论水平。在这一过程中，马克思主义理论发挥着核心作用，为学生提供了理论指导和方法论支持。马克思主义的哲学思考、政治经济学分析和科学社会主义理念激发了学生的创新思维，提升了问题解决能力。通过综合思政教育内容，学生能够主动掌握创新创业理论，并将其应用于实践。思政教育还通过案例分享和政策解读，及时更新内容，为学生提供最新的创业政策信息，促进深入讨论和思考。

5. 以创新创业教育增强思政教育的实效性

创新创业教育突破了传统书本教育，强调教学与社会实践相结合，通过实践和合作创新提升学生能力，培养创新思维和创造力，拓宽视野，更好地适应社会。思政教育则专注于提升学生的道德品质和政治素养。将创新创业教育融入思政教育，能够促进学生从被动接受到主动实践，从一般思维到创造性思维的转变，提升他们的创新能力和教育效果。这种协同育人模式既满足了社会需求，也能使学生将个人理想与国家发展有机结合，最终成为适应现代化建设需求的优秀人才。

6. 以创新创业教育提升思政教育的针对性

传统的思政教育常偏重理论传授，实践操作相对不足，这导致教学手段单一，内容略显单调，效果也不尽如人意。将创新创业教育融入思政课堂，可以丰富教学内容，明确教学目标。创新创业教育所强调的创新精神、积极进取的意识，以及勇于承担风险的创业精神，能够引导学生选择正确的价值取向。这种实践性强的教育内容与学生的实际生活和未来职业发展紧密相连，有效减少了思政教育的理论化倾向，使其更加贴近实际、贴近生活，从而提升了教学的针对性和效果。

二、社会价值

（一）顺应社会时代发展，服务经济建设

在社会经济转型升级的背景下，学校应根据社会需求调整人才培养模式，以

便让学生更好地融入社会。通过教授最新的行业工艺、技术和标准，提高学生解决实际问题和应对突发事件的能力，将思政教育与创新创业教育相结合，使学校发展与国家社会发展紧密对接。这样的融合不仅能确保人才培养与社会需求的对接，还能引导学生形成正确的价值观和就业观，为经济社会建设服务。

（二）立足国家战略需要，促进经济发展

创新创业教育与国家发展战略需求紧密契合，体现了科学发展观的深入实践。当前，推动高校创新创业教育的深入发展已成为国家经济增长和创新人才培养的迫切需求。大学生作为社会主义建设的生力军，要培养大学生的自主创新能力。高校需担负起教育改革的重任，勇于创新，促进创新创业教育与思政教育的有机融合。这不但培养了学生的创新创业技能，还引导他们树立正确的社会价值观，使他们在追求个人梦想的同时，积极回应国家和社会对人才的需求。

（三）实现社会和企业人力资本的积累

"双创"教育的核心理念是不断为社会输送品德高尚、技艺精湛且富有创新精神的优秀人才，推动企业和社会健康发展。在高校这一育人摇篮中，创新与创业教育的并行既提升了学生的职业技能，也帮助企业降低了人力资源成本，并为大学生提供了更加稳健的职业道路，实现了学生与企业的双赢。通过革新教学方法、完善学科建设、打造高效团队及开展实践训练，高校为学生搭建了通向企业实习和社会历练的桥梁，使他们在实践中领悟职场真谛，成长为社会的栋梁。

（四）促进高校教育与社会需求的良性互动

当前，"双创"教育强调高校应重视实践教学，与企业建立良好的合作关系，推动学生在企业中获取实际操作和管理经验。通过学徒制和帮带制，提高大学生的职业素养，促进校企合作与实践见习，打破合作壁垒，推动"双创"型人才的培养，为社会发展贡献力量。

第三节　创新创业教育与思政教育融合的理论基础与基本原则

一、理论基础

（一）可行性：协同理论为二者融合发展提供理论支撑

协同理论研究不同子系统通过协同作用推动各学科的合作与组织，这一科学原理在自然科学领域取得了显著成果，并对社会科学产生了深远影响。当协同理论应用于教育领域时，便催生了协同教育这一新兴理念。协同教育不仅为教育领域注入了新的活力，还为创新创业教育与思想政治教育的有机融合提供了理论支撑。在这一理论指导下，创新创业教育与思想政治教育能够和谐共生，共同培养既具备创新精神又坚守道德底线的优秀人才。这种教学改革的核心条件包括以下几点。

（1）开放性。创新创业教育与思想政治教育作为子系统，共同关注学生的发展需求和社会的实际需要。

（2）环境性。国家政策对二者融合发展的支持和推动，促进了教学改革的实施。

（3）非线性。教育内容的多样性和个性化设置，以满足学生的不同需求。

（4）涨落性。二者相互补充，提升了教育效果，创新创业教育的开放式教学方法为思想政治教育提供了新的实践途径。

（二）重要性：二者融合发展形成协同效应

1. 有利于培养创新型人才

从人口大国向人力资源强国转变，关键是培养创新型人才。这一转变离不开教育创新与创新教育的双轮驱动。在教学改革中，"双创＋思政"模式通过将思想政治教育有机渗透到创新创业教育的各个环节，使学生在潜移默化中接受价值观的熏陶，实现教育创新的目标。教师应结合先进教育理念与个人见解，运用启发式和讨论式教学方法，激发学生的创新潜能，培养其批判精神。坚持多元视角，因材施教，通过教学改革激发学生的创造性思维和个性，从而实现创新教育的目标。

2.有利于增强高校综合实力

培养创新型人才要求高校教师提升综合能力，活跃课堂氛围，并充分发挥校园文化的作用。教学改革需要将创新创业与思想政治教育融合，推动跨学科发展和资源整合，实现个性化培养方案。通过加强学校与社会的联系，培养学生的实践能力和正确价值观，促进校园与社会的紧密对接，达到协同育人的目的。

3.有利于建设创新型国家

创新创业教育与思想政治教育的融合，为国家建设创新型国家的理论与实践提供了有力支持。习近平总书记在党的十九大报告中指出："创新是引领发展的第一动力，是构建现代化经济体系的战略支撑。"在知识经济时代，国家的竞争力不仅仅体现在经济和科技等硬实力的比拼上，更在于文化、价值观念和创新能力等软实力的较量，以及对这些软实力的巧妙运用。高校教育需要紧密结合创新创业与思想政治教育，培养学生的实践能力和思想深度，为创新型国家建设提供智力支持和人才保障。

二、基本原则

（一）"重装上阵"，使创新创业相关元素贯穿专业人才培养全过程，形成崭新的人才培养模式

创新创业教育与专业教育应相辅相成，共同促进学生的综合素质发展。目前，

大多数高校尚未将创新创业教育融入主流人才培养模式中，导致其在教育体系中处于边缘地位，缺乏系统的实践指导和持续支持。为有效培养学生的创新创业精神和能力，必须将创新创业理念贯穿于专业教育的整个过程，包括人才培养目标、课程设计、实践教学体系及师资培训等方面，进行全面整合和升级。

（二）两种教育高度融合发展应以培养学生的创新创业能力为目标，并且与区域经济和地方企业发展需求高度统一

创新创业教育的实施应贯穿于专业人才培养的始终，实现教育重心的战略性转移——从单一的专业技能训练向创新创业能力的培养过渡。传统上，我国高等教育体系偏重专业技能的传授，现在必须有效融合专业教育与创新创业教育，这一进程既需要理论指导，也离不开实践检验。高校应调整培养目标，将学生的关注点从单纯的专业技能转向创新创业精神。通过多样化的教学方法和环境创设，促进人才培养，并且满足区域经济和企业需求，引导学生将创新创业理念融入各个教学环节，培养终身创新创业意识，以推动社会就业需求和区域经济发展。

（三）专业教育与创新创业教育融合的普遍性原则

专创融合要求内容和形式相辅相成，重在实现"神形兼备"。创新创业教育依赖于专业教育的基础，也需要专业教育理念的引导。两者的目标是一致的，强调在专业知识中融入创新创业思维和精神。专创融合应以专业教育为主，创新创业教育为辅，通过项目、实训等形式将创新创业教育有机融入专业教育，而非简单地添加模块。这种融合应顺应专业教育的发展趋势，突破单一专业的局限，构建跨界视角，引导学生从多角度思考，实现复合型人才的培养目标。

（四）思政教育与创新创业教育融合的原则

1. 以学生的全面发展为本的原则

随着经济社会变革，各行各业的状态和格局发生了重大变化，这要求学生在

知识上有所突破，还需跨界整合多学科资源，培养具备专业素质和综合素质的创新创业型人才。在创新创业活动中，跨界、融合和创新非常重要，学校应以学生的全面发展为核心原则，推进创新创业教育。

2. 有利于创新型人才培养的原则

我国经济已由高速增长阶段迈入高质量发展阶段，这一转变对高校人才培养提出了更高的要求。高校作为创新型人才的摇篮，需要将创新创业教育融入日常教学中。这推动了创新型人才的培养，也回应了"双创"时代的号召。创新已成为经济发展的强大引擎，也是高校教育的核心内容。因此，促进创新型人才的培养，成为高校在融合创新创业教育过程中的重要原则。

3. 基于专业教育的原则

高校将创新创业教育融入专业教育中，有助于实现人才培养目标，并拓展创新创业的平台和发展空间。目前，部分学生误认为创新创业仅仅是创业获取经济利益的途径。由于缺乏全面理解，学生未能有效将专业知识与创新创业结合，创业实践成功率低。高校应推广"专业＋创新创业"教育模式，这能够补充和更新专业教育，也是创新创业教育的重要路径，需要依托学科资源的整合，实现其真正的意义。

4. 以意识和精神培养为主的原则

近年来，"大众创业、万众创新"已成为我国的热门话题，创新创业教育也进入了常态化和全面推进的新阶段，取得了显著成果。这些成果体现在企业数量和经济效益上，更在于意识引导与精神培育的深层次效果。高校的创新创业教育如同在沃土中播撒种子，目的不仅是引导学生正确理解创新创业，也是激发他们的创新思维和创业意识。通过持续学习和实践，这些种子会在学生心中生根发芽，激发他们的创新创业意识和动力。意识引导与精神培育是高校融合创新创业教育中不可或缺的重要原则。

第四节 推动大学生创新创业教育与思政教育融合的对策建议

一、统筹管理，优化创新创业教育与思政教育融合的课程体系

（一）加强顶层设计，做好课程融合的整体规划

1. 坚持协同推进

高校思想政治教育与大学生创新创业教育需相互融合，共同促进学生全面发展。首先，应结合育人内容，摒弃边界思维。例如，可以将就业教育与创新创业教育融合，以促进学生职业发展。就业教育侧重于就业技能和观念，而创新创业教育注重创新精神和创业能力，两者结合能够更好地促进学生的职业成长。其次，需要整合育人队伍资源，改革管理机制，将思想政治教育工作者纳入创新创业学院的管理体系，参与教学科研，制定教学大纲和人才培养方案，实现教育协同。最后，通过多维度的评估体系来测量育人成效，包括通过信息平台评估创新创业教育效果，使核心价值观教育贯穿全过程，并注重过程评价，由思想政治教育工作者与专业教师共同参与。

2. 拓展融合载体

高校在推进大学生创新创业教育与思想政治教育融合时，可从实践、竞赛、科创三大维度着手，构建全方位的育人体系。在实践方面，采用"四真"模式（真课题、真任务、真实训、真实战），并实施"三阶段螺旋递进式"任务导向的实践教学，即通过多学科交叉的实践项目，让学生亲身参与，并将这些实践经历纳入毕业要求。利用寒暑假时间进行社会实践，形成七个学期、分层实施的实践育人模式，确保实践教育贯穿学生的学习生涯。在竞赛方面，通过"互联网+"和"挑战杯"等赛事，推动创新创业教育的深入开展。组织科技创新赛事不仅营造了浓

厚的创新氛围，还引进了智能管理平台进行全程管理，确保竞赛的公平公正。思想政治教育工作者在此过程中应发挥关键作用，引导学生积极参与竞赛，培养竞争力、团队协作精神和诚信意识。在科创方面，将课题研究和竞赛作品视为潜在的孵化对象，通过定期组织商业计划书撰写、邀请风投企业家授课等活动，为学生提供与业界接轨的机会。利用创新创业实践平台，结合政府政策和风投资本的支持，高校能够培育和孵化出更多具有市场潜力的项目成果，不仅能使学生实现自我价值，而且为社会创新发展贡献了力量。

3. 明确主体定位

高校思想政治教育工作者在大学生创新创业教育中的角色应明确为思想动员者、过程陪伴者和精神培育者。作为思想动员者，帮助学生树立创新创业信心和决心，引导他们根据国家需求设定目标，树立社会主义核心价值观，做到胸怀祖国、服务人民。作为过程陪伴者，在创新创业的各阶段提供支持：前期指导学生确定项目、组建团队、制定规划，培养从实际出发、谦虚谨慎、诚实守信的品质；中期关注项目进展，及时调整计划，进行心理疏导，帮助学生克服困难；后期联系社会资源，利用政策和学校平台推动成果的社会化，增强学生的成就感。作为精神培育者，培养学生的奋斗精神、实干精神和开拓精神，以支持他们在创新创业道路上的成长。

4. 强化队伍建设

为将思想政治教育与大学生创新创业教育深度融合，提高其有效性和针对性，高校需要重视思想政治教育工作者队伍的建设。首先，加强理论学习，提高政治素养，理解国家相关文件精神，提升思想认识。其次，提升专业素养，勇于实践，学习创新创业理论和心理学基础课程，参与相关课题的研究。最后，深入社会，体验创新创业过程，通过企业参观和挂职，了解创新创业经历，寻找教育融合的突破点。

（1）组建跨学科的专业团队。建立由思想政治教师、创业指导教师、专业教师和行业从业者组成的跨学科团队，负责"思政教育与创新创业教育融合"的教学和课程设计。以思想政治教师为核心，引导团队成员感受马克思主义的价值与魅力，提高团队的思政素养和创新创业能力，从而在创新创业指导中体现思政内容，提升学生的专业能力、思想品德和政治素养。

（2）设置清晰的"思政教育＋创新创业教育"目标。高校思政课程的终极目标是通过政治和思想教育，让学生树立正确的世界观、人生观和价值观。在创新创业教育中，教师应根据学生的思想认知规律和行为方式，设定明确的思政教育目标，构建综合性的教育体系。结合学生在创业中的实际问题，制定教育融合发展的目标和评价机制，使教育体系更具逻辑性和科学性。

（3）构建多元化的渗透机制。通过思政课程、校园文化和社会实践活动，构建多元化的渗透机制。邀请创业指导教师讲述经典创业故事，引导学生赋能职业发展；组织丰富的校园创新创业活动，将思政教育渗透其中，培养高尚品德。高校教师应利用自媒体和大数据技术，建设知识性和服务性创新创业平台，通过漫画、短视频等形式，提供技术支持，解决学生的实际问题。

（二）提高认知和能力，促进教育理论与实践的落实

1. 提升对创新创业教育中思想政治教育功能的认知和重视

认知水平直接影响行动力度。在创新创业教育中，思想政治教育功能未得到充分发挥，其原因是教育者、受教育者和管理者对这一功能的重视不足。在实际操作中，创新创业教育被视为单纯的专业教育，重点关注技能和方法，而忽视了思想政治教育的作用。因此，应在课程和实践活动中突出思想政治教育的目标，并设置必要的教育环节。学校可以组织思想政治教师研究创新创业教育中的思政资源，开发相应的专业课件。培训高校领导和相关人员，深化他们对思想政治教育重要性的认识。

2. 推动创新创业教育中思想政治教育的分层分类实施

根据高校创新创业教育及思想政治教育功能的"三维圈层"定位，思想政治教育应采取精准施策。在专业教育领域，应着重提升学生的社会责任感、团队协作能力及自信心等非认知能力，以培养全面发展的高素质人才。在通识教育层面，要让每一位大学生具备一定的创新创业意识和精神，深刻理解创业的真正含义，从而激发他们的创新潜能。在涵养教育方面，应营造鼓励创新创业的校园文化，

通过媒体、布告栏等宣传创新创业精神，支持创新创业社团活动，并在校歌和校训中融入创新创业理念。

3.强化对承担创新创业教育任务教师的培养

教师是课程思政的核心，高校应秉承"教育者先受教育"的理念，强调专业课教师对思想政治教育的深刻理解和精湛掌握，提升课程思政的质量和效果。因此，必须提升创新创业教育师资队伍的思政教育意识和能力。只有这样，教师才能在传授专业知识的同时，巧妙融入思想政治教育，潜移默化地引导学生形成正确的价值观念，实现知识传授与价值引领的有机统一。学校应组织教师参加理论学习和思政培训，通过政策鼓励他们积极参与，将相关工作和成绩纳入职称评定体系中。

4.加强创新创业教育与思想政治理论课主渠道的双向协同

习近平总书记在全国高校思想政治工作会议上强调，使各类课程与思想政治理论课同向而行，形成协同效应，实现教育目标的一致性和内容的有机融合。虽然思想政治教育和创新创业教育形式不同，但它们在高校人才培养中具有协同发展的潜力。思政理论课可以借鉴创新创业教育的项目化、活动式教学方式，将创新创业内容融入实践教学，发挥思想政治教育功能，创新创业教育应围绕五大思想政治教育内容，强化其内在的思想政治教育目标，在各类教学和实践环节中体现其综合发展。

（三）明确价值取向，推动教育的改革与发展

1.以社会主义核心价值观为引领

尽管一些政策已为创业提供了良好的环境，但我国大学生的创业比例仍然不高，成功率也低于许多西方国家。为改变这种状况，创新创业教育应以国家需求、职业梦想和个人价值为动力，引导大学生树立社会主义核心价值观，并将其转化为实际行动。道德教育应融入创新创业教育中，塑造职业精神，培养诚信和自律的习惯，建立法治观念，确保创业过程顺利且合法。

2.推进实践教学改革

创新创业教育的核心是理论与实践的紧密结合。将这一理念与思想政治教育

融合，可以构建一个涵盖课堂、校园和社会三大领域的实践教学模式。这一模式使学生将理论知识灵活运用于实际生活中，并且增强他们的社会责任感，全面提升了个人素质。

在课堂教学中，教师可以通过讨论、热点研讨和案例分析等丰富的教学形式，激发学生的学习热情。在互动环节中，学生能够深入分析并尝试解决现实生活中的问题，例如参与社会调查、探讨就业形势和研究养老保险等议题，这些活动有助于提升学生的历史使命感和社会责任感。通过对创业案例的讨论，学生能够独立思考和解决问题。

高校应建立创新创业社团组织，促进学生之间的交流与合作。教师应积极引导学生的思想方向，支持他们的创业实践。通过竞赛和讲座等活动，提升学生的团队合作能力和创新意识，并且增强其综合素质。借助创业园和孵化基地，高校可以开展思政教育实践，提高学生的思想政治水平。社会实践如义务支教和企业实习也能有效培养学生的奉献精神和职业道德，提升其创新创业能力和综合素质。

二、构建创新创业教育与思政教育融合的多种模式

（一）思政教育与创新创业教育协同育人模式

1. 深化教学改革，构建思创融合育人体系

在思创融合育人体系中，课堂教学无疑是核心战场。课堂作为教育的主阵地，应致力于推动思创协同育人的目标。为此，必须深化教学改革，精心打造思创融合的精品课程，使其成为促进学生全面发展的重要力量。在这样的课堂上，学生不仅能掌握专业知识，还能在潜移默化中培养创新思维和创业精神。要培养在实践教学中的情感体验。通过开展感染力强、说服力大的实践活动，学生能够在实际操作中体验创新创业的艰辛与乐趣，从而引导他们端正创新创业行为，坚定理想信念。还要建设网络课堂。网络已成为学生获取就业信息、洞察行业趋势的重要平台。因此，教师应积极探索网络教育的可能性，开发趣味性和教育意义兼备

的网络课程，为思创融合育人开辟新的渠道。

2. 加强顶层设计，形成思创融合长效机制

深化教学改革，构建一个深度融合的教育机制，不仅为思创融合育人工作提供坚实的制度支撑，也确保了教育模式的有序与高效。学校应对创新创业教育与思政教育进行深入的政策探究，结合自身优势和特点，明确融合育人的宏伟目标。在此过程中，积极探索两者融合的途径，遵循教育的内在规律，建立科学且可行的思创融合育人机制。对教师队伍的优化、教材的更新及教学基地的完善等资源配置问题，也应给予足够重视。这些方面的全面提升，将为培养高素质、有创新创业精神的新时代人才奠定坚实基础，并为教育模式的持续推进提供有力保障。

3. 革新育人理念，促进思创融合育人取得实效

为成功实施思创融合育人体系，必须推动教育工作者从传统的独立教育理念，转向更加全面、多元的育人思维。这一转变需要经历从融合规划的初步构思，到融合课程体系的精心设计，再到理论、实践和渠道的不断完善。这需要教育工作者深入理解并内化融合理念，再将其体现在实际教育行动中。学校在推进思创融合的过程中，除了提供必要的资源和支持，还需积极宣传和引导，为教育工作者营造积极、开放的氛围，促使大家自发更新育人理念，拥抱变革，实现思政教育与创新创业教育的有机融合。这既是对教育工作者个体的挑战，也是对整个教育体系的一次深刻革新。

4. 提高重视程度，树立协同育人教育理念

当代大学生以开放的思维和鲜明的个性著称，这要求协同育人实践更加注重多元化和个性化的教育方法。理想信念教育、心理健康教育、形势与政策教育应与创新创业教育紧密结合，共同构筑学生全面发展的教育基石。通过理想信念教育引导学生树立远大抱负，心理健康教育塑造健全人格，形势与政策教育增强社会责任感，而创新创业教育则激发学生的创新精神和实践能力。四者相辅相成，共同促进学生全面成长。例如，通过案例和项目教学，引导大学生树立崇高理想

信念，参与社会实践，培养社会责任感，促进个人理想与国家发展紧密结合。在心理健康教育与创新创业教育融合中，构建针对性课程，解决创业实践中的心理问题，培养自信人格。在形势、政策与创新创业教育融合中，分析国家就业形势与政策，提升创新创业能力，推动大学生结合专长开展创新创业。

5.严格落实政策，加强协同育人课程体系建设

高校在协同育人的实践中，应深思熟虑地平衡思政课程与创新创业实践课程的设置。这不仅是在课表上添加几门课程，还需要完善教学大纲，理清教学思路，确保思政教育与创新创业教育的深度融合与相辅相成。针对不同年级的学生特点，高校应制定具有针对性的课程体系。对于大一新生，要强化理想信念和社会主义核心价值观的教育，为他们的大学生活和未来发展奠定思想基础。对于大二、大三学生，应重视创新意识和创业思维的培养，鼓励其将专业知识与创新创业实践结合，拓宽视野。到了大四，毕业生面临求职选择，应注重就业指导，鼓励基层实习，以提升实际操作能力，为进入社会做好准备。高校还应有机融合第一课堂和第二课堂。第一课堂传授专业知识和思想政治素质，第二课堂激发创新创业意识和潜能。两个课堂的结合，既能培养学生的专业素养，也能激发创新思维和创业精神。在完善课程体系的过程中，还应注重学生积极乐观的学习态度和良好行为习惯的培养，这将是他们未来进行创新创业的宝贵财富。

6.打造精通思政且具备创新创业教育能力的师资队伍

高校师资队伍是确保思政教育与创新创业教育协同育人的重要力量。学校应建立激励机制，充分发挥辅导员在协同育人中的作用，激发他们的工作热情和动力，积极参与协同育人工作。推动协同育人课堂教学的改革与创新。思政课是实施协同育人的主要渠道。因此，高校需要加强思政课教师的培训，提升他们对创新创业教育的理解，明确思政教育与创新创业教育协同育人的重要价值，并提供学习创新创业知识的资源和途径，以便在思政课教学中融入相关内容，为协同育人工作奠定基础。

7. 营造协同育人的校园文化氛围

校园文化不仅塑造学生品格，还引领时代风尚。为促进思政教育与创新创业教育的协同育人，校园文化必须与时俱进，符合当代大学生的精神追求，同时彰显创新创业教育的独特魅力和时代特色。高校可通过精心打造物质文化，让每面墙壁、每个角落都传递出创新创业的激情与力量。设置创新创业宣传栏，定期展示学生的创新成果和创业故事，激发创造热情。建立协同育人专题网站，汇聚思政与创新创业的丰富资源，为学生提供便捷的学习交流平台。高校应将创新创业教育提升至人才培养的战略高度，将其纳入整体教育规划。通过建立休学创业制度、设立大学生创新创业基金、推行学分替换制度等措施，为学生提供灵活多样的成长路径。设立专项资金，支持教师指导学生进行创新创业实践，让理论与实践紧密结合，开出智慧之花。制定灵活的协同育人机制。高校需不断完善协同育人制度体系，确保思政教育与创新创业教育相互补充、相互促进，为学生全面发展提供坚实保障。

8. 打造实践基地，开展协同育人教育活动

在高校协同育人实践中，建设众创空间、创业园等实践基地。这些平台为学生提供将理论知识转化为实际操作的宝贵机会，并将思政教育巧妙地融入其中，让学生在实践中深刻领悟思政教育的内涵。通过这些实践基地，高校能够吸引更多怀揣创业梦想的青年学子。在这里，他们可以获得真实有效的创业项目、系统培训和专业指导，从而在创业道路上稳健前行。学校通过加强理论与实践的结合，让学生掌握理论知识，在实践中挖掘和发挥创业潜力。这种结合理论教育和实践活动的方式，是推动创新创业教育的有效途径。它让学生在实践中学习，在学习中实践，从而培养出既具备扎实理论基础，又有实际操作能力的创新创业人才。例如，利用校园网站号召学生参与创新创业服务社会，扎根基层，提升实践技能；制订教学计划，建设创业实践基地，深化校企合作，为学生提供孵化和实训平台；鼓励学生参与市场调研、模拟创业和实践比赛，丰富经验，提升职业素养。学校应根据学生需求，优化实践教学资源，推动协同教育供给升级。

9.健全协同育人组织机构，加强组织管理

学校应迅速响应时代号召，建立协同育人领导小组，由校党委直接领导，承担全面规划和指导协同育人模式建设的重要职责。为确保工作的有序开展，设立协同育人办公室负责具体组织和实施各项任务，将协同育人的先进理念落到实处。在此基础上，学校还需进一步优化管理机制，深化各职能部门之间的沟通与协作。教务处、招生处、学生处、后勤处等部门应紧密配合，形成合力，共同构建高效统一的育人运行机制。通过各部门的通力合作，提升管理效率，确保教育资源的合理分配和高效利用，为学生提供优质教育服务，提升育人效果。这一系列举措将为学校培养出更多优秀人才奠定坚实基础，并推动学校教育事业迈向新高度。

（二）思政教育与创新创业教育"三融四立"融合模式

1.三融：推进创新创业教育嵌入思政教育教学

（1）课程内容的融合。在课程内容设计中，将创新创业教育元素巧妙地融入思政课程。具体而言，将创新创业教育的内容与"思想道德与法治"等类课程结合，丰富课程内容，系统地提升学生的创新创业素质。这种融合不再是课程内容的叠加，而是在保持各自特色的基础上，实现内容的互补与提升。将创新创业能力的培养融入专业课程和基础课程中，可以增强这些课程的教育性和人文性。这种跨课程融合模式，使得思政教育不再局限于单一课程体系，而是渗透到学生学习的各个方面，从而实现了从"思政课程"到"课程思政"的转变，有效提升学生的创新创业能力和实践水平。这种全方位的育人模式，将培养出既具备坚定理想信念，又拥有创新创业精神的优秀人才。

（2）教学师资的融合。在师资融合方面，高校应精心选拔那些具备深厚思政理论基础且富有创新创业精神的教师。这些教师将从思政课教学和创新创业指导两个维度，组建起一支强大的教研团队。他们的任务不仅是传授知识，还要深入挖掘思政课程中的创新创业资源，将这些宝贵的资源转化为实践手册，为学生提供更为实用的学习指南。为提升教师的教学水平，高校应建立完善的教师培训机制，通过

邀请知名学者和校内骨干进行专题培训，帮助思政和创新创业指导教师不断更新教育观念，树立以人为本的创新创业教育理念。这种理念强调将思政理论与"双创"实践紧密结合，确保在马克思主义指导下，有序、有效地开展创新创业教学。通过这样的师资融合与培训，高校将打造出一支懂思政、懂创新创业的高素质教师队伍。

（3）实践平台的融通。实践平台的融合为高职类院校的学生提供了广阔的创新创业舞台。校内创业孵化基地、校外创业实习基地、创新创业社团及各类训练计划，构成了一个多元化的实践体系。这些实践基地通过定期举办如"立德树人大讲堂"等讲座活动，传授创业知识，引导学生在创新创业的道路上坚守正确的价值观。大学生创新创业训练计划成为这一实践体系的亮点。在此计划中，专业教师与思政教师携手合作，共同指导学生进行课题研究，探索科学的奥秘。这种跨学科的指导模式，将思政教育内容巧妙地融入其中，使学生在探索科学的同时，也能够树立马克思主义的辩证思维和哲学观。通过实践平台的融合，学生与教师团队之间的交流得到了深化，促进了知识的传递，全面提升学生素养。这种实践与思政结合的教育模式，将培养出具备专业技能、拥有深厚思政素养的优秀人才。

2.四立：助力学生成人成才

在高等教育中，有效引导学生"立德""立志"是重要课题。对民办高职院校而言，要结合教育规律和学生心理发展寻找特色思政教育路径。2011年起，某民办高职院校推出了5G体验式课堂，通过感性导言、感动体验、感悟分享、感恩结语和感奋践行五个环节，创造了感动与感悟的课堂氛围，使思政课程更加生动，引导学生实现立德目标。

此外，学院实施了"志趣"扶植计划，帮助学生发现潜能和兴趣，明确人生志向。通过活动和课程，学生在探索中发现自我，并在挑战中超越自我。

在品格塑造方面，学院采用准军事化教育，提高学生文明素质，培养纪律性和责任感。引入营级卫生责任包干制度和荣誉积分管理制度，提升学生自我约束能力，促进行为习惯的养成，实现立行目标。

学院在立业成才方面也进行了探索。实行完全学分制，推出了五类创业课程，将课程思政、人工智能、创新创业等元素融合，设立必修和选修课程，满足不同学生需求。通过"校园—产业—创投"核心教学团队和"四阶递进"CCCP教学模式，提升学生的知识、技能及创新创业能力，为职业生涯奠定基础。

学院还构建了"六位一体"协同育人机制和"四维核心管理机构"，确保学生的"立德＋立志＋立行＋立业"全面支持，培养创新创业复合型人才。

三、以改革促进创新创业教育与思政教育的深度融合

（一）增强教学活动性

1. 深化课程体系改革，实现思想政治教育和创新创业教育课程的融合

思想政治教育与创新创业教育看似独立，实际是相辅相成的。思想政治教育运用马克思主义的深邃思想，帮助学生洞察社会现象，引导他们走向正确的人生道路；创新创业教育专注于培养学生的创新思维和实践能力，为他们的未来注入动力。然而，在许多学校中，这两类课程往往各自为政，缺乏交集，这就限制了全面创新型人才的培养。因此，我们必须进行深度的课程改革，将两者有机融合。为此，可以设立创新创业与思政教育办公室，作为改革的核心推动力量。在此基础上，我们将制定全面的教学大纲，精心选择教学内容，不断优化教学方法，致力于培养既懂思政又擅创新的教学团队。思政课堂将肩负起这场变革的重任，我们将把创新创业教育巧妙融入日常教学中，使学生在学习马克思主义的过程中，也能体会到创新的魅力。我们尊重每一位学生的主体地位，鼓励他们自主创新和探索未知领域。

2. 创新教学方法，切实提升创新创业教育和思想政治教育的融合度

随着信息技术和互联网的飞速发展，新媒体已经深刻影响了教育领域。现代学生利用网络、智能手机及各种应用程序随时获取信息。面对这一变化，学校应

顺应时势，巧妙运用新媒体平台，为教学注入创新活力。通过构建网络教育平台，学校定期推送榜样人物和优秀校友的访谈，弘扬正能量，传播积极价值观。在这一过程中，创新创业教育与思政教育的融合将变得自然流畅，两者共同促进学生坚韧不拔的精神风貌。翻转课堂、微课、MOCC 等新型教学方式如同夜空中的明星，极大地提升了学生的参与度，也让他们有机会接触到前沿的教育内容和生动的创业实例。

3. 开展实践教学，充分培养学生的实践能力

教育应突破课堂的局限，深入社会，与日常生活紧密结合。为使学生更好地理解世界，领悟生活的真谛，教育必须走出课堂，融入社会实践。定期组织学生探访承载深厚文化底蕴的企业，让他们了解成功的商业故事，学习坚韧的创业精神。在这些探访中，学生感受到企业家的智慧与勇气，从而树立正确的创业观念，激发内在的创业潜能。推进产教融合和校企合作是教育贴近实际的重要途径。这种合作模式提升了思想政治教育的针对性，让学生将课堂上学到的理论知识与实际操作结合起来。通过实践，学生的创新能力和创业技能得到锻炼，他们的道德意识也在潜移默化中得到提升。

4. 营造良好的校园文化氛围，丰富校园文化活动

校园文化环境如同春风化雨，滋润着每一位学生的心灵。一个独特且充满正能量的校园文化有助于塑造学生的品格，也能在潜移默化中激发他们的创新创业意识，提高思想道德素质。为营造这样的文化氛围，可以设立创新创业与思想政治教育的文化墙，展示成功创业者的智慧箴言，以及思想家的深邃思考。定期举办与创新创业相关的比赛，锻炼学生的实践能力，让他们在竞技中感受到创新的魅力。邀请优秀创业者来校分享经验，让学生在日常生活中接触到真实的创业案例，从而激发他们的创业梦想。学校还可以引导社团组织举办丰富多彩的活动或艺术节，让学生展示才华，在参与中丰富理论知识，提升实践能力。

（二）提升融合的实效性

1. 坚持"三个统一"原则

首先，坚持个人发展与社会需求统一。创新创业活动只有符合社会利益，才能获得认可和成功。思想政治教育应正确引导大学生的思想和行为，使其更好地满足社会需求。其次，坚持教育规律与主流价值观统一。教育应以人为本，尊重个体差异，彰显人的主体性。思想政治教育应在价值层面进行引导，同时规范创新创业教育的技能培养。最后，坚持理论与实践统一。理论与实际问题的结合至关重要，大学生需要具备扎实的理论基础和有效的行动方法。思想政治教育应结合实际问题，促进学生全面发展，实现创新创业能力与政治素养的有机结合。

2. 发挥思政教育对创新创业教育的价值引领作用

首先，要树立思政教育引领创新创业教育的观念，整合资源，培养学生的理想信念、思想道德和创新创业能力。其次，要建立价值引领机制，通过内在需求刺激和外部引导干预，激发学生的创新创业动力，包括树立创新创业梦想、实现自我价值和追求更高的社会价值。最后，要丰富价值引领载体，在课程中注重基础与专业课程的结合，在实践中通过比赛、项目、实习等活动结合思政教育，培养学生的全面发展。

3. 构建思政教育与创新创业教育的衔接机制

首先，构建课程内容衔接机制。当前，思政教育与创新创业教育主要依托课堂教学，课程内容的合理衔接非常重要。一方面，开发创新创业教育课程时，要注重与思政教育的衔接，提升学生的创新创业能力和综合素质；另一方面，修订思政教育教材时，应融入创新创业内容，如经济社会热点、国家政策、时代精神等，增强思政课程的实践性和促进作用。其次，构建师资协作机制，培养和协作师资队伍，以提升教育质量。定期培训思政与创新创业教师，促进教学方法的更新，充分发掘学生的创新创业潜力。邀请外部实践者如企业家、专家来校交流，丰富教育资源。通过校内创新创业组织和校企合作，培育学生的创新创业意识，强化理想信念与道德观念。

4. 实施有效的激励手段

通过实施"内培外引"的师资构建策略，高校能够切实增强教师的学科交叉融合能力，从而提升教学观念和专业素质。对于校内教师，高校应定期组织思政与创新创业的专题培训，深化教师对现代教育理念的理解，推动教学方法的创新，进而激发学生的创新创业潜能。通过"外引"战略，高校可以邀请杰出的企业家、行业专家和优秀校友等实战派人士来校进行交流与分享，这为校园注入了新的活力，也为学生带来了宝贵的实践经验和行业前沿知识。

四、创新创业教育与思政教育融合的多重维度

（一）思政教育与创新创业教育的理论融合

高校通过课程建设来提升教学质量和人才培养水平。在思政与创新创业教育的理论融合方面，我们应涵盖课程体系、教学内容、教学方法、教材和资源等多个方面。以理论课、实践课和延伸课为基础，不断优化课程结构，建立适应学生全面发展需求的融合课程。强调立德树人，构建深度融合的教学内容体系。探索启发式教学、案例教学、线上线下混合教学等新型教学模式，推动思政与创新创业教育的一体化建设，促进理论知识与实践技能的有效结合。

（二）思政教育与创新创业教育的实践融合

推动实践教学改革，实现思政教育与创新创业教育的有机融合已经成为学界共识。研究指出，应从校内和校外两个方面建设融合实践基地和平台。利用校内科技园、创新创业孵化园和创客空间等平台，推动"产学研用"一体化，引导学生在实践中学习与应用，培养其创新意识和创业精神。结合时代需求和区域发展，高校应整合社会资源，促进校际、校企、校科研院所之间的实践合作，形成专业链、产业链、创新链、人才链的有效对接。通过这种方式，培养学生的沟通协作和组织管理能力，推动思政与创新创业教育的深度融合。

（三）思政教育与创新创业教育的机制融合

1. 构建优质师资队伍

首要任务是强化师德建设，通过内部培养和外部引进，组建思政与创新创业教育融合的师资队伍，确保其在理论知识传授和实践指导方面具有领导地位。建立多元化的兼职师资队伍，包括专职辅导员、实习指导教师、校友、企业家和专家，以实践视角促进思政教育与创新创业教育的深度融合，为学生提供切实的指导和支持。

2. 完善考评机制

高校应根据人才培养规律，进行顶层设计，完善考评机制。管理层需统筹课程设置、教学改革、实践体系和评价机制；教师需制定科学的考评标准，将教学过程和课程建设纳入全面评估，以提升教学质量；学生方面，需要改革培养方案，建立激励机制，以确保思政与创新创业教育的实际效果。

3. 营造良好的融合氛围

建设创新创业型校园文化，发挥校园文化在德育上的作用，围绕学校的发展特色和文化理念，利用现有的实践平台，创造浓厚的职业氛围。通过学校与家庭、企业、社区和政府的互动，营造全员参与的社会氛围，为创新创业教育提供良好的环境支持。

五、在多样化的育人形式中实现创新创业教育与思政教育的融合

（一）以立德树人为目标，在课程育人中将创新创业教育与思政教育相融合

思政课作为高校思想政治教育的核心课程，其核心目的是培养学生的思想道德品质，引导他们树立正确的价值观。而创新创业教育则是为了培养具有创新和创业能力的人才，这两者在实现立德树人这一目标上具有内在的契合点。高校教师肩负着重要任务，需要在创新创业教育实践中深刻融入立德树人的理念。他们

应通过生动的案例教学，让学生理解创新创业活动中的道德伦理问题，培养社会责任感。在传授创新技巧和商业知识的过程中，教师应注重学生人文素养和批判性思维的培养。例如，课堂上可以介绍成功企业家的精神和事迹，使学生认识创新创业的深层意义，增强他们的社会责任感，坚定为国家和社会作贡献的信念。这种思政教育的融入，有助于学生在创新创业活动中树立正确的思想态度。

（二）以理想信念为核心，在文化育人中将创新创业教育与思政教育相融合

在培育新时代青年过程中，创新创业教育承担着"立德树人"的根本任务，也肩负着塑造"创业遗传代码"的重要职能。在实施创新创业教育时，高校应注重学生思想精神的塑造，坚定其创业信念，引导他们追求崇高的理想。这涉及创业知识和技能的传授，还关乎学生创业思维和理想信念的塑造。高校可以利用自身资源优势，建设多样化的创新创业平台，如众创空间、创新创业学院和项目孵化基地，为学生提供全方位的支持。这些平台相当于小型社会实验室，让学生在安全的环境中进行探索和试错。结合"思政教育＋创新创业教育"的理念，高校可以创建充满激情和创造力的校园文化。通过定期举办创新创业交流活动、企业家精神讲座和成功创业案例展示等活动，激发学生的创业热情，并将其与爱国主义、社会责任感及青年使命紧密结合。在这一过程中，专业教师应组织学生参与各种活动和比赛，促进师生之间及学生之间的交流与合作。这种跨学科的交流和思想碰撞，提升了学生的综合素质，营造了合作共赢、团结拼搏的校园文化氛围。

（三）以服务社会为宗旨，在实践育人中将创新创业教育与思政教育相融合

思政课程的设计注重理论知识的传授，并且融入了丰富的社会实践环节。这一设计思路支持高校积极开拓校外的创新创业社会实践基地，使学生在实践中深化对思政理论的理解，且提升创新创业能力。在遵守教学目标和课程安排的原则下，学生可以与外部实践基地合作，探索理论与实践的结合点。为了更好地贴近时代脉搏、体现专业特色并展示学校风采，高校应创建以"思政教育＋创新创业教育"为主题的社会实践项目。这类项目从立项到实施，都应得到精心指导和宣传，同时配备相应的奖励机制，以激励学生积极参与，培养其解决问题和服务社会的能力。高校应充分挖掘校内资源，如创业指导中心、团委和各学院的力量，实现资源的优化配置和高效利用。在关注不同专业学生需求的基础上，探索个性化的实践模式，使教学模式与思政实践项目相得益彰，促进学生的全面发展。将优秀企业文化融入思政教育资源中，是一项富有创意的举措，学生可以从中领略到优秀企业家的博大胸怀、远大抱负和坚定信念。

（四）以全面发展为方向，以学生为中心将创新创业教育与思政教育融合

创新创业教育与思政教育的融合，其核心是促进学生的全面发展。现实中，不少学生在创新创业过程中误以为其只是提升经济收益或获取社会地位的快速通道，往往心态浮躁、急功近利。鉴于此，高校在推行创新创业教育时，必须坚持以提升学生综合素质为引领，深入落实以学生为中心的教育理念。通过深度融合思政元素，培养学生的创新创业能力，并注重其道德品质、审美情趣和劳动精神的培养，致力于培育德智体美劳全面发展的社会主义建设者和接班人。具体措施包括：提升教师的政治站位和教学水平，引导学生正确理解创新创业的内涵，及时了解政策；加强精品课程的开发，推动高质量教学发展；以学生为本，提供高效的教育服务，整合多方资源，为学生提供专业实践平台，培养其创新创业能力和综合素质。

六、运用新媒体技术为创新创业教育与思政教育的融合提供动力

新媒体技术为教育领域带来了前所未有的变革。传统的教学资源虽然经典，但在信息爆炸的时代，其传播方式和获取途径变得有些局限。新媒体技术的运用为教学资源的丰富和扩展提供了无限可能。新媒体技术以其高容量和高传播性的特点，大大拓宽了教学资源的选择路径。对于思政课教师而言，他们可以超越传统教材和教辅，探索全球新媒体空间中的各种与创新创业教育相关的素材。这些素材新鲜、生动，更具时代感和现实性，为学生提供了一个更加真实、立体的学

习环境。新媒体技术还为特定行业和专业特色的教学提供了极大的便利。教师可以根据教学内容的需要，引入相关时事案例，这些案例帮助学生理解理论知识，让他们在分析案例的过程中，深刻感受到创新创业精神的独特魅力。在教学手段上，新媒体技术的运用更是让教师如虎添翼。传统的思政教育和创新创业教育常被认为刻板、枯燥，而新媒体技术的加入彻底改变了这一局面。教师可以利用各种新媒体工具制作视听效果极佳的课件，让学生在享受视觉盛宴的同时，轻松掌握所学知识。这种寓教于乐的教学方式提高了学生的学习兴趣，有效地提升了他们的创新创业意识和能力。此外，新媒体技术的运用也突破了传统教学场所的限制。学校可以通过校园门户网站、官方社交媒体和短视频平台等新媒体平台，建立跨时空的育人平台，让学生随时随地接触与思政教育和创新创业教育相关的内容，从而在日常生活中潜移默化地受到影响和熏陶。这种跨时空的育人方式扩大了教育的覆盖面和影响力，且能在轻松愉快的氛围中提供更加全面和深入的教育，达成传统教育方式难以实现的隐性教育目标。因此，新媒体技术在思政教育与创新创业教育的融合中发挥着重要作用，为培养新时代的高素质人才提供了有力支持。

七、创新创业教育与思政教育融合的案例——以建筑专业为例

在建筑专业的思想政治教育中，教师可以结合创新创业理念，更新教育内容，完善课程体系，实现深度融合。高校可以开设新的课程，从思政教育的角度介绍创业思维、创新理论和创业过程，使学生获得更深层次的理解。教师可以从建筑行业的发展历程入手，深入讲解取得的重大成就，引导学生在学习建筑历史和大型工程的过程中，感受到宝贵的工匠精神。为了激发学生的创新意识和创业精神，高校应创新教学方法，如案例分析和情境模拟，鼓励学生主动探索创新创业与专业知识的联系。实地教学和校企合作也应得到加强，通过参观施工现场、与行业专家交流，让学生了解建筑行业的实际情况和技能要求，提升他们的专业能力和职业素养。

参考文献

[1] 王志强.从"科层结构"走向"平台组织":高校创新创业教育的组织变革 [J].中国高教研究,2022（4）：44-50.

[2] 石丽,李吉桢.高校创新创业教育：内涵、困境与路径优化 [J].黑龙江高教研究,2021,39（2）：100-104.

[3] 南旭光."互联网 +"创新创业教育的价值特征与推进策略 [J].教育与职业,2017（2）：37-42.

[4] 吕胜男,方法林."创新创业"的内涵、构建、特征与价值 [J].教育与职业,2016（14）：92-94.

[5] 刘然.大学生创新创业教育的逻辑定位和实践构想 [J].教育与职业,2018（10）：67-70.

[6] 杜建群,杜尚荣.大学生创新创业课程的价值取向与目标定位 [J].教育研究,2018,39（5）：63-66.

[7] 钟磊,袁媛.高校创新创业教育的价值定位、现实困境及策略选择 [J].黑龙江高教研究,2019（4）：121-125.

[8] 魏署光,吴柯豫.渐进决策理论视角下我国创新创业教育政策的发展与嬗变 [J].现代教育管理,2021（12）：19-28.

[9] 田欢,把元宵.高职院校创新创业热点与趋势研究——基于文献计量的可视化分析 [J].兰州职业技术学院学报,2023,39（6）：75-82.

[10] 李树涛,李建,刘韬.研究生创新创业教育的模式与教学实践——以湖南大学为例 [J].学位与研究生教育,2018（9）：22-26.

[11] 王洪才.创新创业教育：中国特色的高等教育发展理念 [J].南京师大学报（社会科学版）,2021（6）：38-46.

[12] 梅伟惠,周淑怡,夏婧妍.数智时代高校创新创业教育的国际趋势及本土启示 [J].教育发展研究,2024,44（3）：46-54.

[13] 尹国俊,鲁松,陈劲松.创新创业教育深度融合专业教育的双螺旋模式探索与实践——以浙江大学为例 [J].当代教育论坛,2024（3）：92-100.

[14] 刘敏,王耀南,谭浩然,等.专创融合研究生创新创业教育模式的探索实践——以湖南大学控制学科为例 [J].研究生教育研究,2023（1）：54-57.

[15] 李建国，杨莉莉."双创"教育新模式的实践探索——以华中科技大学为例 [J].中国高校科技,2019（10）：55-58.

[16] 王成荣，赵晓燕，郭晨.高职创新创业教育体系的构建与实践——以北京财贸职业学院为例 [J].中国职业技术教育，2018（15）：87-91.

[17] 吴小明.高等院校大学生创业孵化器管理模式与实践研究——以南京财经大学为例 [J].现代管理科学，2017（1）：103-105.

[18] 杨丽敏.高职创新创业指导中教师角色探析 [J].当代教育实践与教学研究，2017（6）：173，145.

[19] 王伟，郭曼曼，席兴华.ERG 理论下创业指导教师角色定位思考 [J].陕西广播电视大学学报，2020，22（1）：36-39.

[20] 蒋德勤.高校创新创业教育师资队伍建设探析 [J].中国高等教育，2011（10）：34-36.

[21] 李洪华.困境与转型：创新创业时代高校教师的角色重塑 [J].现代教育科学，2018（1）：42-47.

[22] 郑鹏，熊玮，关怡健."双创"教育视域下高校教师的角色冲突：现状特征、诱因解析与调适策略 [J].教育现代化，2019，6（96）：143-146.

[23] 许鑫.高职创新创业行业指导教师队伍"四位一体"建设探究 [J].教育与职业，2020（18）：71-75.

[24] 张翔，杨川.高校创新创业教师的素质要求及培育路径 [J].教育研究，2018，39（5）：66-69.

[25] 易苗.论高职院校创新创业教育教师的成长路径 [J].教师教育论坛，2016，29（11）：30-33.

[26] 徐源.高职教师创新能力的内涵、提升背景及路径 [J].教育与职业，2021（4）：81-86.

[27] 沈健.高校教师创新创业教育能力建设——江苏的理解、实践与构想 [J].中国高等教育，2015（17）：11-13.

[28] 刘华海.高校创新创业教育：青年教师实践"短板"与应对 [J].科研管理，2017，38（S1）：628-632.

[29] 孙海燕，崔西展，田道勇.创新创业教育视角下兼职教师队伍建设的研究——基于政策文本的分析 [J].中国成人教育，2016（24）：40-44.

[30] 马玲玲，顾栋栋.知识与能力并重视角下地方高校创新创业教育生态系统的优化 [J].教育学术月刊，2024（2）：38-45.

[31] 叶磊.新形势下高校创新创业教师队伍建设困境及其对策 [J].东华大学学报（社会科学版），2020，20（1）：77-80.

[32] 许玲，汪高.高职院校管理类专业创新创业教育师资队伍建设研究 [J].职教论坛，2019（5）：98-101.

[33] 陈春晓.地方高校创业教育师资队伍建设的困境与机制创新 [J].高等工程教育研究，2017（3）：170-173.

[34] 芮超. 以就业为导向的电镀专业创新创业教育探索 [J]. 电镀与精饰, 2024, 46（2）: 113-114.

[35] 卓泽林, 龙泽海. 高校创新创业教育赋能共同富裕的概念框架与实现路径 [J]. 现代教育管理, 2024（3）: 42-52.

[36] 庄岩, 刘洋. 高校创新创业教师队伍建设路径探析 [J]. 中国高等教育, 2022（18）: 36-38.

[37] 张海燕, 李向红, 康冰心. 高职院校创新创业师资培养现状及精益发展模式构建 [J]. 教育与职业（上）, 2020（10）: 79-83.

[38] 姚圣卓, 王传涛, 田洪森. 应用型高校创新创业教育师资队伍建设的问题与路径 [J]. 教育与职业, 2020（13）: 69-74.

[39] 陈莉. 创新创业教育视域下应用型本科院校"双师型"教师队伍建设探析 [J]. 教育与职业, 2019（6）: 64-67.

[40] 陈学军, 周益发, 邓卫权. 高校创新创业教师队伍建设现状及建设体系建构 [J]. 职教论坛, 2017（11）: 29-35.

[41] 向敏, 许钊钿, 谢琅, 等. 高校教师创新创业教育能力模型建构——基于全国596所高校"双创"教师数据的实证分析 [J]. 中国电化教育, 2020（8）: 55-62.

[42] 高晶. 基于创新创业教育的我国高校教师专业发展探究 [J]. 中国成人教育, 2017（1）: 143-146.

[43] 牛彦飞. "双创"升级趋势下高职创新创业师资队伍建设探析 [J]. 教育与职业, 2020（2）: 72-76.

[44] 王勇刚. 校企合作模式下的高校创业教育研究——评《校企合作教育对创新型人才创造力的影响研究》[J]. 教育发展研究, 2024, 44（6）: 2.

[45] 周倩, 胡志霞, 石耀月. 三螺旋理论视角下高校创新创业教育政策的演进与反思 [J]. 郑州大学学报（哲学社会科学版）, 2019, 52（6）: 54-60, 126.

[46] 陈礼兵, 刘俊, 张红梅. 西南民族地区高职院校创新创业教育助力区域产业发展的研究 [J]. 教育与职业, 2024（12）: 66-70.

[47] 陈红春, 龙治坚, 胡尚连, 等. 校企合作下高校创新创业实践基地的建设与探索 [J]. 实验技术与管理, 2019, 36（4）: 242-244.

[48] 王秀梅, 李先瑞, 王绚. 国家级创新创业教育实践基地建设特征探索——基于首批国家级"双创"基地建设内容的文本分析 [J]. 实验技术与管理, 2024, 41（2）: 1-8.

[49] 江定心. 基于"校企联合, 科教融合"的创新创业人才培养模式的实践研究 [J]. 黑龙江畜牧兽医, 2018（14）: 233-236.

[50] 李琳琳. 创新创业教育实践与探索——手作众创空间项目实例分析 [J]. 中国高校科技, 2019（12）: 69-71.

[51] 鞠红霞. 产创耦合专创融合——基于企业一线问题库的高职学生创新能力培养"柳职实践" [J]. 中国职业技术教育, 2023（27）: 20-25.

[52] 姚山季，经姗姗，陆伟东.科产教融合视角下的创新创业教育改革：举措、成效与保障 [J].中国大学教学，2023（10）：82-89.

[53] 李丹，陈哲，沈秀清.校企合作模式下大学生创新创业教育研究 [J].产业与科技论坛，2023，22（15）：192-193.

[54] 史明艳.现代学徒制模式下高职院校创新创业教育分析 [J].职教论坛，2017（5）：23-26.

[55] 李杰.产教融合背景下高校创新创业教育协同育人机制构建研究 [J].教育与职业，2021（15）：73-77.

[56] 蔡云.产教融合背景下高校创新创业教育的路径探析 [J].当代教育科学，2019（7）：92-96.

[57] 叶正飞.基于产教融合的地方高校创新创业教育共同体构建研究 [J].高等工程教育研究，2019（3）：150-155.

[58] 汪占熬，钱翀，叶春霜.创新创业共生型校企合作人才培养模式探索 [J].教育理论与实践，2018，38（6）：12-14.

[59] 丁月华，张明丽.高校创新创业教育体系的整体性治理 [J].思想理论教育，2022（2）：101-106.

[60] 杜辉，陶秋燕，杨冰.基于价值链的校企协同创新创业教育体系构建——以北京地区高校的数据为例 [J].中国高校科技，2018（12）：87-91.

[61] 吴加权，陈红娟，胡永盛.产教融合下"双创"教育的优化路径——以江苏农牧科技职业学院为例 [J].中国高校科技，2019（12）：65-68.

[62] 陈勇平.论三螺旋理论视角下的高校创新创业教育协同机制 [J].教育与职业，2020（10）：92-97.

[63] 李海涛，江平.类型教育背景下高职院校创新创业教育的定位、问题与策略 [J].中国职业技术教育，2023（21）：91-96.

[64] 刘常兴，刘源.高等职业教育产教融合发展及推进策略研究 [J].教育理论与实践，2021，41（21）：20-23.

[65] 吴远征，倪杰，沈皆希.应用型本科高校创新创业教育生态系统的构建与实践路径 [J].教育与职业，2024（2）：105-112.

[66] 朱皆笑，许伟通.基于群体动力学的高校"双创"教育绩效评价 [J].山西财经大学学报，2024，46（S1）：256-259.

[67] 王爽，文江峰.高校大学生就业教育的创新与探索 [J].山西财经大学学报，2024，46（S1）：266-268.

[68] 黄颖，陈卓武.构建地方工科院校校友资源助力创新创业教育耦合共同体的理论研究与实践探索——以广东工业大学为例 [J].创新创业理论研究与实践，2023，6（20）：187-193.

[69] 李季.民族地区学生创新创业教育资源开发研究 [J].中学地理教学参考，2021（24）：102.

[70] 韩冬，吕俊宏．校友资源在高校创新创业教育中的应用研究 [J]. 科教导刊（下旬），2020（15）：184-185.

[71] 邓剑勋，杨育红．大学生创新创业教育资源的统筹管理机制探究 [J]. 教育与职业（下），2018（3）：56-59.

[72] 万是明，闫俊．高职创新创业学院的结构定位与功能实现 [J]. 职业技术教育，2024，45（9）：47-52.

[73] 雷国慧．基于地域资源的学生创新创业教育探究 [J]. 中学地理教学参考，2021（24）：103-104.

[74] 石梦瑶．人文地理资源在创新创业教育中的开发与应用 [J]. 中学地理教学参考，2024（5）：81.

[75] 孙瑞英，王浩．面向"双创"实践的高校图书馆冗余资源开发与情报服务研究 [J]. 情报科学，2018，36（11）：48-53，114.

[76] 张天华，王绪龙．高校创新创业教育的教学资源开发研究 [J]. 辽宁工业大学学报（社会科学版），2015，17（4）：75-78.

[77] 贡新烨．高校体育资源对大学生创新创业教育实践的支持研究 [J]. 当代体育科技，2021，11（27）：110-112.

[78] 詹碧华，水梅，田园，等．我国创新创业教育的软件资源开发研究 [J]. 职教论坛，2009（S1）：115-116.

[79] 姬申晓．新时期高校创新创业教育课程资源开发研究 [J]. 河北农业大学学报（农林教育版），2018，20（6）：60-63.

[80] 钟淑萍．高质量"双创"教育要整合好资源 [J]. 人民论坛，2019（17）：66-67.

[81] 钟淑萍．高校创新创业教育资源整合路径 [J]. 思想政治教育研究，2020，36（2）：156-160.

[82] 黄利利，唐俊峰，张海生．创新创业教育背景下松江大学城实验室资源共享模式探索 [J]. 实验技术与管理，2018，35（11）：245-248.

[83] 恽安平．基于资源要素的创新创业教育体系构建——以南京师范大学为例 [J]. 中国高校科技，2018（9）：88-89.

[84] 彭华．民办高校创新创业教育资源优化整合探析 [J]. 教育与职业，2019（4）：62-65.

[85] 陈怡君．基于 PSO 算法的高校创新创业教育资源优化配置 [J]. 西安邮电大学学报，2021，26（3）：105-110.

[86] 卢卓．高职院校创新创业教育教学资源库建设探析 [J]. 职业技术教育，2011，32（14）：55-57.

[87] 杨冬，张娟，徐志强．何以可教：大学生创新创业能力生成机制的实证研究 [J]. 教育发展研究，2024，44（3）：75-84..

[88] 陈学军．"互联网+"时代背景下高职院校创新创业教育资源系统化建设探索 [J]. 职教论坛，2018（11）：172-176.

[89] 谭函梅. 资源配置优化视角下的高校创新创业教育改革研究 [J]. 中国多媒体与网络教学学报（中旬刊），2023（8）：57-60.

[90] 杜启霞，高锦飚，祖强，等. 从"背离"到"融合"：专创融合共同体的逻辑起点、内在机理与建设路径 [J]. 江苏高教，2024（2）：60-64.

[91] 赵亮. 创新创业教育与专业教育深度融合的高校课程体系重构——基于理论与实践角度的分析 [J]. 江苏高教，2020（6）：83-88.

[92] 胡天佑，李晓. 应用型本科高校"专创融合"的价值导向、阻滞因素及推进策略 [J]. 黑龙江高教研究，2022，40（12）：127-131.

[93] 游艺，李德平. 创新创业教育融入专业教育的实践教学改革探讨 [J]. 社会科学家，2018（2）：119-123.

[94] 傅田，赵柏森，许媚. "三螺旋"理论下创新创业教育与专业教育融合的机理、模式及路径 [J]. 教育与职业，2021（4）：74-80.

[95] 朱晓东，顾榕蓉，吴立保. 基于CDIO理念的创新创业教育与专业教育融合发展研究 [J]. 江苏高教，2018（2）：77-80.

[96] 朱晓妹，李燕娥，张靖风，等. 基于建构主义的专业教育和创新创业教育协同发展研究 [J]. 上海对外经贸大学学报，2017，24（5）：87-96.

[97] 王秀芝，刘志强，吴祝武. 创新创业与专业教育融合的国内外研究进展 [J]. 中国高校科技，2019（4）：92-96.

[98] 贾征，龚柏松. 高校创新创业教育与专业教育融合的路径研究 [J]. 学校党建与思想教育，2023（24）：78-80.

[99] 刘桂香，马长世. 创新创业教育与专业教育融合机制探索 [J]. 教育与职业，2017（20）：70-74.

[100] 关鑫. 以矛盾视角探析高校创新创业教育与专业教学的融合 [J]. 教育理论与实践，2019，39（24）：3-5.

[101] 梁卿. 高职院校创新创业教育与专业教育融合的有效途径 [J]. 中国职业技术教育，2019（6）：19-24.

[102] 宋晓菲，金鑫，王方，等. "三生—三链—三创"创新创业教育融入人才培养方案的研究 [J]. 生物工程学报，2024，40（3）：931-942.

[103] 高阳. 可持续竞争力构建视角下高校食品专业创新创业教育实践引导——评《大学生创新创业实践导论》[J]. 食品工业，2020，41（6）：360.

[104] 郭素娟，于琳琳，张洪波. 高职财经类专业创新创业教育与专业教育融合探析 [J]. 教育与职业，2022（21）：60-64.

[105] 王倡春，汪太生，张泽武，等.创新创业教育与高分子材料与工程专业教育融合的探讨 [J].高分子通报，2022（6）：102-105.

[106] 谭建华.高职院校创新创业教育与专业教育相容探索 [J].教育与职业，2018（12）：59-62.

[107] 卢卓，吴春尚.专创融合改革的理论逻辑、现实困境及突围路径 [J].教育与职业，2020（19）：74-78.

[108] 陈宏涛.高校创新创业教育与专业教育融合机制研究 [J].教育理论与实践，2019，39（30）:9-11.

[109] 李亚奇，王涛，李辉.加强专业教师创新创业教育教学能力建设探析 [J].创新与创业教育，2017，8（5）：122-125.

[110] 李爱民，夏鑫.高校创新创业教育与专业教育优化融合模式探析 [J].中国成人教育，2017（1）：49-51.

[111] 周步昆，耿颖.创新创业与专业教育有机融合的应用型人才培养模式改革与实践 [J].实验室研究与探索，2020，39（10）：220-223.

[112] 刘波.高校创新创业与专业教育的耦合机制研究 [J].中国成人教育，2017（12）：68-71.

[113] 曹英慧.高职院校创新创业教育与专业教育融合研究 [J].教育与职业，2018（19）：65-69.

[114] 李素君，魏丽丽，田太福.应用型本科院校学业教育与创新创业教育协同耦合发展 [J].教育与职业，2019（13）：56-59.

[115] 刘振中.高校创新创业教育与专业教育的深度融合——基于 L 学院旅游管理专业的思考 [J].教育理论与实践，2018，38（33）：12-14.

[116] 郑雅倩，杨振芳.高校创新创业教育发展的制度化困境及其超越 [J].高教探索，2024（2）：23-30.

[117] 郑雅倩，段肖阳.高校创新创业教育政策执行偏差的生成机制与治理路径——基于政策执行系统模型的分析 [J].高等工程教育研究，2024（3）：194-200.

[118] 郭丽莹，赵国靖，黄兆信.从工具理性到价值理性：高校创新创业教育的新功能观 [J].杭州师范大学学报（社会科学版），2023，45（2）：78-88.

[119] 赵峰，魏云舒.大数据情境下创新创业教育模式精准化变革研究 [J].科学管理研究,2019,37（5）：138-142.

[120] 门志国，刘盼盼，王兴梅.困境与路径：基于协同论的人工智能领域创新创业教育研究 [J].黑龙江高教研究，2022，40（1）：139-144.

[121] 张露颖，张明伟，王莺.职业教育创新创业教育评价体系研究 [J].教育与职业，2021（8）：96-99.

[122] 王力禾.大数据视角下大学生创业素质评价机制创新研究 [J].课程教育研究，2017（47）：234-235.

[123] 顾承卫，王建军.完善基层一线和青年人才的评价发现机制——以对上海的调研为例 [J].安徽科技，2019（3）：22-23.

[124] 沈荣娟.建立以能力和贡献为导向的创新人才评价机制[J].中国科技投资,2021(8):22-23.

[125] 马永霞,王琳.人工智能时代的创新创业教育:价值旨归、变革逻辑与实践路径[J].清华大学教育研究,2023,44(6):115-124.

[126] 谢玲,帅辉明,朱俊,等.创新2.0模式下应用型本科高校科技成果转化评价机制研究[J].电子技术与软件工程,2018(19):77-78.

[127] 王洪才,刘斯琪.论高质量高等教育评估指标体系的构建[J].重庆高教研究,2024,12(5):3-13.

[128] 徐宇.大变局下高职创新创业课程的思政引领评价机制探究[J].职业教育,2024,23(4):26-28,41.

[129] 贾东风,赵晖.面向新时代高校创新创业课程知识架构与育人功能评价机制研究[J].湖北开放职业学院学报,2021,34(4):8-9.

[130] 刘强.我国高校创新创业教育质量评价体系的构建与实践[J].南昌工程学院学报,2016,35(2):5-7,11.

[131] 郑雪清.民办高校创新创业教育系统化质量评价与激励机制研究[J].齐齐哈尔大学学报(哲学社会科学版),2019(7):161-165,170.

[132] 孔焱,王斌.高职院校大学生创新创业人才培养评价机制[J].现代职业教育,2019(15):42-43.

[133] 邝允新.高职院校专业教育与创新创业教育融合评价机制研究[J].科技创新导报,2019,16(29):164-165.

[134] 孔繁敏.论思想政治教育与创新创业教育的融合[J].中学政治教学参考,2021(36):101.

[135] 王国静.推动创新创业教育与思政教育同向同行[J].中学政治教学参考,2022(42):85.

[136] 郑江松.高校思想政治教育与大学生创新创业教育的有机融合[J].学校党建与思想教育,2024(7):88-90.

[137] 张静,任凤琴.新时代高校思政教育与创新创业教育学科融合发展探析[J].南宁职业技术学院学报,2023,31(1):7-11.

[138] 张宝强,赵睿睿,夏梦萱.新时代高校思政教育融入创新创业教育的理论内涵与逻辑起点[J].创新与创业教育,2023,14(6):1-7.

[139] 吕君,李圣昕.高校思政教育、学生创新创业意识与经济金融支持[J].山西财经大学学报,2024,46(S1):287-289.

[140] 赵红妍,王欣.新时期高校思想政治教育与创新创业教育的理论与实践双重育人研究[J].食品研究与开发,2022,43(7):237-238.

[141] 宁德鹏,何彤彤,何玲玲,等.高校课程思政与创新创业教育课程深度融合路径探赜[J].江苏高教,2023(4):102-106.

[142] 陈哲.创新创业教育嵌入思政课教育教学的操作模式研究[J].学校党建与思想教育,2015（13）:53-55.

[143] 张成龙,王悦.创新创业教育视域下的思政教育拓新之路[J].中学政治教学参考,2023（43）:37-39.

[144] 翟照东,马薇.思政教育之于学生创新创业教育的作用[J].中学政治教学参考,2023（24）:100.

[145] 莫勋.创新创业教育与思政教育的融合路向[J].中学政治教学参考,2023（26）:86.

[146] 王玉芳,高华明.高校思政教育与创新创业教育融合发展研究[J].石家庄职业技术学院学报,2020,32（1）:64-67.

[147] 酒卫华,张磊.推动思政教育与创新创业教育同频共振[J].中学政治教学参考,2023（4）:106.

[148] 范俊峰,邓苏心,王海霞.高校创新创业教育与思政教育深度融合刍议[J].学校党建与思想教育,2022（23）:85-87.

[149] 温雷雷.关于高校创新创业教育融入思政课程耦合机制的思考[J].教育与职业,2021（24）:53-57.

[150] 曹胜,李萌萌.基于协同理论的高校创新创业教育与思想政治教育相融合教学改革研究[J].思想政治课研究,2020（4）:99-103.

[151] 肖晗.创新创业教育与专业教育融合发展的原则和基本路径探析[J].经济研究导刊,2019（14）:94-96.

[152] 邓振华.高校创新创业教育与专业教育相互融合研究:内涵、原则、状态[J].机械职业教育,2023（3）:1-8.

[153] 崔鹏,李涛.高校融合创新创业教育的意义、原则及途径探析[J].创新创业理论研究与实践,2018,1（3）:1-4.

[154] 郑江松.高校思想政治教育与大学生创新创业教育的有机融合[J].学校党建与思想教育,2024（7）:88-90.

[155] 吴海霞,董丝丝.思想政治教育与创新创业教育双向融合发展的策略研究——评《理直气壮开好思政课——把握新时代思政课建设规律》[J].教育理论与实践,2024,44（11）:2.

[156] 洪晓畅,毛玲朋.创新创业教育的思想政治教育功能研究[J].思想教育研究,2022（5）:155-159.

[157] 夏雪花.新时代高校创新创业教育与思想政治教育融合的途径探析[J].思想理论教育导刊,2021（8）:136-140.

[158] 林丽端.思政教育与创新创业教育协同育人的内在机制[J].中学政治教学参考,2023（14）:87.

[159] 马张霞.创新创业教育与思政教育的协同育人[J].中学政治教学参考,2023（34）:87.

[160] 刘镒铖.思政教育与创新创业教育协同育人模式建构[J].中学政治教学参考,2022（43）:106.

[161] 周晓婧 . 创新创业教育与思政教育协同育人路径研究 [J]. 中学政治教学参考，2020（4）：88.

[162] 段焱 . 高校思政教育促进大学生创新创业教育的路径探析 [J]. 理论导刊，2019（12）：116-121.

[163] 宾幕容 . 高校思政教育与创新创业教育融合研究综述 [J]. 高教论坛，2024（5）：1-4.

[164] 黄晨晨 . 新形势下高校创新创业教育与思想政治教育融合路径——评《新形势下高校创新创业教育》[J]. 科技管理研究，2022，42（18）：213-214.

[165] 王丽萍 . 新媒体时代思政教育与创新创业教育的有机融合 [J]. 中学政治教学参考，2022（32）：110.

[166] 董慧，石雨晴 . 创新创业思想在建筑专业思想政治教育中的融入 [J]. 建筑科学，2024，40（1）：172.